à Madame Bourguignon
Hommage sympathique de l'auteur
S. Schef

MÉTHODE

DE

COUPE ET D'ASSEMBLAGE

POUR ROBES DE FEMMES

VÊTEMENTS D'ENFANTS

TROUSSEAU ET LAYETTE

COULOMMIERS
Imprimerie PAUL BRODARD.

MÉTHODE
DE
COUPE ET D'ASSEMBLAGE
POUR ROBES DE FEMMES
VÊTEMENTS D'ENFANTS
TROUSSEAU ET LAYETTE

OUVRAGE DONT L'USAGE EST AUTORISÉ
DANS LES ÉCOLES NORMALES PRIMAIRES ET DANS LES ÉCOLES
COMMUNALES

PAR

Mme G. SCHÉFER

INSPECTRICE DES ÉCOLES DE LA VILLE DE PARIS
OFFICIER DE L'INSTRUCTION PUBLIQUE

Dixième édition, revue et augmentée.

PARIS
LIBRAIRIE CH. DELAGRAVE
15, RUE SOUFFLOT, 15

1891

Tous droits réservés.

AVERTISSEMENT

L'art de la coupe et de l'assemblage des vêtements de femmes et d'enfants, qui n'était connu, il y a peu de temps encore, que des couturières et des tailleurs, est mis aujourd'hui à la portée de tout le monde, grâce aux principes rigoureux auxquels il a été réduit.

Cette méthode, basée sur des principes géométriques, a donné au tracé des patrons et à la coupe des vêtements des règles fixes, et en même temps assez simples pour être appliquées par les élèves. La ville de Paris l'a introduite dans ses écoles primaires, et cet enseignement a bientôt pris un tel développement qu'il ne tardera pas à figurer sur tous les programmes scolaires.

Les premières éditions ne contenaient que les robes de femmes et d'enfants. Une partie très importante y a été ajoutée; les principes de la coupe des vêtements ont été étendus à la confection des vêtements de petits garçons, de la lingerie, du trousseau et de la layette.

L'ouvrage, ainsi complété, répond donc à tous les besoins et devient non seulement utile aux jeunes filles, dont il achève l'éducation, mais nécessaire aux mères de famille qui confectionnent elles-mêmes les vêtements de leurs enfants.

Tableau du matériel nécessaire au tracé des patrons, à la coupe et à l'assemblage des vêtements.

1° **Table plate** ou 1 planche sur des tréteaux.
2° **Papier phormium**, quadrillé au centimètre ou non quadrillé, mesurant en feuille double 1 m. sur 0 m. 65. — On peut aussi se servir de papier en rouleau, sorte de papier d'emballage.
3° **Règle plate**, graduée en centimètres mesurant 0 m. 60 à 0 m. 70.
4° **Équerre**, graduée en centimètres ou non graduée.
5° **Double-décimètre.**
6° **Ruban métrique.**
7° **Crayon mine de plomb** n° 2 ; canif, gomme.
8° **Tableau noir et craie**, si l'on veut faire une démonstration collective.
9° **Mannequins** { 1 de femme n° 42 ou 44.
{ 1 de fillette n° 34 ou 36.

Ces mannequins sont facultatifs ; on peut les remplacer par des mesures prises sur les personnes à habiller.

10° **Ciseaux à tailler.**
11° **Aiguilles**, numéros de 6 à 8 pour les robes ; de 8 à 10 pour la lingerie.
12° **Roulette à patrons, craie de tailleur.** Ces deux objets peuvent être remplacés par des épingles.
13° **Mousseline à patrons.**
14° **Planche à tailler.** La table plate peut remplacer cette planche.
15° **Boîte à couture fermant à clef**, pour serrer tous les objets de mercerie et les petits ustensiles destinés à la couture et au dessin.
16° **Ménagère.** } On peut faire soi-même ces deux objets.
17° **Pelote.** }
18° **Fil à bâtir.**
19° **Étoffe, doublure.**
20° **Objets de mercerie :** fil, soie, ruban de fil, agrafes, épingles, etc.

PREMIÈRE PARTIE

ROBES SIMPLES POUR FEMMES
ET VÊTEMENTS DE FILLETTES

DE LA PRISE DES MESURES

Il importe, avant tout, de prendre exactement les mesures nécessaires à l'exécution du patron que l'on veut dessiner. De la précision des mesures dépendra la perfection du patron.

Pour bien prendre les mesures d'une personne, il est bon d'examiner le corsage qu'elle porte, afin d'éviter les défauts qu'il peut avoir, et que l'on reproduirait si l'on prenait les mesures à la place exacte des coutures de ce corsage.

On doit entourer la taille avec un ruban très étroit que l'on noue sur le côté, et qui indique la place exacte de la ceinture. Cette précaution est absolument nécessaire quand on prend les mesures sur une robe non ajustée. Puis, à l'aide du ruban métrique, on détermine les mesures dans l'ordre indiqué par le tableau ci-dessous, et aux points désignés dans les figures 1 et 2.

Avant de procéder au tracé d'un patron, quel qu'il soit, on fera bien d'inscrire les mesures prises, à l'un des angles du papier à dessin, afin de les avoir continuellement sous les yeux; puis on calculera d'avance et l'on inscrira les divisions des mesures qui sont nécessaires à l'exécution du tracé.

MESURES NÉCESSAIRES
AU TRACÉ D'UN CORSAGE

1º Longueur du dos P S. — De la couture d'épaule, encolure, au milieu du dos, ceinture.

2º Largeur du dos U U. — De la couture d'épaule, entournure droite, à la couture d'épaule, entournure gauche.

3º Longueur de devant P C [1]. — De la couture d'épaule, encolure, au milieu du devant, ceinture.

4º Tour de poitrine. — On passe le mètre sous les bras et on le réunit devant, sans serrer.

5º Tour de taille. — On abaisse le mètre à la taille, en serrant un peu.

6º Tour des hanches. — On mesure largement le contour des hanches en les entourant avec le ruban métrique à 18 ou 20 centimètres environ au-dessous de la taille.

7º Hauteur du dessous du bras R H [2]. — Placer le ruban métrique sous le bras au creux de l'aisselle (en faisant seulement un peu lever le bras) et le conduire à la taille.

8º Longueurs du bras :
- **1re longueur L E.** — De la couture extérieure du bras, entournure, en faisant plier le bras, on s'arrête au coude.
- **2e longueur L E H.** — On procède de même que pour la première longueur, mais on descend jusqu'au poignet.

---

1. Lorsque le devant est plus court que le dos, il faut faire le total des deux longueurs et en prendre la moyenne. On obtient ainsi des longueurs égales ; mais lorsque le devant est plus long que le dos, il faut lui laisser sa véritable longueur.

2. Cette 7º mesure n'est utilisée que pour le corsage à deux et à trois petits-côtés. (Voir *Méthode complète*.)

OBSERVATIONS
SUR LA PRISE DES MESURES

Quelques conseils nous semblent nécessaires pour compléter ce tableau. Nous allons reprendre chaque mesure en indiquant les précautions à prendre et les défauts à éviter :

1° **Longueur du dos.** — L'encolure du dos doit être très montante. Si elle était trop échancrée, on verrait la chemisette du col, ce qui est fort laid. On placera donc le ruban métrique au-dessus de l'encolure de la robe, si celle-ci est trop décolletée. Le bas de la première mesure est juste à la taille. Le ruban avec lequel on a entouré la ceinture l'indique exactement.

2° **Largeur du dos.** — Cette mesure doit se prendre avec beaucoup de soin. Si le corsage sur lequel on la prend a les emmanchures trop tombantes, le dos est trop large, il faut le rétrécir. Lorsqu'on prend les mesures sur un mannequin, nous conseillons de prendre la largeur du dos jusqu'aux macarons qui remplacent les bras, et d'en retrancher ensuite 2 centimètres (1 cent. seulement pour un mannequin d'enfant ou pour un mannequin dont les macarons sont au niveau du dos).

3° **Longueur du devant.** — Faire partir le ruban métrique du point exact qu'il occupait lorsqu'on a pris la longueur du dos; l'arrêter à la taille.

4° **Tour de poitrine.** — Cette mesure a une grande importance avec notre méthode, puisque c'est à l'aide de ses divisions que nous trouvons un grand nombre des points de repère. Aussi conseillons-nous aux élèves de la prendre *un peu serrée* sur un mannequin; *juste*; c'est-à-dire ni serrée, ni *large*, sur une personne forte et large, sur un enfant ou une personne très mince.

5° Le **tour de taille** doit se prendre juste. Nous ajoutons qu'on peut serrer un peu, mais on doit bien se garder de serrer trop la taille, surtout aux enfants.

MÉTHODE DE COUPE ET D'ASSEMBLAGE

6° **Tour des hanches.** — On le prend très largement. Il pourrait y avoir des inconvénients à ce qu'il ne fût pas assez large, il n'y en a aucun à ce qu'il le soit trop : on en serait quitte pour reprendre un peu les coutures des basques. On doit

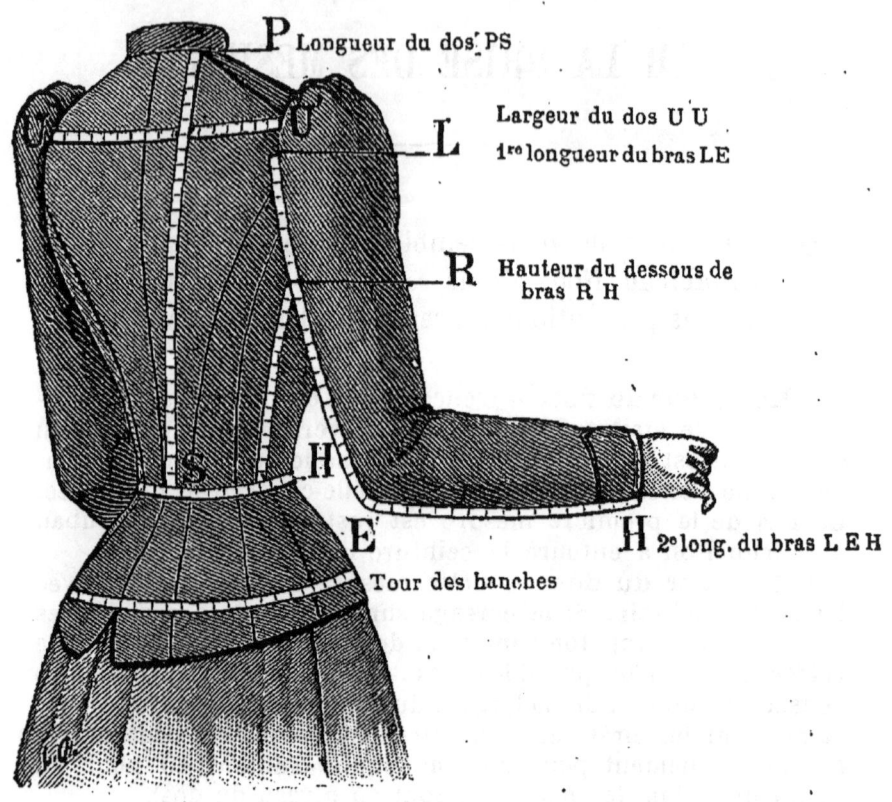

Fig. 1.

MÉTHODE A SUIVRE POUR PRENDRE DES MESURES

prendre le tour des hanches à 15 ou 18 centimètres au-dessous de la taille pour les grandes personnes; à 12 ou 14 centimètres pour les enfants. Si l'on veut ensuite faire des basques plus ou moins longues, on les allonge en prolongeant les lignes ponctuées et les lignes courbes, ou on les raccourcit en coupant le patron.

7° **Hauteur du dessous de bras.** — La prise de cette mesure demande de grandes précautions ; si l'on fait trop lever le bras de la personne que l'on veut habiller, le corsage se tend, et l'on ne trouve plus le point de départ du ruban métrique,

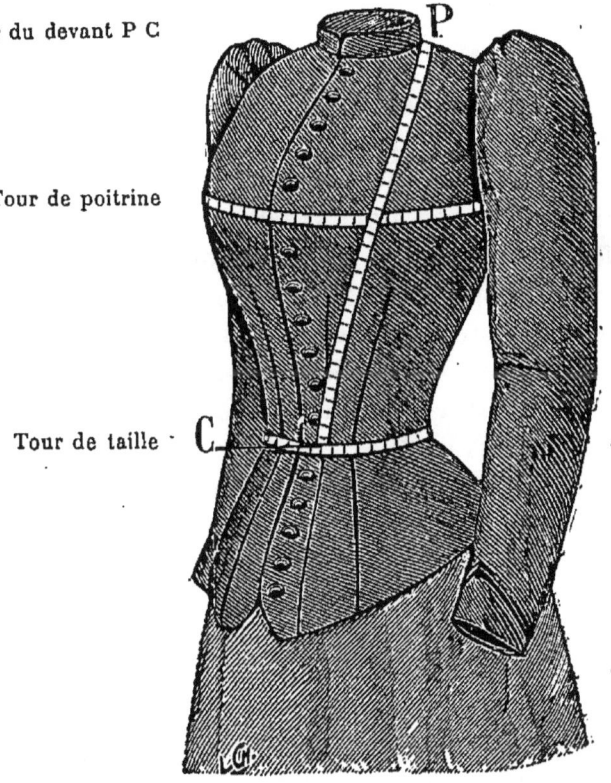

Fig. 2.

MÉTHODE A SUIVRE POUR PRENDRE DES MESURES

qui doit être au creux de l'aisselle. Il faut encore prendre bien garde à la longueur du corsage, qui doit se terminer exactement à la ligne de taille. Avec la forme actuelle du corsage, la longueur normale du dessous de bras égale la demi-longueur du dos, de même pour le devant la demi-longueur du devant, mais cette règle n'est pas sans exceptions.

8° **Longueurs du bras A et B.** — Les deux longueurs du bras doivent partir de l'entournure. Si la manche sur laquelle on les prend n'est pas assez *épaulée*, on doit placer le ruban métrique plus haut que l'entournure.

TRACÉ DU CORSAGE ROND

Un corsage ordinaire se compose de 6 morceaux, sans compter les manches : un *dos* en deux parties, deux *petits-côtés*, qui complètent le dos, et deux *devants*. Les deux moitiés du corsage étant symétriques, nous ne dessinerons que le demi-corsage, que nous enfermerons dans deux rectangles. Le premier rectangle contiendra le dos et le petit-côté ; le second rectangle contiendra un devant.

La figure 3 représente ces deux rectangles rapprochés l'un de l'autre, de façon que l'élève saisisse l'ensemble du demi-corsage et se rende compte de la place qu'occupe chacune de ses parties l'une par rapport à l'autre. On verra au moyen de cette figure que les lignes E R et R E, qui représentent la plus grande largeur du corsage, donnent pour total le demi-tour de poitrine augmenté de 4 centimètres ; ces 4 centimètres, une fois le patron découpé et les entre-coupes tombées, sont réduits à deux centimètres environ de développement nécessaires au jeu de la respiration.

On pourra remarquer dans le patron ci-contre, figure 3, que la longueur du devant excède de 4 centimètres la longueur du dos, et que ces 4 centimètres sont répartis par moitié en haut et en bas du corsage, puisque la ligne du milieu est pour ainsi dire commune aux deux rectangles. Ces remarques une fois faites, nous passerons à l'exécution du premier tracé : *dos et petit-côté du corsage rond.*

NOTA. — *Pour abréger le tracé des patrons, nous conseillons aux élèves de remplacer les lignes ponctuées qui servent au tracé des courbes par des lignes fines, semblables aux lignes de construction, et d'accentuer les lignes qui indiquent les contours des patrons.*

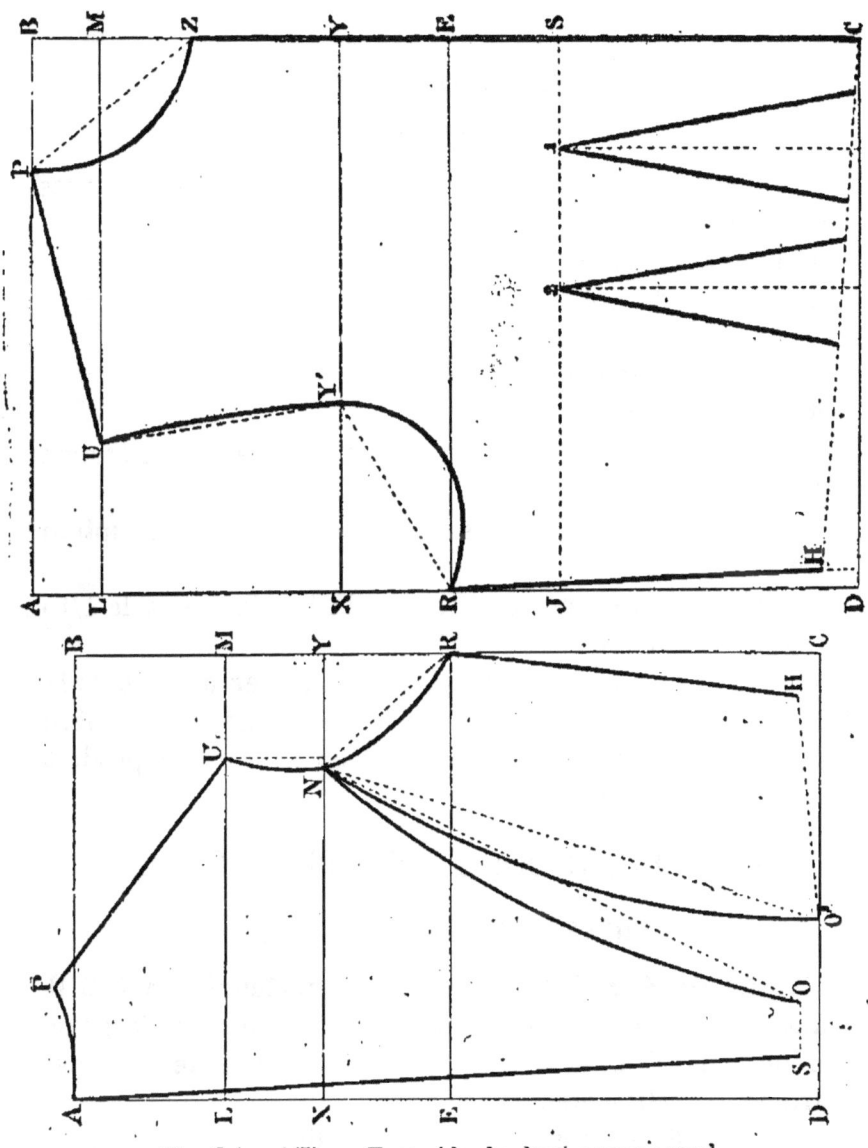

Fig. 3 (au 1/5). — Ensemble du demi-corsage rond.

Mesures prises :

1° Longueur du dos : 38   4° Tour de poitrine : 92
2° Largeur du dos :   33   5° Tour de taille :   60
3° Longueur du devant : 42

Divisions :

1° Tour de poitrine : $\frac{92}{2} = 46$; $\frac{92}{5} = 18,4$; $\frac{92}{10} = 5,7$.

2° Tour de taille : $\frac{60}{5} = 12$.

CORSAGE ROND

Les mesures nécessaires au tracé du corsage rond sont les suivantes :

1º Longueur du dos,
2º Largeur du dos,
3º Longueur du devant,
4º Tour de poitrine,
5º Tour de taille,
6º Longueurs du bras : première longueur, deuxième longueur.

Pour l'explication de ces mesures, voir la description page 2.

Pour le corsage rond, on prendra la 1/2, le 1/5 et le 1/16 du tour de poitrine.

Disons en passant que l'on pourra indiquer aux élèves la manière très prompte de prendre le cinquième d'un nombre en multipliant ce nombre par 2 et en divisant le produit par 10.

PATRON DU DOS ET DU PETIT-COTÉ

LIGNES DE CONSTRUCTION

Rectangle A B C D. — Tracer un rectangle [1] A B C D ayant pour longueur la longueur du dos et pour la largeur la demi-largeur du dos + le seizième du tour de poitrine (attribué au petit-côté).

Ligne E R. — Du point A, sur la ligne A D, porter la moitié de la longueur de cette ligne et tracer la ligne E R, parallèle à A B.

Ligne L M. — Du point A, vers D, porter le seizième du tour de poitrine plus 2 centimètres, placer la lettre L.

Tracer la ligne L M, parallèle à A B.

---

1. Avant de tracer le rectangle, consulter la note page 2.

Ligne X Y. — Du point L, vers E, compter 5 centimètres (4 centimètres pour les mesures au-dessous de 80 centimètres de tour de poitrine) et tracer la ligne X Y, parallèle à A B.

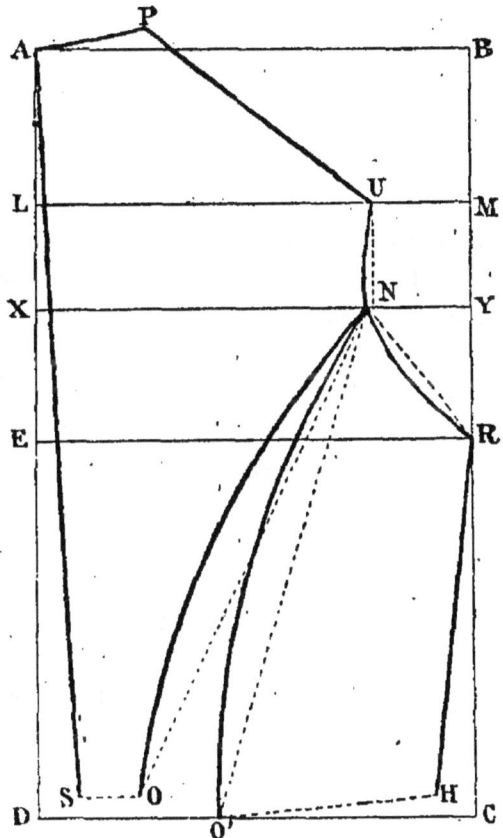

Fig. 4 (au 1/5). — Dos et petit-côté du corsage rond.

CONTOURS DU TRACÉ DU DOS

Milieu du dos A S. — Du point D, vers C, avancer de 2 centimètres (1 cent. et demi au-dessous de 80 centimètres de tour de poitrine), placer un point. Élever ce point d'un centimètre (un demi-centimètre pour les mesures au-dessous de 80 centimètres de tour de poitrine), placer la lettre S. Réunir les points A, S par une oblique.

Encolure A P. — Du point A, sur la ligne A B, porter le seizième du tour de poitrine,[1] placer un point ; élever ce point d'un centimètre et placer la lettre P. Réunir les points A, P par une courbe légèrement concave. Cette courbe doit rester en dehors du rectangle.

Épaulette P U. — De l'oblique milieu du dos, sur la ligne L M, porter la demi-largeur du dos et placer la lettre U. Réunir les points P, U par une oblique.

Entournure U N. — Du point U, abaisser une perpendiculaire ponctuée sur la ligne X Y, placer un point. Rentrer ce point d'un demi-centimètre vers la gauche, placer la lettre N. Joindre les points U, N par une courbe écartée d'un demi-centimètre au milieu et à gauche de la ligne ponctuée.

Ligne de taille S O. — Du point S, avancer de 3 centimètres sur la droite (3 cent. et demi pour les mesures au-dessus de 65 centimètres de tour de taille, et 4 centimètres pour les mesures au-dessus de 75 centimètres). Placer la lettre O. Joindre les points O, S par une horizontale ponctuée.

Courbure du dos N O. — Joindre les points N, O par une oblique ponctuée, puis par une courbe écartée de 2 centimètres sur la gauche et au milieu de la ligne ponctuée.

PETIT-COTÉ

Entournure N R. — Réunir N, R par une oblique ponctuée, puis par une courbe rentrée d'un centimètre au milieu et sur la gauche de l'oblique ponctuée.

Dessous de bras R H. — Avancer le point C de 2 centimètres (1 centimètre pour les mesures au-dessous de 80 centimètres de tour de poitrine), placer un point. Remonter ce point d'un centimètre et placer la lettre H. Réunir R, H par une oblique pleine.

---

1. Lorsque les mannequins ont le cou incliné en avant, porter le seizième du tour de poitrine moins un demi-centimètre.

Ligne de taille O′ H. — Du point H, vers D, porter le cinquième du tour de taille moins un centimètre, placer la lettre O′.

Courbure du petit-côté N O′. — Réunir N, O′ par une oblique ponctuée, puis par une courbe s'écartant de 2 centimètres au milieu et à gauche de l'oblique ponctuée.

DEVANT DU CORSAGE ROND

LIGNES DE CONSTRUCTION

Rectangle A B C D. — Tracer un rectangle [1] A B C D ayant pour longueur la longueur du devant et pour largeur le demi-tour de poitrine + 4 centimètres, diminué de la demi-largeur du dos et du seizième du tour de poitrine [2].

Ligne R E. — Prendre le milieu de la ligne A D et tracer la ligne R E, parallèle à A B.

Ligne L M. — De A, vers D, porter le seizième du tour de poitrine moins 2 centimètres, placer la lettre L. De ce point tracer la ligne L M, parallèle à A B.

Ligne X Y. — Du point R, vers A, porter le seizième du tour du poitrine, placer la lettre X. Tracer la ligne X Y, parallèle à A B.

CONTOURS DU TRACÉ DU DEVANT

Encolure et bord du devant P Z C. — Du point B, vers A, porter le seizième du tour de poitrine plus un centimètre, placer la lettre P. Du point B, vers C, porter le seizième du tour de poitrine + 2 cent. et demi, placer la lettre Z.

Réunir les points P, Z par une oblique ponctuée, puis par une courbe s'écartant de 2 centimètres au milieu et au-dessous de l'oblique. Renfoncer la ligne Z C.

---

1. Avant de tracer le rectangle, consulter la note page 2.
2. Prenant pour exemple les mesures données figure 3, page 7.

Demi-tour de poitrine, 46 + 4 c. de développement = ... 50
Demi-largeur du dos, 16,5 + le seizième du tour de poitrine, 5,7 = 22,2
Largeur du rectangle du devant............................... 27,8

Épaulette P U. — Mesurer sur la règle métrique la longueur de l'épaulette du dos moins un demi-centimètre, placer la division correspondante à cette mesure sur le point

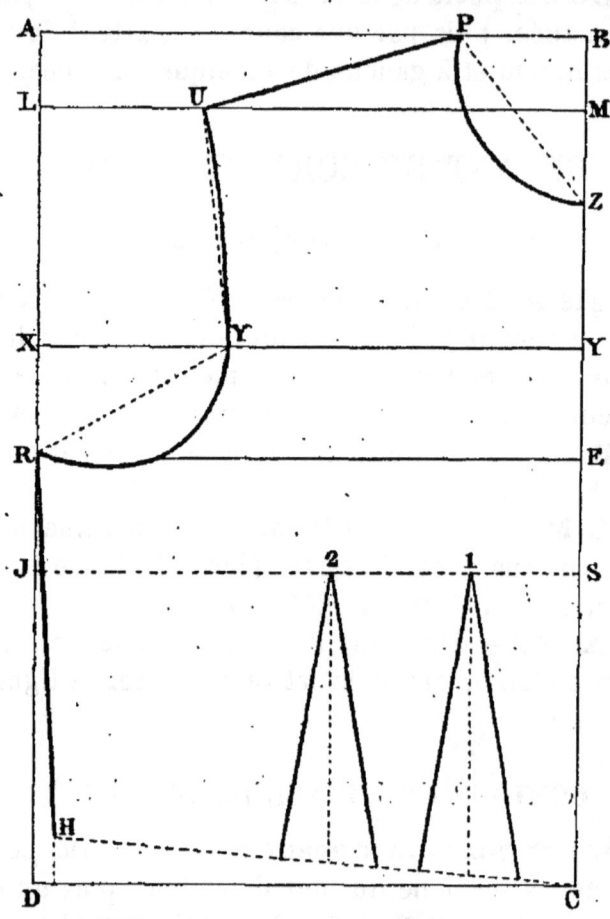

Fig. 5 (au 1/5). — Devant du corsage rond.

P. Incliner la règle métrique jusqu'à ce que la division zéro touche la ligne L M. A ce point, marquer la lettre U.

Réunir P, U par une oblique pleine.

Entournure U Y' R. — Du point Y, vers X, porter le cinquième du tour de poitrine, placer la lettre Y'. Réunir les points U, Y' par une oblique ponctuée, puis par une courbe s'écartant de 7 millimètres sur la droite et au milieu de onctuée.

Réunir Y', R par une oblique ponctuée, puis par une courbe s'écartant d'environ 3 centimètres au milieu et au-dessous de l'oblique ponctuée.

Dessous de bras R H. — Sur la ligne D C, en partant de D, avancer d'un centimètre, placer un point. Réunir ce point au point R par une ligne ponctuée. Mesurer sur cette ligne la longueur de la ligne R H du petit-côté, marquer la lettre H. Réunir R, H par une oblique pleine.

Ligne de taille H C. — Réunir les points H, C par une oblique ponctuée.

TRACÉ D'UNE PINCE

Il est préférable de faire une seule pince aux corsages destinés aux personnes minces (dont le tour de poitrine est inférieur à 75 ou 80 centimètres).

Du point R, sur la ligne R D, compter 4 centimètres et placer la lettre J. De ce point tracer une ligne ponctuée, J S, parallèle à R E; cette ligne est destinée à fixer la hauteur de la pince.

Du point S, vers J, porter la moitié de la longueur Y Y'; placer le chiffre 1 (hauteur de la pince). Du point 1 abaisser sur la ligne D C une perpendiculaire ponctuée, qui indique le milieu de la pince.

Il reste à déterminer l'étoffe que devra renfermer la pince. Pour y parvenir, il faut mesurer, sur la ligne de taille, le bas du demi-dos, le bas du petit-côté, le bas du devant; additionner et comparer le résultat obtenu avec la demi-largeur de ceinture. L'excédent trouvé indique l'étoffe à renfermer dans la pince, par conséquent à distribuer par moitié de chaque côté de la ligne ponctuée (milieu de la pince). Placer deux points; réunir ces deux points par des obliques au point 1.

TRACÉ DE DEUX PINCES

Du point R, sur la ligne R D, compter le seizième du tour de poitrine, placer la lettre J.

De ce point tracer une ligne ponctuée, J S, parallèle à R E. Cette ligne est destinée à fixer la hauteur des pinces.

Du point J, vers S, porter le seizième du tour de poitrine, placer le chiffre 1, *hauteur de la 1re pince*. Pour placer la deuxième pince, il faut d'abord mesurer, sur la ligne de taille, le bas du demi-dos, le bas du petit-côté et le bas du devant. Additionner et comparer le résultat obtenu avec la demi-largeur de ceinture. L'excédent trouvé indique l'étoffe à renfermer dans les deux pinces. Prendre la moitié de cet excédent, y ajouter 2 centimètres (1 cent. et demi au-dessous de 80 centimètres de tour de poitrine) et porter la longueur obtenue à gauche du chiffre 1 sur la ligne ponctuée. Placer le chiffre 2, *hauteur de la 2e pince*.

Des points 1 et 2 abaisser des perpendiculaires ponctuées sur la ligne D C. Chacune de ces perpendiculaires indique le milieu d'une pince. L'excédent, trouvé plus haut, doit être distribué, par quart, de chaque côté des deux lignes ponctuées, sur la ligne H C, *ligne de taille*. Placer quatre points; réunir les deux points du bas de la première pince au chiffre 1, réunir les deux points du bas de la seconde pince au chiffre 2 par des obliques.

CORSAGE A BASQUES
AVEC UN SEUL PETIT-COTÉ

MESURES A PRENDRE

1° Longueur du dos.................... Voir page 2
2° Largeur du dos....................... —
3° Longueur du devant................. —
4° Tour de poitrine..................... —
5° Tour de taille........................ —
6° Tour des hanches.................... —
7° Longueur du bras { 1re............ —
                                2°............ —

DIVISIONS A CALCULER

Tour de poitrine : 1/2 ; 1/5 ; 1/16.
Tour de taille : 1/5.
Demi-tour de hanches : 1/6.

DOS ET PETIT-COTÉ

LIGNES DE CONSTRUCTION

Rectangle A B C' D'. — Tracer un rectangle [1] A B C' D' dont la longueur soit égale à la longueur du dos + la longueur que l'on veut donner à la basque, et la largeur égale à la demi-largeur du dos + le seizième du tour de poitrine, attribué au petit-côté, + 8 centimètres pour le développement de la basque. Des points A et B, vers D' et C', porter la longueur du dos, placer les lettres D et C. Tracer la ligne D C, parallèle à A B.

Ligne E R. — Du point A, sur la ligne A D, porter la moitié de la longueur de cette ligne et tracer la ligne E R, parallèle à A B.

Ligne L M. — Du point A, vers D, porter le seizième du tour de poitrine + 2 centimètres, placer la lettre L. De ce point tracer la ligne L M, parallèle à A B.

Ligne X Y. — Du point L, descendre de 5 centimètres sur la ligne L D (4 centimètres pour les mesures au-dessous de 80 centimètres de tour de poitrine). Tracer la ligne X Y, parallèle à A B.

CONTOURS DU TRACÉ DU DOS

Milieu du dos A S. — Du point D, vers C, avancer de 2 centimètres (1 cent. et demi pour les mesures au-dessous de 80 centimètres de tour de poitrine), placer un point, élever ce point d'un centimètre et marquer la lettre S. Réunir les points A, S par une oblique.

Encolure A P. — Du point A, vers B, porter le seizième

---

1. Avant de tracer le rectangle, consulter la note page 2.

du tour de poitrine, placer un point. Élever ce point d'un centimètre, placer la lettre P. Réunir les points A, P, par

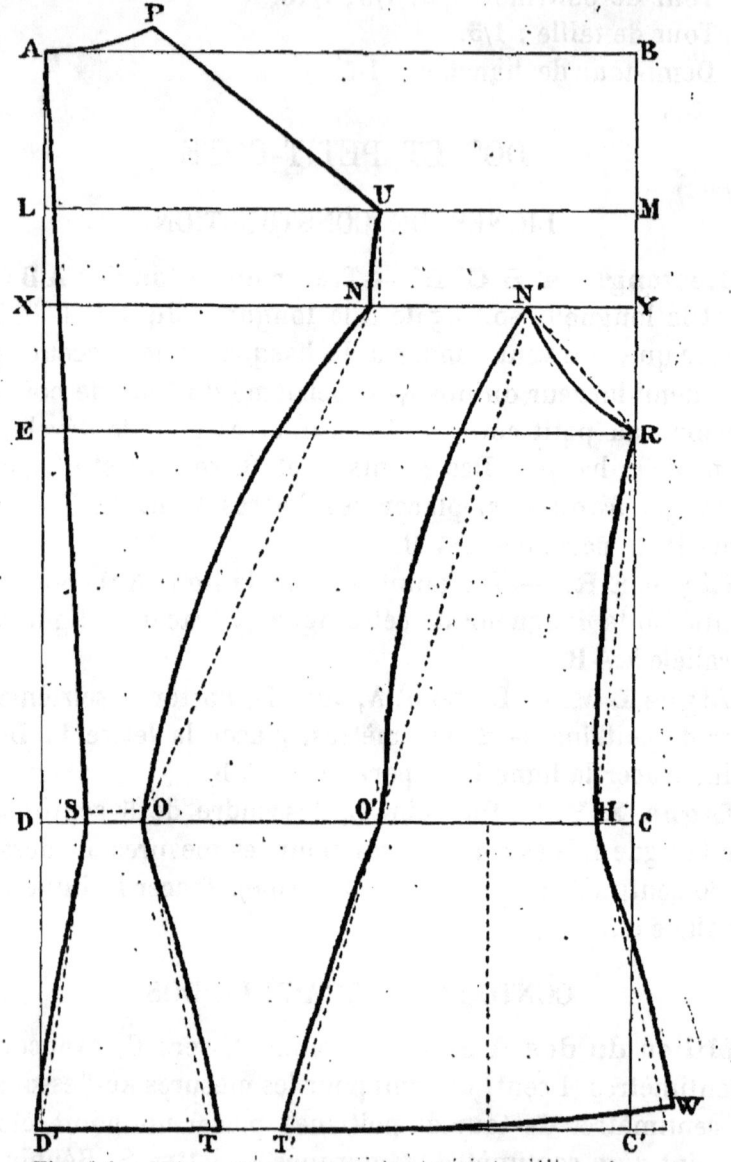

Fig. 6 (au 1/5). — Dos et petit-côté du corsage à basques.

une courbe légèrement concave (cette courbe doit rester en dehors du rectangle).

Épaulette P U. — De l'oblique milieu du dos, sur la

ligne L M, porter la demi-largeur du dos, placer la lettre U. Réunir les points P, U par une oblique.

Entournure U N. — Du point U, abaisser une perpendiculaire ponctuée sur la ligne X Y. Placer un point. Rentrer ce point d'un demi-centimètre vers la gauche et placer la lettre N. Joindre les points U, N par une courbe écartée d'un demi-centimètre sur la gauche et au milieu de la ligne ponctuée.

Ligne de taille S O. — Du point S, avancer horizontalement de 3 cent. sur la droite (3 cent. et demi pour les mesures au-dessus de 65 centimètres de tour de taille et 4 cent. pour les mesures au-dessus de 75 centimètres). Placer la lettre O. Joindre les points O, S par une horizontale ponctuée.

Courbure du dos N O. — Joindre les points N, O par une oblique ponctuée, puis par une courbe écartée de 2 centimètres sur la gauche et au milieu de l'oblique ponctuée.

Basque S D' T O. — Du point S, tracer une oblique ponctuée rejoignant le point D'. Réunir de nouveau ces deux points par une courbe s'écartant d'un demi-centimètre au milieu et à gauche de l'oblique ponctuée et à gauche du point D'. Cette courbe doit se fondre avec l'oblique milieu du dos au point S.

Du point D', vers C', porter le sixième du demi-tour des hanches moins un centimètre, placer la lettre T.

Joindre les points O, T par une oblique ponctuée, puis par une courbe s'écartant d'un demi-centimètre au milieu et à droite de l'oblique ponctuée et à droite du point T. Renforcer la ligne D' T.

PETIT-COTÉ

Entournure N' R. — Compter 8 centimètres à droite du point N, placer la lettre N'. Réunir N', R par une oblique ponctuée, puis par une courbe rentrée d'un centimètre environ au milieu et sur la gauche de l'oblique ponctuée.

Dessous de bras R H. — Avancer le point C de 2 centimètres sur la ligne C D (1 centimètre pour les mesures au-dessous de 80 centimètres de tour de poitrine), placer la lettre H. Réunir R, H par une oblique ponctuée, puis par une courbe écartée d'un demi-centimètre sur la gauche et au milieu de l'oblique ponctuée.

Ligne de taille O' H. — Du point H porter sur la gauche le cinquième du tour de taille moins un centimètre et placer la lettre O'.

Courbure du petit-côté N' O'. — Joindre les points N', O', par une oblique ponctuée, puis par une courbe s'écartant de deux centimètres sur la gauche et au milieu de l'oblique ponctuée.

Basque O' T' W H. — Prendre le milieu de la ligne O' H, placer un point. De ce point abaisser une perpendiculaire ponctuée sur la ligne D' C'. Compter, à gauche de cette perpendiculaire, le sixième du demi-tour des hanches plus un centimètre, placer la lettre T'; compter, à droite de cette perpendiculaire, le sixième du demi-tour des hanches, placer un point. Élever ce point d'un centimètre, placer la lettre W. Joindre les points O', T' par une oblique ponctuée, puis par une courbe s'écartant d'un demi-centimètre au milieu et à gauche de l'oblique ponctuée, et à gauche du point T'.

Joindre les points H, W par une oblique ponctuée, puis par une courbe s'écartant d'un demi-centimètre au milieu et à droite de l'oblique ponctuée, et à droite du point W. Réunir les points T', W par une courbe légère qui doit suivre la ligne du rectangle jusqu'à la perpendiculaire ponctuée.

DEVANT DU CORSAGE A BASQUES

LIGNES DE CONSTRUCTION

Rectangle A B C' D'. — Tracer un rectangle [1] A B C' D' ayant pour longueur la longueur du devant plus la longueur que l'on veut donner à la basque, et pour largeur [2], le demi-tour de poitrine plus 4 centimètres, diminué de la demi-largeur du dos et du seizième du tour de poitrine.

---

1. Avant de tracer le rectangle, consulter la note page 2.
2. Voir l'exemple donné page 11, *Devant du corsage rond*.

CORSAGE A BASQUES

Du point A vers D′, porter la longueur du devant,

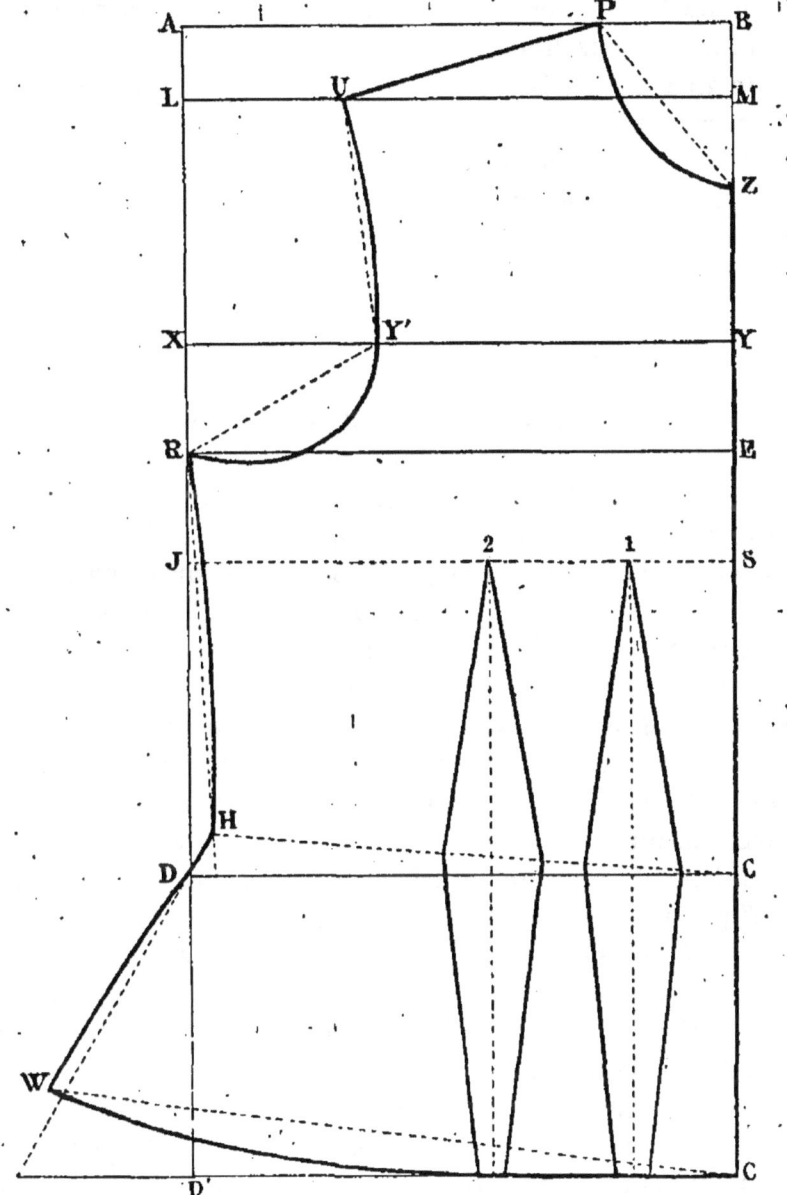

Fig. 7 (au 1/5). — Devant du corsage à basques.

placer un point. De ce point tracer la ligne D C, parallèle A B.

Ligne R E. — Du point A, sur la ligne A D, porter la moitié de la longueur de cette ligne, placer la lettre R. De ce point tracer la ligne R E, parallèle à A B.

Ligne L M. — De A, vers D, porter le seizième du tour de poitrine moins 2 centimètres, placer la lettre L. De ce point tracer la ligne L M, parallèle à A B.

Ligne X Y. — Du point R, vers A, porter le seizième du tour de poitrine, placer la lettre X. De ce point tracer la ligne X Y, parallèle à A B.

CONTOURS DU TRACÉ DU DEVANT

Encolure P Z. — Du point B, vers A, compter le seizième du tour de poitrine plus un centimètre, marquer la lettre P. Du point B, vers C, compter le seizième du tour de poitrine plus 2 cent. et demi, marquer la lettre Z. Réunir P, Z par une oblique ponctuée, puis par une courbe rentrée de 2 centimètres au milieu et à gauche de l'oblique ponctuée.

Bord du devant Z C'. — Renforcer la ligne Z C'.

Épaulette P U. — Du point P, jusqu'à la rencontre de la ligne L M, porter, vers la gauche, la longueur de l'épaulette du dos moins un demi-centimètre, placer la lettre U. Joindre les points U et P par une oblique pleine.

Entournure U Y' R. — Du point Y, vers X, porter le cinquième du tour de poitrine, placer la lettre Y'. Réunir U, Y' par une oblique ponctuée, puis par une courbe s'écartant de 7 millimètres sur la droite et au milieu de l'oblique ponctuée. Réunir Y', R par une oblique ponctuée, puis par une courbe s'écartant d'environ 3 centimètres au milieu et au-dessous de l'oblique ponctuée.

Dessous de bras R H. — Sur la ligne D C, en partant de D, avancer d'un centimètre, placer un point. Réunir ce point au point R par une ligne ponctuée; du point R sur cette ligne ponctuée, porter la longueur R H du petit-côté et placer la lettre H. Joindre les points R, H par une courbe rentrée d'un demi-centimètre sur la droite et au milieu de la ligne ponctuée.

Ligne de taille H C. — Réunir les points H, C par une oblique ponctuée.

Basque H W C'. — Prolonger le rectangle à gauche du point D' de manière à lui donner pour largeur, à partir du point C', les 3/6 du demi-tour des hanches plus 10 centimètres. Placer un point, réunir ce point au point H par une oblique ponctuée. Du point H, sur cette oblique, porter la longueur H W du petit-côté et placer la lettre W. Réunir les points H, W par une courbe s'écartant d'un demi-centimètre au milieu et à gauche de l'oblique ponctuée, et à gauche du point W. Réunir les points W, C' par une oblique ponctuée, puis par une courbe qui s'écarte de 1 cent. et demi environ au milieu et au-dessous de l'oblique ponctuée, et qui vient se fondre avec la ligne du rectangle environ au milieu de la longueur D'.C'.

Pinces. — Les pinces du corsage à basques se font comme celles du corsage rond, voir page 13. Toutefois, on les prolonge, à partir de la ligne de taille, en continuant jusqu'au bord inférieur de la basque les deux lignes ponctuées qui déterminent le milieu des pinces, puis en reprenant, à partir de la ligne de taille, les lignes obliques, que l'on rapproche deux à deux de l'extrémité inférieure de chaque ligne ponctuée, en laissant un centimètre entre chacune d'elles et la ligne ponctuée.

DÉPLACEMENT DES COUTURES D'ÉPAULES

ET DES COUTURES DU DESSOUS DE BRAS

La mode fait subir des changements fréquents à la place occupée par les coutures d'épaules.

Après les avoir faites très rejetées en arrière, on les fait actuellement très remontées sur l'épaule.

Il est facile de modifier la place de ces coutures sans nuire à l'économie de la méthode.

Si, par exemple, on veut rejeter plus en arrière les coutures d'épaules, on descendra la ligne L M et la ligne X Y du dos d'un ou deux centimètres, et l'on remontera du même nombre de centimètres la ligne L M du devant.

Les coutures du dessous de bras se font également tantôt plus en avant, tantôt plus en arrière.

Lorsqu'on veut les rejeter en arrière et diminuer la largeur du petit-côté, il suffit d'enlever au petit-côté un ou plusieurs centimètres sous le bras, et de les ajouter au devant, à la couture du dessous de bras et de la basque.

TRACÉ DE LA MANCHE

LIGNES DE CONSTRUCTION

Rectangle A B C D. — Tracer un rectangle A B C D dont la longueur soit égale à la deuxième longueur du bras plus 3 centimètres, et la largeur au cinquième du tour de poitrine plus 3 centimètres.

Ligne L M. — Du point A, vers D, compter 3 centimètres et tracer la ligne L M, parallèle à A B.

Ligne X Y. — Du point A, vers D, porter le huitième [1] du tour de poitrine, placer la lettre X. De ce point, tracer la ligne XY, parallèle à A B.

Ligne E R. — Du point L (ne pas confondre avec le point A), sur la ligne L D, porter la première longueur du bras, placer la lettre E, qui indique le coude. Tracer une ligne E R parallèle à A B.

CONTOURS DU TRACÉ DE LA MANCHE

Entournure O L Z. — Du point A, vers B, porter le tiers de la longueur A B et placer la lettre O.

---

1. Lorsque le huitième du tour de poitrine est supérieur à 12 centimètres, on néglige le surplus.

Avancer le point Y de 3 centimètres vers X, placer la

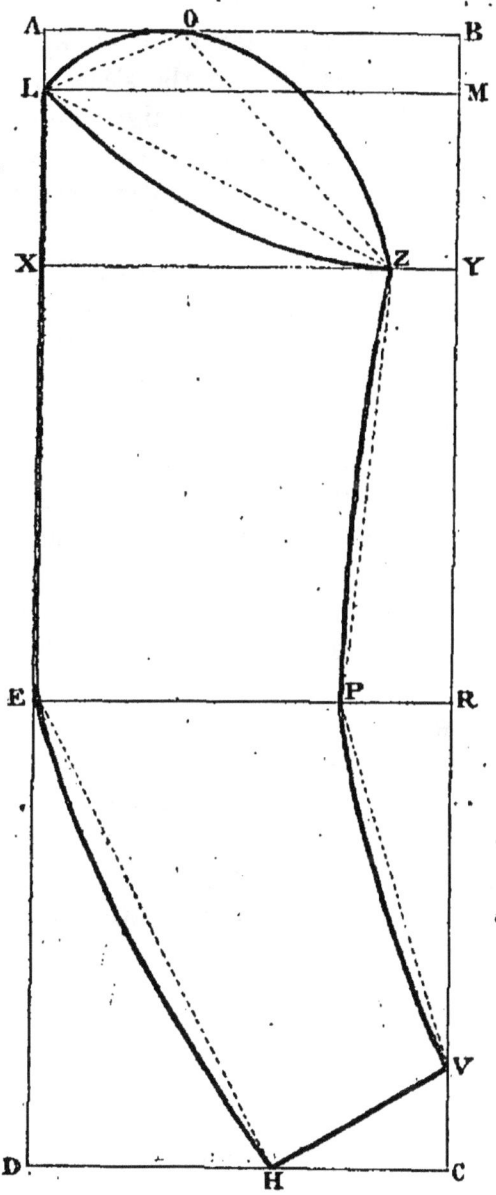

Fig. 8 (au 1/5). — Manche ordinaire.

lettre Z. Réunir les points O, L par une oblique ponctuée, qui côtoie la ligne O A pendant 2 à

3 centimètres, puis s'écarte d'un centimètre au milieu et au-dessus de l'oblique ponctuée.

Mener des obliques ponctuées de O en Z et de Z en L. Réunir les points O, Z par une courbe s'écartant de 2 centimètres au milieu et au-dessus de la ligne ponctuée. Tracer le dessous de l'entournure en joignant les points L, Z au moyen d'une courbe rentrée de 2 centimètres au milieu et au-dessous de l'oblique ponctuée.

Couture intérieure de la manche Z P V. — Du point R, vers E, porter le seizième du tour de poitrine et placer la lettre P.

Du point C, vers B, remonter de 5 centimètres (4 centimètres seulement pour les mesures au-dessous de 80 centimètres de tour de poitrine), et placer la lettre V. Réunir les points Z, P par une oblique ponctuée, puis par une courbe s'écartant de 8 millimètres à gauche et au milieu de l'oblique ponctuée.

Réunir P, V par une oblique ponctuée, puis par une courbe s'écartant de 8 millimètres au milieu et à gauche de l'oblique ponctuée.

Couture extérieure L E H. — Du point D vers C, porter la moitié de la longueur D C plus 1 c. 1/2 (1 centimètre seulement pour les mesures au-dessous de 80 centimètres de tour de poitrine), placer la lettre H. Renforcer la ligne L E. Réunir les points E, H par une oblique ponctuée, puis par une courbe s'écartant d'un centimètre à gauche et au milieu de l'oblique ponctuée et se fondant au point E avec la ligne L E.

Bord inférieur V H. — Réunir les points V, H par une oblique pleine.

COL DROIT

MESURE A PRENDRE

Largeur de l'encolure. — On prend cette mesure en entourant l'encolure sur le col même de la robe.

LIGNES DE CONSTRUCTION

Tracer un rectangle A B C D ayant pour largeur la moitié de l'encolure plus 1 centimètre, et pour hauteur 7 centimètres.

Du point D, vers A, compter 4 centimètres et demi et placer la lettre L. Tracer la ligne L M, parallèle à A B.

CONTOURS DU TRACÉ DU COL

Bord du col par devant O Z. — Du point M, descendre vers C d'un centimètre, placer la lettre Z. Du point B, vers A, compter 2 centimètres, placer la lettre O. Réunir les points O, Z par une oblique pleine.

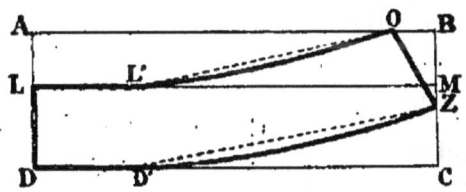

Fig. 9 (au 1/5). — Tracé du col droit.

Bord supérieur L L' O. — Du point L, sur la ligne L M, compter 4 centimètres et demi et placer la lettre L'. Joindre L' à O par une oblique ponctuée, puis par une courbe s'écartant d'un demi-centimètre au milieu et au-dessous de l'oblique ponctuée.

Reprendre la ligne L L' O en la fondant au point L.

Encolure D D' Z. — Du point D, vers C, compter 4 centimètres et demi, placer la lettre D'. Réunir D' à Z par une oblique ponctuée, puis par une courbe s'écartant d'un demi-centimètre au milieu et au-dessous de l'oblique ponctuée.

Reprendre la ligne D D' Z en la fondant au point D'.

Renforcer la ligne L D.

ASSEMBLAGE DU COL

Si l'étoffe est unie, on place simplement la ligne L D sur le droit fil de l'étoffe pliée ; si l'étoffe est à rayures, on doit couper séparément chaque moitié de col afin d'obtenir qu'à la couture de derrière les rayures se raccordent et forment un V. Pour cela, on place la ligne L D, non sur le droit fil de l'étoffe pliée, mais sur le bon biais; on taille la première moitié du col, puis on applique celle-ci sur l'étoffe en ayant soin que les rayures se superposent exactement, endroit sur endroit, pour couper l'autre moitié. La doublure se taille dans le même sens que l'étoffe; on enferme entre l'étoffe et la doublure une toile appelée « toile de tailleur », qui se taille sur le patron sans laisser de rempli, excepté à l'encolure.

Le col une fois préparé, on l'applique sur le corsage endroit contre endroit, la couture du milieu du col coïncidant avec la couture du milieu du dos. On coud à points arrière la toile de tailleur, l'étoffe du col et le corsage doublé, puis on redresse le col et l'on enferme la couture en rabattant la doublure que l'on coud à points de côté, sans faire traverser ces points à l'endroit du corsage.

PAREMENT OUVERT

LIGNES DE CONSTRUCTION

Tracer un rectangle A B C D ayant pour hauteur 6 centimètres et demi et pour largeur 12 centimètres.

Du point A, vers B, avancer de 2 centimètres et placer la

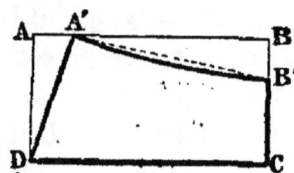

Fig. 10 (au 1/5). — Parement ouvert.

lettre A'. De B, vers C, avancer de 2 centimètres et placer la lettre B'.

CONTOURS DU PAREMENT

Bord supérieur A' B'. — Réunir A' et B' par une oblique ponctuée, puis par une courbe s'écartant de 3 millimètres au milieu et au-dessous de l'oblique ponctuée.

Ouverture A' D. — Réunir A' et D par une oblique pleine.
Bord inférieur D C. — Renforcer la ligne D C.
Pliure du parement B' C. — Renforcer la ligne B' C.

PAREMENT FERMÉ

LIGNES DE CONSTRUCTION

Tracer un rectangle A B C D ayant pour hauteur 7 centimètres et pour largeur 12 centimètres.

Avancer le point D d'un demi-centimètre vers C; placer la lettre D'.

Du point B, vers C, porter un centimètre; placer la lettre B'.

CONTOURS DU PAREMENT

Couture du parement A D'. — Réunir A et D' par une oblique pleine.

Bord supérieur A B'. — Réunir A et B' par une oblique

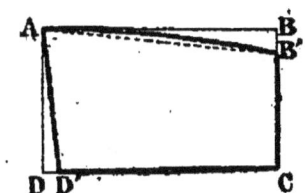

Fig. 11 (au 1/5). — Parement fermé.

ponctuée, puis par une courbe s'écartant de 3 millimètres au milieu et au-dessus de l'oblique ponctuée.

Bord inférieur D' C. — Renforcer la ligne D' C.

Pliure du parement B' C. — Renforcer la ligne B' C.

ASSEMBLAGE DES PAREMENTS

Plier l'étoffe dans le biais parfait et placer la ligne B'C sur ce pli. La couture du parement longe la couture extérieure de la manche.

On enferme entre la doublure et l'étoffe une mousseline ou une toile raide.

COUPE ET ASSEMBLAGE
DU CORSAGE

Le tracé des diverses parties du corsage étant exécuté sur du papier à patrons, on coupe exactement celui-ci sur les lignes du dessin, sauf les pinces auxquelles on laisse à l'intérieur une bande de papier d'un centimètre, à la taille et au bas de la basque, puis on passe à l'étoffe.

Toutes les pièces du corsage se taillent sur l'étoffe *double*. Si l'étoffe est pliée en deux par le milieu, c'est sur le bord de ce pli qu'on placera le milieu du dos, en l'écartant de 2 centimètres du pli au point A et de 4 centimètres au point S. La couture que l'on fera au milieu du dos sera par conséquent cintrée et donnera de la grâce au corsage.

La ligne de taille du petit-côté, du point O' au point H, doit être placée sur la trame de l'étoffe [1].

Le bord du devant se place sur le droit fil de l'étoffe.

La manche suit également le droit fil, depuis l'entournure jusqu'au coude.

On épingle les diverses pièces du patron de corsage sur l'étoffe double, et l'on taille celle-ci avec un grand soin, en laissant pour les coutures :

1° 2 centimètres pour les coutures des épaulettes et des dessous de bras;

2° 4 centim. et demi pour les devants du corsage, dont 1/2 centimètre pour les boutons et pour les boutonnières, et 4 centimètres pour l'ourlet intérieur;

3° A peine un demi-centimètre pour l'encolure et les entournures, qu'on surfile immédiatement si l'étoffe est de nature à s'effiler;

4° 2 centimètres pour les coutures des manches et 4 centimètres pour leur bord inférieur.

L'étoffe une fois taillée, on la place sur la doublure et dans le même sens que celle-ci, puis on la taille exactement comme elle. On applique le patron sur l'étoffe, et l'on indique par un *bâti* le tracé exact du patron. Ce *bâti* sert, en outre, à fixer l'étoffe sur la doublure. On assemble alors les diverses parties du corsage à points *devant*, en réunissant les lettres semblables.

1. Le *droit fil* est dans le même sens que la lisière : il suit la *chaîne*. La *trame* de l'étoffe est dans le sens contraire.

On faufile les pinces. On laisse extérieurement l'étoffe destinée aux ourlets du devant, ceux-ci ne se faisant qu'après l'essayage. On place la manche pendant l'essayage, en observant que la couture du coude doit être placée exactement au point N pour la manche ordinaire et au point N' pour la manche dont le dessous est plus étroit que le dessus.

Lorsque, faute d'expérience, on craint de perdre l'étoffe, on peut commencer par tailler la doublure. Avant d'enlever le patron, on en indique très exactement les contours au moyen d'une roulette à patrons ou de la craie de tailleur. On bâtit alors le corsage en doublure, on l'essaye, et l'on fait les rectifications nécessaires; puis on place la doublure rectifiée sur l'étoffe, dans le même sens que celle-ci, que l'on taille exactement comme elle. On assemble en suivant les bâtis de rectification, et l'on essaie de nouveau le corsage doublé.

MANIÈRE D'ESSAYER ET DE COUDRE LE CORSAGE

Pour essayer le corsage, on commence par épingler le milieu du dos au bas de la taille. On épingle les deux devants sur le bâti indiquant le bord. Le corsage ainsi fixé, il convient d'y faire les retouches nécessaires.

Nous indiquerons ici les principales retouches qui peuvent être nécessitées par l'essayage.

Si le corsage est :

Trop long, le reprendre sur les épaules;

Trop court, l'allonger en creusant un peu le bas de la taille (couture du milieu du dos), descendre le dessous de bras, descendre les pinces;

Trop large de poitrine, serrer la couture du dessous de bras, replier l'ourlet du devant;

Trop large du dos, avancer les petits-côtés sur le dos (rectification difficile);

Trop large de taille, mettre plus d'étoffe dans les pinces et dans les coutures des dessous de bras, à l'endroit de la taille;

Trop large d'encolure, reprendre sur l'épaulette du dos, près de l'encolure, égaliser les coutures; de cette manière, l'encolure est diminuée, mais non la largeur de poitrine. Cette retouche ne s'applique qu'aux personnes très fortes. On peut encore reprendre le haut du devant jusqu'à la poitrine, ce qui détruit le droit fil du bord du devant;

Trop étroit du dos, refaire la couture du milieu du dos, en diminuant les rentrés; si la correction est impossible, refaire un petit-côté;

Trop étroit du devant, il suffit souvent d'échancrer un peu plus l'entournure, à partir de l'épaule jusqu'au milieu, entre les lettres U et Y'; ne jamais recouper sous les bras ; quelquefois, il suffit de descendre un peu les pinces ;

Trop étroit d'encolure, recouper sur le devant, jamais sur le dos ;

Trop étroit de taille, prendre moins d'étoffe dans les pinces ; on peut aussi en supprimer une. Donner de la largeur aux petits-côtés du côté du dos.

Si la manche est trop étroite, diminuer la couture extérieure, mais ne jamais toucher à la couture intérieure.

Le corsage bien essayé, retouché d'un côté seulement, les épingles de l'essayage remplacées par un bâti, on doit poser le côté rectifié sur l'autre côté, afin de les rendre symétriques, en faisant traverser les épingles pour indiquer les rectifications.

Toutes les coutures se font à points arrière ou à la machine. On les ouvre en les repassant, et on les surfile de chaque côté, ou on les borde avec un ruban étroit appelé *extra-fort*.

Les coutures des épaulettes et des petits-côtés se font sur le dos (c'est-à-dire le dos devant soi). On coud donc l'un des petits-côtés en commençant par l'entournure, l'autre par la taille pour les corsages ronds, ou par le bord inférieur de la basque pour les corsages à basques. Les épaulettes se cousent également sur le dos, l'une en commençant à l'entournure, l'autre à l'encolure.

On coud les pinces avant d'assembler le corsage ; les coutures se font en dedans, par conséquent l'une des pinces se coud en commençant par le bas, l'autre en commençant par le haut. Cette manière de procéder donne de l'élasticité à l'extérieur des pinces, et, par conséquent, de la grâce au corsage.

Les coutures faites, on les hoche à la taille pour qu'elles s'ouvrent facilement et permettent au corsage d'adhérer à la taille.

Les coutures des manches se font de la manière suivante : on place l'étoffe les deux endroits l'un sur l'autre ; sur l'étoffe, on place la doublure également les deux endroits l'un sur l'autre. Lorsque les coutures sont faites, on *hoche* la couture intérieure, et l'on retourne une seule doublure. Les coutures sont ainsi dissimulées à l'intérieur.

Les manches avec dessous plus étroit que le dessus ne peuvent pas se coudre de la même façon. On les coud comme le reste du corsage et on surfile les coutures qui restent visibles à l'envers. Le dessus de la manche doit être froncé ou plissé avec trois très petits plis au coude.

On place le point D du col sur le point A de l'encolure. On monte la manche en la soutenant sur l'épaule ; on place à l'intérieur de l'entournure un lacet que l'on coud en même temps que la manche, pour consolider l'entournure qui, sans cela, se déchirerait facilement.

On fixe un ruban de fil large de 2 cent. et demi à l'envers du corsage, au bas de la taille, et sur les coutures du dos et des dessous de bras. Ce ruban de taille s'agrafe par devant. On place également un ruban de fil pour soutenir l'ourlet du devant sous les boutons. On indique la place des boutonnières, en commençant par celle de la taille, puis en distançant les autres à volonté.

Lorsque l'étoffe s'effile, on surfile les boutonnières ou on les gomme, avant de les faire. On peut encore tracer la boutonnière avec un fil, la faire au point de feston, puis la couper ; après quoi, on la termine par deux petites brides appelées *points d'arrêt*. On égalise le bas du corsage rond et on le termine par une ceinture qui s'attache sur la gauche en croisant de 5 centimètres. Le corsage à basques se termine par un biais, par un *dépassant* ou par un faux ourlet que l'on place d'abord à l'endroit et que l'on retourne à l'envers.

COUPE DE LA JUPE

Deux mesures sont nécessaires pour tailler une jupe :

1° **Longueur de devant.** — Du milieu du devant, ceinture, au bas de la jupe.

2° **Longueur de derrière.** — Du milieu du dos, ceinture, au bas de la jupe.

Nous prendrons pour type une étoffe de largeur moyenne, de 60 cent., et nous indiquerons la manière de tailler la jupe, à l'aide de deux dessins (au dixième) représentant le demi-lé de devant et les deux lés de côté.

La figure 12 représente le lé de devant plié en deux par le milieu. Ce lé conserve dans le bas toute sa largeur ; mais, dans le haut, il ne doit avoir que 15 centimètres pour demi-largeur (en comptant l'étoffe nécessaire aux deux plis de côté). On enlèvera l'excédent en taillant deux pointes de 20 centimètres de large par le haut et de 1 millimètre de large par le bas.

De chaque côté du lé de devant, on place deux pointes, qu'on taille dans un lé si l'étoffe n'a pas d'envers (fig. 13). Dans le cas contraire il faudra les tailler l'une sur l'autre et employer un lé par pointe. Il restera alors deux pointes semblables, qu'on emploiera pour le corsage, à moins qu'on ne veuille les placer dans la jupe comme seconds lés de côté.

On *assemble* les lés de la jupe en commençant par le haut, et en cousant la lisière du lé de côté avec le biais du lé de devant. On fera de même pour les seconds lés de côté (si l'on en met deux), de telle sorte que le côté *biaisé* des lés se trouve toujours par derrière.

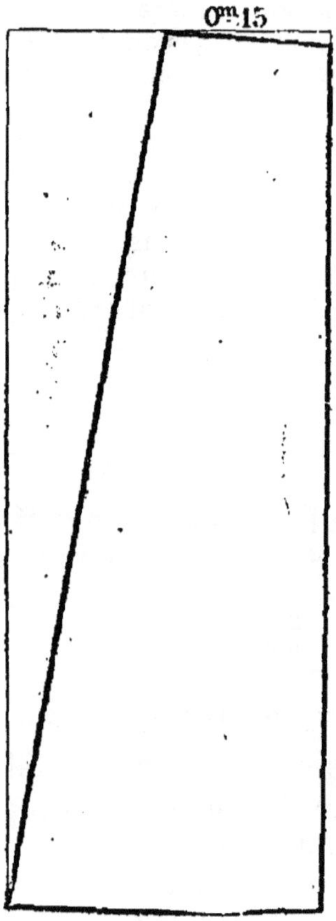

On place des lés entiers par derrière, pour compléter la largeur que l'on désire donner à la jupe.

Une fois les lés *assemblés*, on égalise le bas de la jupe et l'on y place un faux ourlet. Si l'on borde la jupe avec un lacet de laine, on aura soin de le passer dans de l'eau très chaude avant de l'employer; à défaut de quoi, ce lacet se retirerait et ferait froncer le bas de la jupe.

Fig. 12 (au 1/10). — Lé de devant.

On place la poche au côté droit de la jupe, en la dissimulant sous un pli.

Pour monter la jupe, on forme des plis plus ou moins creux, selon l'ampleur. Le premier de ces plis, qui doit avoir 3 centimètres de profondeur, sera pris sur le lé de devant; les autres, sur les lés de côté. Les lés de derrière sont ordinairement froncés.

On coud la jupe en surjet à la ceinture du corsage rond; la fente de la jupe se trouve ainsi sur le côté gauche.

Lorsque le corsage est à basques, on monte la jupe sépa-

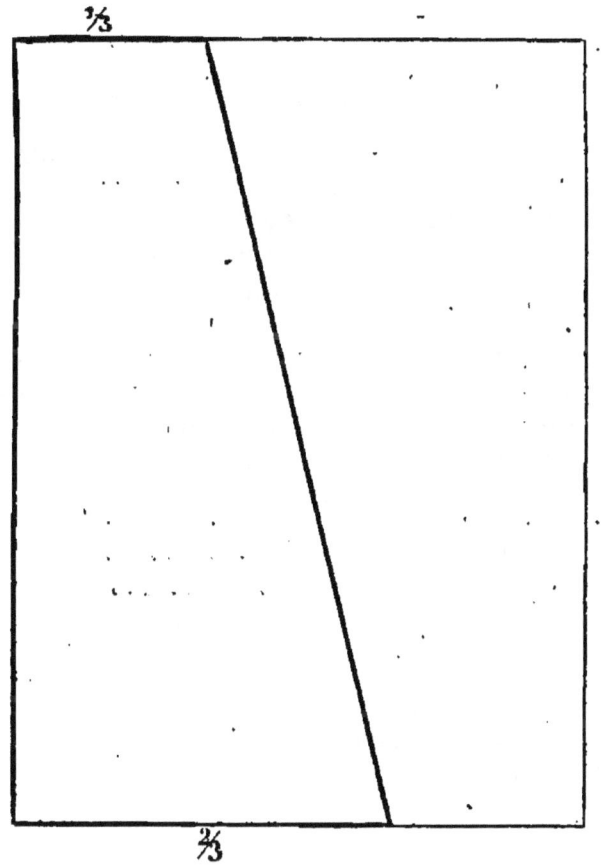

Fig. 13 (au 1/10). — Lés de côté.

rément, après une ceinture faite avec un ruban de fil recouvert d'étoffe semblable à la robe. Cette ceinture s'attache par derrière en croisant de 3 à 4 centimètres.

ROBE ANGLAISE
POUR FILLETTE

PRENDRE LES MESURES SUIVANTES :

1º **Longueur du dos**.................... Voir page 2
2º **Largeur du dos**.................... —
3º **Première longueur du devant**....... —
4º **Deuxième longueur du devant**. — Du milieu du devant, ceinture, au bas de la jupe.. —
5º **Tour de poitrine**................... —
6º **Tour de taille**...................... —
7º **Tour des hanches**. — Le prendre à 12 ou 14 centimètres environ au-dessous de la taille.................................... —
8º **Longueurs du bras.** } 1re............ —
    2e............ —

PRENDRE LES DIVISIONS SUIVANTES :

Tour de poitrine : 1/2 ; 1/5 ; 1/16.
Tour de taille : 1/5 ; 1/10.
Demi-tour des hanches : 1/6.

DOS ET PETIT-COTÉ DE LA ROBE ANGLAISE

LIGNES DE CONSTRUCTION

Rectangle A B C'D'. — Tracer un rectangle [1] A B C'D' ayant pour longueur la longueur du dos plus la longueur que l'on veut donner à la basque [2], et pour largeur la

---

1. Avant de tracer le rectangle, consulter la note page 2.
2. Pour une enfant de douze ans, on donne ordinairement à la basque 23 à 25 centimètres de longueur.

demi-largeur du dos plus le seizième du tour de poitrine attribué au petit-côté, plus 10 centimètres pour le développement des basques.

Du point A, vers D', porter la longueur du dos, placer la lettre D. De ce point tracer la ligne D C, parallèle à A B.

Ligne E R. — Du point A, vers D, porter la moitié de la longueur de cette ligne, placer la lettre E. De ce point, tracer la ligne E R, parallèle à A B.

Ligne L M. — Du point A, vers D, porter le seizième du tour de poitrine plus un centimètre, placer la lettre L. De ce point tracer la ligne L M, parallèle à A B.

Ligne X Y. — Compter 5 centimètres du point L vers E, placer la lettre X; de ce point tracer la ligne XY, parallèle à A B.

CONTOURS DU TRACÉ DU DOS

Milieu du dos A S. — Du point D, vers C, avancer de 2 centimètres, placer un point; élever ce point d'un demi-centimètre, placer la lettre S.

Réunir les points A, S par une oblique.

Encolure A P. — Du point A, sur la ligne AB, porter le seizième du tour de poitrine, placer un point; élever ce point d'un demi-centimètre et placer la lettre P. Réunir A, P par une courbe légèrement concave, qui doit rester en dehors du rectangle.

Épaulette P U. — De l'oblique milieu du dos, sur la ligne LM, porter la demi-largeur du dos, placer la lettre U. Réunir le point P au point U par une ligne oblique.

Entournure U N. — Du point U abaisser une perpendiculaire ponctuée sur la ligne XY, placer un point. Rentrer ce point d'un demi-centimètre vers la droite et placer la lettre N. Joindre les points U, N par une courbe qui suit d'abord la ligne ponctuée l'espace de 2 centimètres environ.

Ligne de taille S O. — Tracer à droite du point S une horizontale ponctuée ayant pour longueur le dixième du tour de taille moins un centimètre. Placer la lettre O.

Courbure du dos N O. — Réunir les points N, O par une oblique ponctuée, puis par une courbe rentrée de 1 cent. 1/2 sur la gauche et au milieu de l'oblique ponctuée.

Basque S D' T O. — Du point S tracer une oblique ponc-

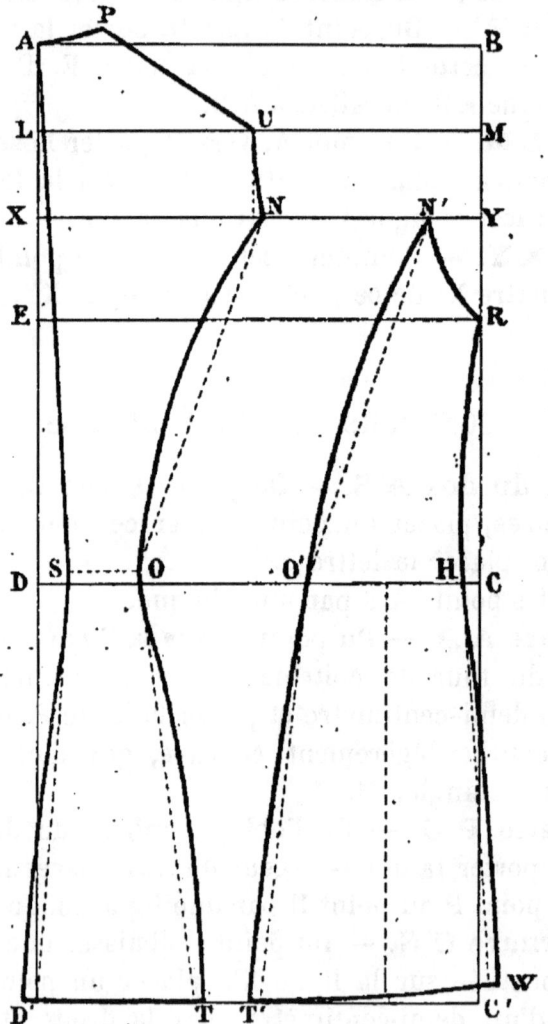

Fig. 14 (au 1/6). — Dos et petit-côté de la robe anglaise.

tuée rejoignant le point D'. Réunir de nouveau ces deux points par une courbe suivant d'abord la ligne ponctuée l'espace de 2 à 3 centimètres, puis s'en écartant d'un demi-centimètre au milieu et à gauche de l'oblique ponctuée et à gauche du point D'.

Du point D', vers C', porter le sixième du demi-tour des hanches plus 3 centimètres, placer la lettre T.

Joindre les points O,T par une oblique ponctuée, puis par une courbe s'écartant d'un demi-centimètre à droite et au milieu de l'oblique ponctuée et à droite du point T. Renforcer la ligne D'T.

PETIT-COTÉ

Entournure N'R. — Du point Y, vers X, compter le seizième du tour de poitrine moins un centimètre, placer la lettre N'. Réunir N',R par une oblique ponctuée, puis par une courbe rentrée d'un demi-centimètre au milieu et à gauche de l'oblique ponctuée.

Dessous de bras R H. — Avancer le point C d'un centimètre sur la ligne CD, placer la lettre H.

Joindre les points R,H par une oblique ponctuée, puis par une courbe rentrée d'un demi-centimètre à gauche et au milieu de l'oblique ponctuée.

Ligne de taille O'H. — Du point H, porter sur la gauche le cinquième du tour de taille moins un centimètre, placer la lettre O'.

Courbure du petit-côté N'O'. — Réunir N' et O' par une oblique ponctuée, puis par une courbe s'écartant d'un centimètre environ au milieu et à gauche de l'oblique ponctuée.

Basque O'T'W H. — Prendre le milieu de la distance O'H. Placer un point. De ce point, abaisser une perpendiculaire ponctuée sur la ligne D'C'. Compter à gauche de cette perpendiculaire le sixième du demi-tour des hanches plus un centimètre, placer la lettre T'. Compter à droite de cette perpendiculaire le même sixième moins un centimètre. Placer un point. Remonter ce point d'un demi-centimètre et placer la lettre W.

Joindre les points O' et T' par une oblique ponctuée, puis par une courbe suivant d'abord l'oblique l'espace de 3 centimètres environ, puis s'en écartant d'un demi-centimètre à gauche et au milieu de l'oblique ponctuée et à gauche du point T'.

Réunir les points H, W par une oblique ponctuée, puis par une courbe suivant d'abord l'oblique ponctuée l'espace de 2 à 3 centimètres, puis s'en écartant d'un demi-centimètre à droite et au milieu et à droite du point W. Du point T', suivre d'abord la ligne T' C' jusqu'à la moitié de sa longueur, puis rejoindre le point W par une courbe légère.

DEVANT DE LA ROBE ANGLAISE

LIGNES DE CONSTRUCTION

Rectangle A B C' D'. — Tracer un rectangle [1] A B C' D' ayant pour longueur la première longueur du devant plus la deuxième longueur du devant, et pour largeur le demi-tour de poitrine plus 4 centimètres, diminué de la demi-largeur du dos et du seizième du tour de poitrine.

Du point A, vers D', porter la première longueur du devant, placer la lettre D. De ce point tracer la ligne D C, parallèle à A B.

Ligne R E. — Du point A, sur la ligne A D, porter la moitié de la longueur de cette ligne. Placer un point. De ce point tracer la ligne R E, parallèle à A B.

Ligne L M. — Du point A, vers D, porter le seizième du tour de poitrine moins un centimètre, placer la lettre L. De ce point tracer la ligne L M, parallèle à A B.

Ligne X Y. — Du point R, vers A, porter le seizième du tour de poitrine, placer la lettre X. De ce point tracer la ligne X Y, parallèle à A B.

CONTOURS DU TRACÉ DU DEVANT

Encolure P Z. — Du point B, vers A, porter le seizième du tour de poitrine plus un centimètre, placer la lettre P.

---

1. Avant de tracer le rectangle, consulter la note page 2.

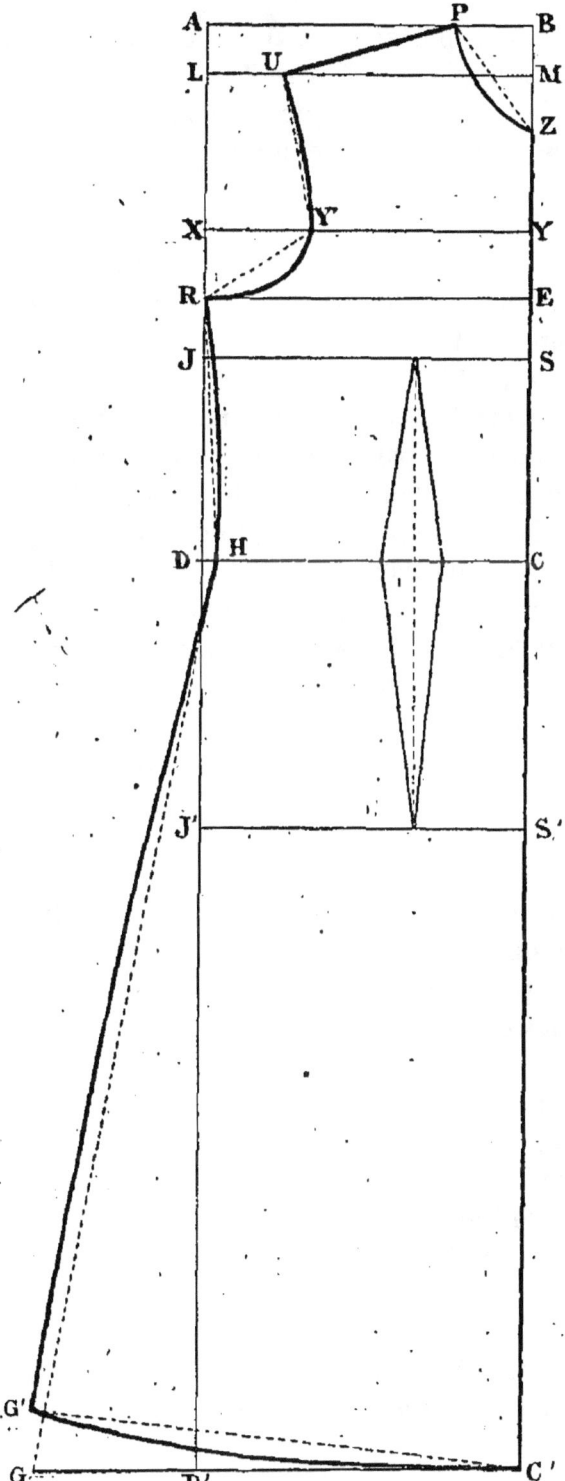

Fig. 15 (au 1/6). — Devant de la robe anglaise.

Du point B, vers C, porter le seizième du tour de poitrine plus 2 centimètres, placer la lettre Z.

Réunir P, Z par une oblique ponctuée, puis par une courbe rentrée d'un centimètre sur la gauche et au milieu de l'oblique ponctuée.

Epaulette P U. — Du point P, jusqu'à la rencontre de la ligne L M, porter, vers la gauche, la longueur de l'épaulette du dos moins un demi-centimètre, placer la lettre U. Réunir les points P, U par une oblique pleine.

Entournure U Y' R. — Du point Y, sur la ligne Y X, porter le cinquième du tour de poitrine, placer la lettre Y'. Réunir les points U, Y' par une oblique ponctuée, puis par une courbe s'écartant d'un demi-centimètre sur la droite et au milieu de l'oblique ponctuée; joindre Y' et R par une oblique ponctuée, puis par une courbe écartée de 2 centimètres au milieu et au-dessous de l'oblique ponctuée.

Dessous de bras R H. — Sur la ligne DC, en partant de D, avancer d'un centimètre. Placer un point. Réunir ce point au point R par une oblique ponctuée. Du point R, sur cette oblique ponctuée, porter la longueur R H du petit-côté et placer la lettre H. Réunir R, H par une courbe écartée d'un demi-centimètre sur la droite et au milieu de l'oblique ponctuée.

Couture de côté H G'. — Prolonger la ligne D' C' de la moitié de sa longueur à gauche du point D', placer la lettre G. Réunir H, G par une oblique ponctuée. Remonter le point G de 3 centimètres, sur cette oblique ponctuée, et placer la lettre G'.

Reprendre la ligne du dessous de bras à partir du point H, suivre la ligne H G' l'espace de 2 à 3 centimètres, s'en écarter graduellement jusqu'à un centimètre sur la gauche et au tiers de sa longueur. Continuer cette courbe par une oblique suivant parallèlement l'oblique ponctuée, à la distance d'un centimètre, et se terminant à un centimètre à la gauche du point G'.

Bord inférieur du devant G' C'. — Réunir le point G' au point C' par une oblique ponctuée, puis par une courbe s'écartant de 2 cent. et demi au milieu et au-dessous de l'oblique ponctuée.

TRACÉ DE LA PINCE

La robe anglaise se fait habituellement sans pinces. On peut pourtant en faire une. Nous indiquons la manière de s'y prendre.

Du point R, sur la ligne R D, porter le seizième du tour de poitrine, placer un point. De ce point, tracer la ligne J S, parallèle à R E, et destinée à fixer la hauteur de la pince.

Prendre la longueur R D, la porter à partir du point D sur la ligne D D'; placer la lettre J'. De ce point, tracer la ligne J' S', parallèle à D C; cette ligne indique le bas de la pince. Prendre la moitié de la longueur Y Y', la porter à partir du point S vers J et marquer le chiffre 1, qui indique le sommet de la pince. Du point 1, abaisser sur la ligne J' S' une perpendiculaire ponctuée qui indique le milieu de la pince.

Indiquer sur la ligne de taille 2 centimètres de chaque côté de la perpendiculaire. Réunir ces deux points au chiffre 1 et au bas de la pince, sur la ligne ponctuée, par des obliques.

Nous conseillons de ne donner à la pince que 4 centimètres de profondeur *au plus*, c'est-à-dire 2 centimètres de chaque côté de la perpendiculaire sur la ligne de taille. Si l'on veut *ajuster* la robe anglaise et que, malgré la pince, il y ait un excédent de largeur, on reprendra sur la couture du dessous de bras.

MANCHE DE LA ROBE ANGLAISE

La manche de la robe anglaise se taille comme celle de la robe ordinaire.

ASSEMBLAGE DE LA ROBE ANGLAISE

On place le droit fil de l'étoffe sur le bord du devant en suivant la ligne Z C'.

Si l'étoffe n'est pas assez large pour tailler le patron du devant, on place une pointe du côté du dessous de bras. On procède de la même façon que pour le corsage à basques, en laissant 11 centimètres pour l'ourlet au bord inférieur du devant.

La doublure du devant se taille de la même longueur que celle du dos. On trouve cette longueur en mesurant le dessous de bras du petit-côté. On assemble la robe anglaise comme la robe à basques.

Pour compléter cette robe, il faut ajouter deux ou trois lés par derrière, de façon que la jupe ait 2 mètres ou 2 mètres 50 de large par le bas. Ces lés sont plissés à plis creux ou à plis couchés et rattachés à la basque au moyen d'un surjet, que l'on dissimule à l'aide d'un petit plissé ou d'un biais posé à plat.

On peut encore donner aux lés de derrière 6 à 8 centimètres de longueur en plus et les coudre à l'envers du corsage sur chaque couture de la basque, après les avoir arrêtés en les bordant à cheval. Dans ce cas, on termine la basque, comme dans les corsages ordinaires, par un faux ourlet, ou un biais, ou un *dépassant*. De cette façon, la basque tombe sur le plissé qui forme jupe.

ROBE ATTACHÉE PAR DERRIÈRE

POUR PETITE FILLE DE DIX ANS ET AU-DESSOUS

Mêmes mesures à prendre que pour la robe à corsage rond, page 2.

Prendre les divisions suivantes :

Tour de poitrine : 1/2 ; 1/5 ; 1/16.
Tour de taille : 1/5 ; 1/10.

TRACÉ DU DOS ET DU PETIT-COTÉ

LIGNES DE CONSTRUCTION

Rectangle A B C D. — Tracer un rectangle [1] A B C D, dont la longueur soit égale à la longueur du dos, et la largeur à la demi-largeur du dos, plus le seizième du tour de poitrine, plus 2 centimètres pour la croisure.

Ligne E R. — Du point A, sur la ligne A D, porter la moitié de la longueur de cette ligne, placer la lettre E et tracer la ligne E R, parallèle à A B.

Ligne L M. — Du point A, vers D, porter le seizième du tour de poitrine plus un centimètre, placer la lettre L. De ce point tracer la ligne L M, parallèle à A B.

Ligne X Y. — Du point L, vers E, porter 5 centimètres et placer la lettre X. De ce point tracer la ligne X Y, parallèle à A B.

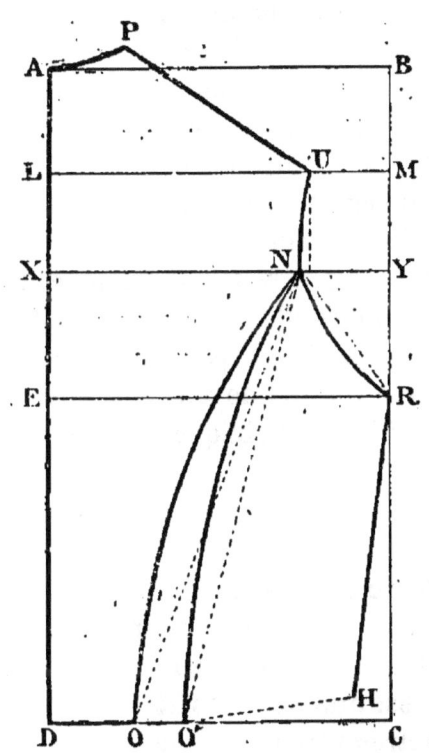

Fig. 16 (au 1/5). — Dos et petit-côté de la robe attachée par derrière.

CONTOURS DU TRACÉ DU DOS

Milieu du dos A D. — Renforcer la ligne A D.
Encolure A P. — Porter le seizième du tour de poitrine

---

1. Avant de tracer le rectangle, consulter la note page 2.

plus 2 centimètres du point A vers B, placer un point. Élever ce point d'un centimètre et placer la lettre P. Réunir les points A, P par une courbe légèrement concave et qui doit rester en dehors du rectangle.

Épaulette P U. — Du point L, vers M, porter la demi-largeur du dos plus 2 centimètres. Placer la lettre U. Réunir le point P au point U par une oblique.

Entournure U N. — Du point U abaisser une perpendiculaire ponctuée sur la ligne X Y, placer un point. Rentrer ce point d'un demi-centimètre vers la gauche et marquer la lettre N. Joindre les points U, N par une courbe écartée d'un demi-centimètre au milieu et sur la gauche de la perpendiculaire ponctuée.

Courbure N O. — Du point D, vers C, porter le dixième du tour de taille plus un centimètre, placer la lettre O. Joindre les points N, O par une oblique ponctuée, puis par une courbe rentrée de un cent. et demi environ sur la gauche et au milieu de l'oblique ponctuée.

PETIT-COTÉ

Entournure N R. — Réunir les points N, R par une oblique ponctuée, puis par une courbe écartée d'un centimètre au milieu et au-dessous de l'oblique ponctuée.

Dessous de bras R H. — Avancer le point C de 2 centimètres vers la gauche, placer un point. Remonter ce point d'un centimètre et placer la lettre H. Joindre les points R, H par une oblique.

Ligne de taille O' H. — Du point H, vers D, porter le dixième du tour de taille plus 3 centimètres, placer la lettre O'. Réunir H à O' par une oblique ponctuée.

Courbure du petit-côté N O'. — Réunir le point N au point O' par une oblique ponctuée, puis par une courbe s'écartant d'un cent. et demi au milieu et à gauche de l'oblique ponctuée.

TRACÉ DU DEVANT

LIGNES DE CONSTRUCTION

Rectangle A B C D. — Tracer un rectangle [1] A B C D, dont la longueur soit égale à la longueur du devant, et la largeur au demi-tour de poitrine plus 4 centimètres de développement, diminué de la demi-largeur du dos et du seizième du tour de poitrine.

Ligne R E. — Du point A, sur la ligne A D, porter la moitié de la longueur de cette ligne, placer la lettre R. De ce point tracer la ligne R E, parallèle à A B.

Ligne X Y. — Du point R, vers A, porter le seizième du tour de poitrine, placer la lettre X. De ce point tracer la ligne XY, parallèle à A B.

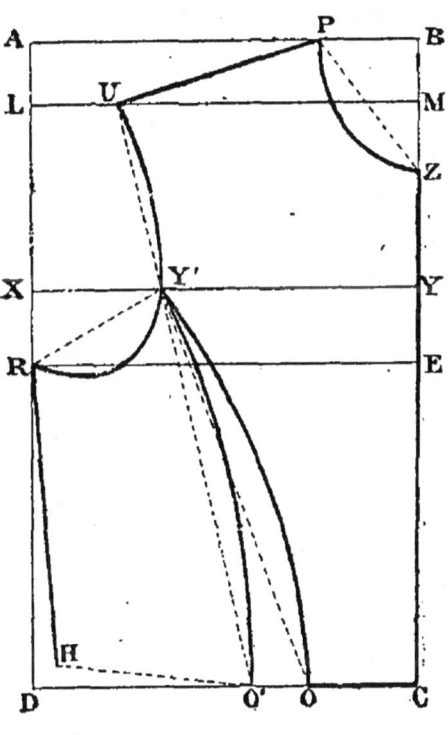

Fig. 17 (au 1/5).
Devant de la robe attachée par derrière.

Ligne L M. — Du point A, vers D, porter le seizième du tour de poitrine moins un centimètre, placer la lettre L. De ce point, tracer a ligne L M, parallèle à A B.

CONTOURS DU TRACÉ DU DEVANT

Encolure P Z. — Du point B, vers A, porter le seizième

1. Avant de tracer le rectangle du devant, consulter la note page 2.

du tour de poitrine plus un centimètre et placer la lettre P. Du point B, vers C, porter le seizième du tour de poitrine plus 2 cent. et demi et placer la lettre Z.

Réunir P, Z par une oblique ponctuée, puis par une courbe rentrée d'un cent. et demi au milieu et à gauche de l'oblique ponctuée.

Epaulette P U. — Du point P, jusqu'à la rencontre de la ligne L M, porter, vers la gauche, la longueur de l'épaulette du dos moins un demi-centimètre. Placer la lettre P. Joindre les points P, U par une oblique.

Entournure U Y' R. — Du point Y, vers X, porter le cinquième du tour de poitrine, placer la lettre Y'. Réunir les points U, Y' par une oblique ponctuée, puis par une courbe s'écartant d'un demi-centimètre sur la droite et au milieu de l'oblique ponctuée.

Réunir Y', R par une oblique ponctuée, puis par une courbe écartée de 2 centimètres au milieu et sur la droite de l'oblique ponctuée.

Dessous de bras R H. — Sur la ligne D C, en partant de D, avancer d'un centimètre, placer un point. Réunir ce point au point R par une oblique ponctuée. Du point R, sur cette oblique ponctuée, porter la longueur R H du petit-côté et placer la lettre H. Renforcer la ligne R H.

Ligne de taille O' H. — Du point D, vers C, porter le cinquième du tour de taille, placer la lettre O'. Joindre les points O', H par une oblique ponctuée.

TRACÉ DE LA PINCE

Joindre les points O', Y' par une oblique ponctuée, puis par une courbe écartée d'un centimètre au milieu et à droite de l'oblique ponctuée.

Avancer le point C sur la gauche du dixième du tour de taille, placer la lettre O. Réunir Y' à O par une oblique ponctuée, puis par une courbe s'écartant d'un cent. et demi sur la droite et au milieu de l'oblique ponctuée.

MANCHE

Voir, page 22, la manche de la robe de femme, en observant les quelques changements que l'on doit faire pour les mesures au-dessous de 80 centimètres de tour de poitrine.

ASSEMBLAGE

Le corsage de la robe attachée par derrière se taille en plaçant la ligne Z C du devant sur le pli de l'étoffe.

La pince se fait sans couper le patron à l'entournure.

On taille le dos en donnant 2 centimètres de plus que le patron à la ligne AD pour la croisure du corsage.

Ce corsage s'assemble comme le corsage ordinaire. La jupe est montée comme celle du corsage rond. La fente de la jupe, qui se trouve par derrière, est dissimulée par la croisure du corsage.

TABLIER FORME PRINCESSE

Les mesures nécessaires à l'exécution du tablier dit tablier *princesse* sont les suivantes :

1º **Première longueur du dos.** — De la couture d'épaule, encolure, au milieu du dos, ceinture.

2º **Deuxième longueur du dos.** — Du milieu du dos, ceinture, au bas de la jupe, 5 centimètres au-dessus du bord inférieur.

3º **Largeur du dos.** — De la couture d'épaule, entournure droite, à la couture d'épaule, entournure gauche.

4º **Première longueur du devant.** — De la couture d'épaule, encolure, au milieu du devant, ceinture.

5° **Deuxième longueur du devant.** — Du milieu du devant, ceinture, au bas de la jupe, 5 centimètres au-dessus du bord inférieur.

6° **Tour de poitrine.** — On passe le mètre sous les bras et on le réunit devant sans serrer.

Nota. — Le dos du tablier se fait d'une seule pièce, en réunissant la première et la deuxième longueur. Même observation pour le devant du tablier. La deuxième longueur du dos et la deuxième longueur du devant sont facultatives. On peut faire le tablier aussi long que la robe lorsqu'on veut qu'il la garantisse complètement.

Calculer les divisions suivantes du tour de poitrine : 1/2; 1/8; 1/16.

DOS DU TABLIER

LIGNES DE CONSTRUCTION

Rectangle A B C D. — Tracer un rectangle A B C D ayant pour longueur la première longueur du dos et pour largeur la demi-largeur du dos plus le huitième du tour de poitrine.

Ligne E R. — Du point A, sur la ligne A D, porter la moitié de la longueur de cette ligne plus un centimètre, placer la lettre E. Tracer la ligne E R, parallèle à A B.

Ligne L M. — Du point A, vers D, porter le seizième du tour de poitrine plus un centimètre, placer la lettre L. De ce point tracer la ligne L M, parallèle à A B.

CONTOURS DU TRACÉ DU DOS

Encolure A P. — Du point A, vers D, compter un cent. et demi, placer la lettre A'. Du point A, vers B, porter le seizième du tour de poitrine plus 3 centimètres; placer un

TABLIER

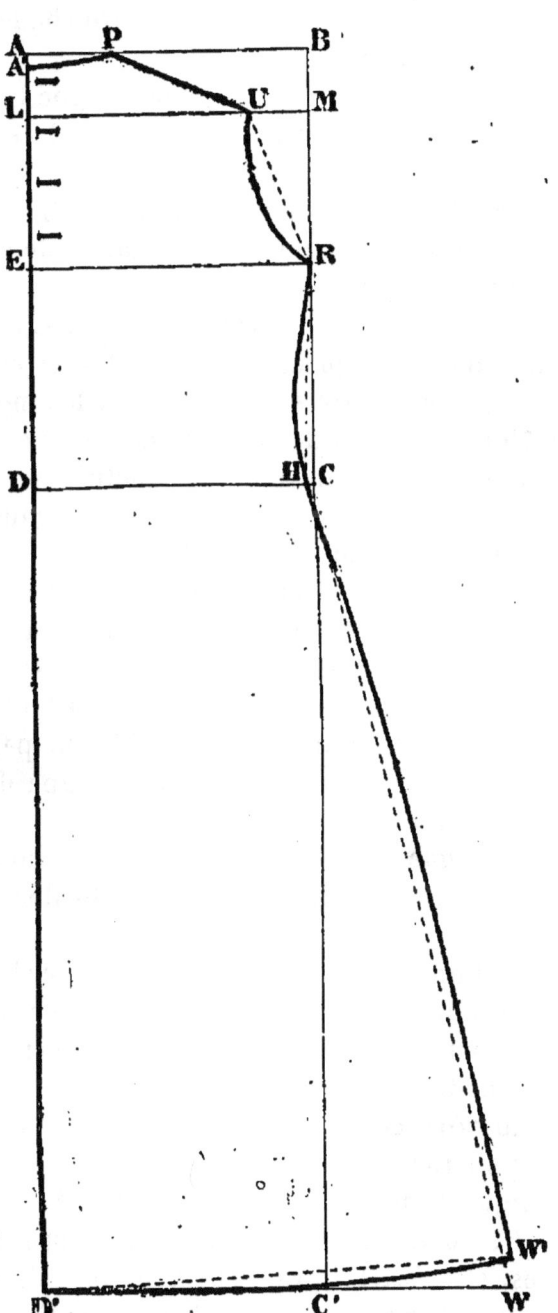

Fig. 18 (au 1/8). — Dos du tablier.

point. Abaisser ce point d'un demi-centimètre et placer la lettre P. Réunir les points A', P par une courbe légèrement concave, presque une oblique.

Épaulette P U. — Du point L, sur la ligne L M, porter la demi-largeur du dos plus 4 centimètres, placer la lettre U. Réunir les points P, U par une oblique.

Entournure U R. — Réunir les points U, R par une oblique ponctuée, puis par une courbe écartée de 2 centimètres sur la gauche et aux deux tiers de l'oblique ponctuée.

Dessous de bras R H. — Avancer le point C d'un centimètre sur la ligne CD et placer un point. Élever ce point de 2 centimètres (1 centimètre seulement pour les mesures au-dessous de 75 centimètres de tour de poitrine) et placer la lettre H. Réunir R, H par une oblique ponctuée, puis par une courbe écartée d'un demi-centimètre sur la gauche et au milieu de l'oblique ponctuée.

Ici se termine le tracé de la partie supérieure du tablier (patron du dos). Si les dimensions du papier à patrons le permettent, on dessine le demi-dos tout entier sur la même feuille de papier, ce demi-dos devant être fait d'une seule pièce; sinon, on épingle une seconde feuille de papier sous la première, et l'on continue le tracé de la jupe du tablier de la manière suivante :

Prolonger la ligne A D en lui donnant pour longueur, à partir du point D, la deuxième longueur du dos. Placer la lettre D'.

Prolonger la ligne B C de même façon et placer la lettre C'.

Réunir D' et C' par une horizontale. Prolonger cette horizontale des deux tiers de sa longueur plus un centimètre en partant du point C' et placer la lettre W.

Couture de côté H W'. — Réunir les points H et W par une oblique ponctuée. Remonter le point W de 3 centimètres sur l'oblique ponctuée et placer la lettre W'.

Du point H, suivre l'oblique ponctuée l'espace de 2 à 3 centimètres, s'en écarter graduellement jusqu'à un centimètre à droite et au tiers de sa longueur. Fondre cette courbe avec une oblique suivant parallèlement l'oblique ponctuée à la distance d'un centimètre, et s'écartant d'un centimètre sur la droite du point W'.

Bord inférieur D'W'. — Réunir les points D', W' par une oblique ponctuée, puis par une courbe écartée de un cent. et demi au milieu et au-dessous de l'oblique ponctuée.

DEVANT DU TABLIER

LIGNES DE CONSTRUCTION

Rectangle A B C D. — Tracer un rectangle A B C D ayant pour longueur la première longueur du devant et pour largeur le demi-tour de poitrine diminué de la demi-largeur du dos.

Ligne R E. — Du point A, sur la ligne A D, porter la moitié de la longueur de cette ligne plus un centimètre, placer la lettre R. De ce point tracer la ligne R E, parallèle à AB.

Ligne L M. — Du point A, vers D, porter le seizième du tour de poitrine moins un centimètre, placer la lettre L. De ce point tracer la ligne L M, parallèle à A B.

Ligne X Y. — Du point R, vers A, porter le seizième du tour de poitrine, placer la lettre X. De ce point tracer la ligne XY, parallèle à A B.

CONTOURS DU TRACÉ DU DEVANT

Encolure P Z. — Du point B, vers A, porter le seizième du tour de poitrine plus un centimètre, placer la lettre P. Du point B, vers C, porter le seizième du tour de poitrine plus 2 centimètres et placer la lettre Z. Réunir P, Z par une oblique ponctuée, puis par une courbe écartée de un cent. et demi sur la gauche et au milieu de l'oblique ponctuée.

Épaulette P U. — Du point P, jusqu'à la rencontre de la ligne L M, porter, vers la gauche, la longueur de l'épaulette du dos, placer la lettre U. Réunir les points P, U par une oblique.

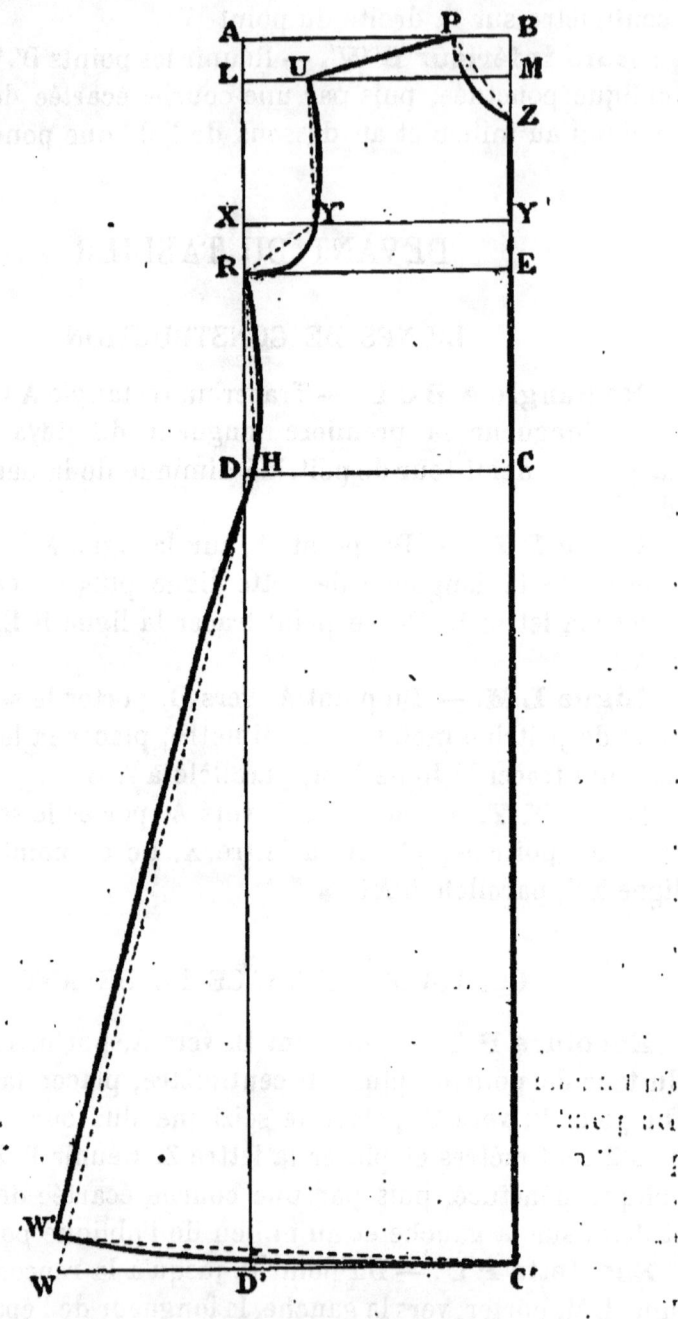

Fig. 19 (au 1/8). — Devant du tablier.

Entournure U Y' R. — Du point Y, vers X, porter le cinquième du tour de poitrine plus un centimètre, placer la lettre Y'.

Réunir les points U, Y' par une oblique ponctuée, puis par une courbe s'écartant de 7 milimètres sur la droite et au milieu de l'oblique ponctuée.

Réunir les points Y',R par une oblique ponctuée, puis par une courbe s'écartant d'environ 2 cent. 1/2 au milieu et à droite de l'oblique ponctuée.

Dessous de bras R H. — Du point D, vers C, avancer d'un centimètre, placer un point; réunir ce point au point R par une oblique ponctuée.

Du point R, sur cette oblique ponctuée, porter la longueur R H du dos. Placer la lettre H.

Réunir R, H par une courbe s'écartant d'un demi-centimètre sur la droite et au milieu de l'oblique ponctuée.

Couture de côté H W'. — Prolonger la ligne A D en lui donnant pour longueur, à partir du point D, la deuxième longueur du devant. Placer la lettre D'. Prolonger la ligne B C de la même façon, et placer la lettre C'.

Réunir les points D' et C' par une ligne horizontale. Prolonger cette ligne des deux tiers de sa longueur plus un centimètre, en partant du point D', et placer la lettre W.

Réunir le point H au point W par une oblique ponctuée. Remonter le point W de 3 centimètres sur l'oblique ponctuée ; placer la lettre W'.

Du point H, suivre l'oblique ponctuée l'espace de 2 à 3 centimètres, s'en écarter graduellement jusqu'à un centimètre à gauche et au tiers de sa longueur. Fondre cette courbe avec une oblique suivant parallèlement l'oblique ponctuée à la distance d'un centimètre et s'écartant d'un centimètre sur la gauche du point W'.

Bord inférieur W' C'. — Réunir les points W', C' par une oblique ponctuée, puis par une courbe s'écartant de un cent. et demi au milieu et au-dessous de l'oblique ponctuée.

MANCHE DU TABLIER

La manche du tablier se trace comme celle du corsage, avec cette différence que l'on donne pour largeur au rectangle le quart du tour de poitrine, au lieu du cinquième.

COUPE ET ASSEMBLAGE DU TABLIER

Les diverses pièces du tablier, comme celles du corsage, se taillent sur l'étoffe double. On place la ligne Z C' du devant sur le pli de l'étoffe, la ligne A'D' du dos le long de la lisière, en laissant 4 centimètres pour les ourlets.

On laisse 2 centimètres pour les coutures des épaules et pour celles des dessous de bras.

En taillant la manche on doit laisser 3 centimètres en plus pour les coutures et 6 centimètres au bord inférieur, qu'on termine par un poignet boutonné avec un ou deux boutons à volonté.

On assemble le tablier dos et devant, en réunissant les lettres U, U (entournure), R, R (dessous de bras). On égalise au moyen des ciseaux, si cela est nécessaire, l'encolure et le bord inférieur du tablier.

On place ordinairement par-dessus le tablier une ceinture en même étoffe taillée dans le sens de la lisière et double. Cette ceinture, large d'environ 5 centimètres, se fixe à la taille sur les coutures des dessous de bras et s'attache par derrière au moyen d'un bouton et d'une boutonnière.

DEUXIÈME PARTIE

ROBES ET COSTUMES DE FEMMES

CORSAGE A BASQUES
AVEC DEUX PETITS-COTÉS SÉPARÉS
ET PINCES D'INÉGALE LARGEUR

MESURES A PRENDRE

1º Longueur du dos...................... Voir page 2
2º Largeur du dos........................ —
3º Longueur du devant................... —
4º Tour de poitrine .... —
5º Tour de taille........................ —
6º Tour des hanches..................... —

7º Hauteur du dessous de bras. — Placer le ruban métrique sous le bras au creux de l'aisselle (en faisant seulement un peu lever le bras) et le conduire à la taille.

8º Longueurs du bras { 1ʳᵉ Longueur } Voir page 2.
{ 2ᵐᵉ Longueur }

TABLEAU DES DIVISIONS A PRENDRE
POUR LE TRACÉ DU CORSAGE A BASQUES

Tour de poitrine : 1/2; 1/5; 1/12; 1/16.
Tour de taille : 1/2; 1/10.
Demi-tour des hanches : 1/6; 1/12.
Demi-différence entre la longueur du dos et la longueur du devant.

TRACÉ DU DOS ET DES DEUX PETITS-COTÉS

LIGNES DE CONSTRUCTION

Rectangle A B C' D'. — Tracer un rectangle A B C' D ayant pour longueur la longueur du dos, plus la longueur que l'on veut donner à la basque (actuellement 15 centimètres environ), et pour largeur la demi-largeur du dos, plus le douzième du tour de poitrine (attribué aux deux petits-côtés) et plus 13 centimètres pour le développement de la basque [1].

Du point A, vers D', porter la longueur du dos.

Ligne D C. — Tracer la ligne D C, parallèle à A B.

Ligne E R. — Du point D, vers A, porter la longueur du dessous de bras, placer la lettre E. Tracer la ligne E R, parallèle à A B.

Ligne L M. — Du point A, vers D, porter le seizième du tour de poitrine [2], placer la lettre L. Tracer la ligne L M, parallèle à A B.

Ligne X Y. — Du point L, vers E, compter 5 centimètres et tracer la ligne X Y, parallèle à A B.

Ligne X' Y'. — Prendre le milieu de la distance X E, tracer la ligne X' Y', parallèle à X Y.

---

1. Prenant pour exemple les mesures données figure 3, p. 7, la largeur du rectangle du dos sera :

Demi-largeur du dos.............................. =	16
Plus le douzième du tour de poitrine............ =	7,6
Plus 13 centimètres de développement.......... =	13
	36,6

2. Lorsque le seizième dépasse 6 centimètres, on néglige le surplus.

CONTOURS DU TRACÉ DU DOS

Milieu du dos A S. — Du point D, vers C, avancer de 2 centimètres, placer un point. Élever ce point d'un centimètre, placer la lettre S. Réunir A, S par une oblique.

Encolure A P. — Du point A, sur la ligne A B, porter le seizième du tour de poitrine [1], placer un point. Élever ce point d'un centimètre, et placer la lettre P. Réunir A, P par une courbe légèrement concave, qui doit rester en dehors du rectangle.

Épaulette P U. — De l'oblique milieu du dos, sur la ligne L M, porter la demi-largeur du dos, placer la lettre U. Réunir les points P, U par une oblique.

Entournure U N. — Du point U, abaisser une perpendiculaire ponctuée sur la ligne X Y, placer un point. Rentrer ce point d'un demi-centimètre vers la gauche et placer la lettre N. Joindre les points U, N par une courbe écartée d'un demi-centimètre au milieu et à gauche de la ligne ponctuée.

Ligne de taille S O. — Tracer à droite du point S une horizontale ponctuée ayant pour longueur 3 centimètres (3 cent. 1/2 pour les mesures au-dessus de 65 cent. de tour de taille, et 4 cent. pour les mesures au-dessus de 75 cent.), placer la lettre O.

Courbure du dos N O. — Joindre les points N, O par une oblique ponctuée, puis par une courbe écartée de 2 centimètres sur la gauche et au milieu de l'oblique ponctuée.

Basque du dos S D' T O. — Réunir les points S, D' par une oblique ponctuée, puis par une courbe s'écartant d'un demi-centimètre au milieu et à gauche de l'oblique ponctuée et à gauche du point D'.

Du point D', vers C', porter le sixième du demi-tour des hanches moins 2 centimètres, placer la lettre T. Joindre

---

1. Lorsque les mannequins ont le cou légèrement incliné en avant, porter le seizième du tour de poitrine *moins* un demi-centimètre.

4.

les points O, T par une oblique ponctuée, puis par une

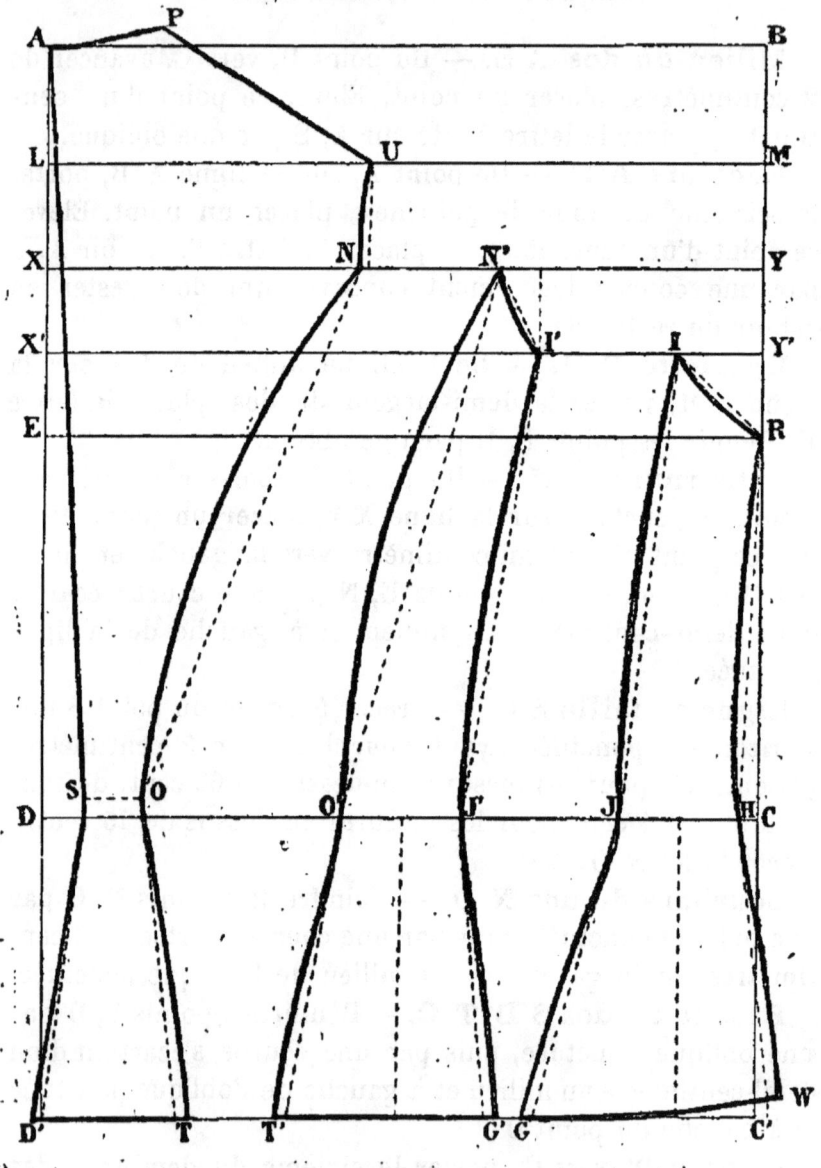

Fig. 20 (au 1/5). — Dos et petits-côtés.

courbe s'écartant d'un demi-centimètre au milieu et à droite de l'oblique ponctuée et à droite du point T.

Renforcer la ligne D' T.

PETIT-COTÉ DU DEVANT

Entournure I R. — Du point Y', vers X', compter le douzième du tour de poitrine moins 3 centimètres, placer la lettre I. Réunir I, R par une oblique ponctuée, puis par une courbe rentrée de 3 millimètres au milieu et à gauche de l'oblique ponctuée.

Dessous de bras R H. — Avancer le point C d'un centimètre sur la ligne C D, placer la lettre H. Réunir R, H par une oblique ponctuée, puis par une courbe écartée d'un demi-centimètre au milieu et à gauche de l'oblique ponctuée.

Ligne de taille J H. — Du point H, porter sur la gauche le dixième du tour de taille (plus un centimètre pour les tailles cintrées, c'est-à-dire mesurant 35 centimètres de moins que le tour de poitrine), placer la lettre J.

Courbure du petit-côté I J. — Joindre les points I, J par une oblique ponctuée, puis par une courbe s'écartant d'un centimètre sur la gauche et au milieu de l'oblique ponctuée.

Basque J G W H. — Prendre le milieu de la ligne J H, placer un point. De ce point, abaisser une perpendiculaire ponctuée sur la ligne D' C'. Compter à gauche de cette perpendiculaire le douzième du demi-tour de hanches plus 3 centimètres, placer la lettre G. Compter à droite de cette perpendiculaire le douzième du demi-tour des hanches, placer un point. Elever ce point d'un centimètre et placer la lettre W.

Joindre les points J, G par une oblique ponctuée, puis par une courbe s'écartant d'un demi-centimètre au milieu et à gauche de l'oblique ponctuée et à gauche du point G.

Joindre les points H, W par une oblique ponctuée, puis par une courbe s'écartant d'un demi-centimètre au milieu et à droite de l'oblique ponctuée et à droite du point W.

Réunir le point W au point G par une courbe légère, qui doit suivre la ligne du rectangle jusqu'à la perpendiculaire ponctuée.

PETIT-COTÉ DU DOS

Entournure N′ I′. — Compter 7 centimètres à droite du point N, placer la lettre N′. Du point N′, vers Y, compter 2 centimètres, placer un point.

De ce point abaisser une perpendiculaire ponctuée sur la ligne X′ Y′ et placer la lettre I′.

Réunir N′ et I′ par une oblique ponctuée, puis par une courbe s'écartant de 3 millimètres au milieu et à gauche de l'oblique ponctuée.

Courbure du petit-côté N′ O′. — Compter 10 centimètres du point O vers C, placer la lettre O′. Réunir N′, O′ par une oblique ponctuée, puis par une courbe écartée de 2 centimètres au milieu et à gauche de l'oblique ponctuée.

Ligne de taille O′ J′. — Du point O′, porter sur la droite le dixième du tour de taille, placer la lettre J′.

Courbure inférieure I′ J′. — Réunir I′, J′ par une oblique ponctuée, puis par une courbe écartée d'un centimètre au milieu et à gauche de l'oblique ponctuée.

Basque O′ T′ G′ J′. — Prendre le milieu de la ligne O′ J′, placer un point. De ce point, abaisser une perpendiculaire ponctuée sur la ligne D′ C′.

Compter à gauche de cette perpendiculaire le douzième du demi-tour des hanches plus un centimètre, placer la lettre T′.

Compter à droite de cette perpendiculaire le douzième du demi-tour des hanches, placer la lettre G′.

Réunir les points O′, T′ par une oblique ponctuée, puis par une courbe s'écartant d'un demi-centimètre au milieu et à gauche de l'oblique ponctuée et à gauche du point T′.

Réunir les points J′, G′ par une oblique ponctuée, puis par une courbe s'écartant d'un demi-centimètre au milieu et à droite de l'oblique ponctuée et à droite du point G′.

Renforcer la ligne T′ G′.

TRACÉ DU DEVANT

LIGNES DE CONSTRUCTION

Rectangle A B C' D'. — Tracer un rectangle A B C' D', ayant pour longueur, la longueur du devant, plus la longueur que l'on veut donner à la basque, et pour largeur [1] le demi-tour de poitrine plus 4 centimètres de développement, diminué de la demi-largeur du dos et du douzième du tour de poitrine.

Ligne D C. — Du point A, vers D', porter la longueur du devant. Tracer la ligne D C, parallèle à A B.

Ligne R E. — Additionner la longueur du dessous de bras avec la demi-différence entre la longueur du dos et la longueur du devant, porter le total obtenu du point D vers A et placer la lettre R. Tracer la ligne R E, parallèle à A B. (Voir la remarque, page 2.)

Ligne L M. — Du point A, vers D, porter le seizième du tour de poitrine moins 2 centimètres, placer la lettre L. Tracer la ligne L M, parallèle à A B.

Ligne X Y. — Du point R, vers A, porter le seizième du tour de poitrine, placer la lettre X. Tracer la ligne X Y, parallèle à A B.

CONTOURS DU TRACÉ DU DEVANT

Encolure P Z. — Du point B, vers A, porter le seizième du tour de poitrine plus un centimètre, placer la lettre P. Du point B, vers C, porter le seizième du tour de poitrine plus 2 cent. et demi, placer la lettre Z. Réunir les points

---

1. Prenant pour exemple les mesures données figure 3, page 7.
Demi-tour de poitrine = 46 cent. plus 4 cent. de développement. .... = 50
Diminué de la demi-largeur du dos = 16 plus le douzième du tour de poitrine, 7c,6 .... = 23,6
La largeur du rectangle du devant sera 26,4

P, Z par une oblique ponctuée, puis par une courbe s'écar-

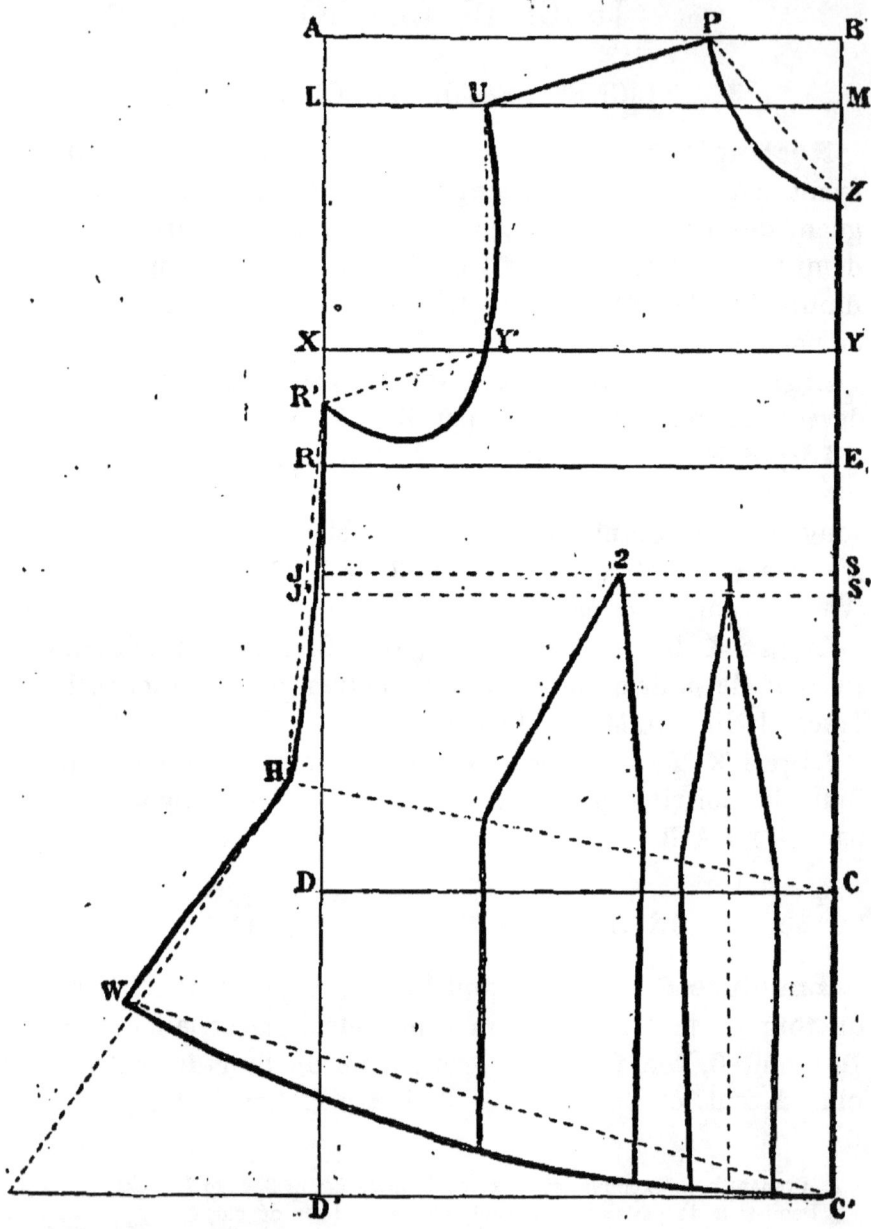

Fig. 21 (au 1/5). — Tracé du devant avec pinces inégales.

tant de 2 centimètres au milieu et à gauche de l'oblique ponctuée.

Bord du devant Z C'. — Renforcer la ligne Z C'.

Epaulette P U. — Du point P, jusqu'à la rencontre de la parallèle L M, porter vers la gauche la longueur de l'épaulette du dos moins un demi-centimètre, placer la lettre U. Réunir les points P, U par une oblique pleine.

Entournure U Y' R'. — Du point Y, vers X, porter le cinquième du tour de poitrine, placer la lettre Y'.

Remonter le point R de 3 centimètres [1], placer la lettre R'.

Réunir les points U, Y' par une oblique ponctuée, puis par une courbe s'écartant de 7 millimètres au milieu et à droite de l'oblique ponctuée.

Réunir les points Y', R' par une oblique ponctuée, puis par une courbe s'écartant de 3 centimètres au milieu et au-dessous de l'oblique ponctuée.

Dessous de bras R' H. — Du point R', sur la ligne A D, porter la longueur du dessous de bras, placer un point. Avancer ce point de 3 centimètres sur la gauche (2 centimètres seulement pour les tailles non cintrées, c'est-à-dire inférieures de 35 centimètres au tour de poitrine), placer la lettre H. Réunir R', H par une oblique ponctuée, puis par une courbe s'écartant d'un demi-centimètre au milieu et à droite de l'oblique ponctuée.

Ligne de taille H C. — Réunir H, C par une oblique ponctuée.

TRACÉ DES PINCES

LIGNES DE CONSTRUCTION ET POINTS DE REPÈRE

Ligne J S. — Du point R (ne pas confondre avec R'), vers D, porter le seizième du tour de poitrine, placer la lettre J. Tracer la ligne ponctuée J S, parallèle à A B.

Ligne J' S'. — A un centimètre au-dessous de cette

---

1. Nous ne remontons le point R que dans ce corsage à pinces d'inégales largeurs. Dans le corsage à deux pinces semblables il reste à sa place; mais ici, la profondeur de la deuxième pince produit à l'assemblage un déplacement dans la couture du dessous de bras, qui se trouve alors complètement en biais et fait descendre le patron de telle sorte que si l'on ne remontait pas le point R, l'étoffe manquerait au-dessous de l'entournure.

première ligne ponctuée, tracer une deuxième horizontale ponctuée J' S'. Du point S', vers J', porter le seizième du tour de poitrine, placer le chiffre 1 indiquant la hauteur de la première pince..

Du point S, vers J, porter les 2/16 du tour de poitrine; placer le chiffre 2 indiquant la hauteur de la deuxième pince, qui, par conséquent, se trouve placée un centimètre plus haut que la première pince.

Première pince. — Du chiffre 1, abaisser une perpendiculaire ponctuée sur la ligne D' C'. Compter de chaque côté de cette perpendiculaire 2 cent. et demi sur la ligne de taille et 2 centimètres sur la ligne D' C', placer 4 points. Réunir entre eux les deux points à droite et les joindre au chiffre 1 par des obliques. Faire de même pour les deux points à gauche de la perpendiculaire.

Deuxième pince. — Pour trouver la profondeur de la deuxième pince, il faut mesurer sur la ligne de taille la largeur du demi-dos, la largeur des deux petits-côtés et la largeur du devant. Additionner et comparer le résultat obtenu avec le demi-tour de taille. L'excédent trouvé indique l'étoffe à renfermer dans les deux pinces. Comme nous avons donné 5 centimètres de profondeur à la première pince, nous donnerons à la deuxième pince l'excédent trouvé moins 5 centimètres. Supposons 13 centimètres d'excédent, moins 5 centimètres = 8 centimètres, qui doivent être renfermés dans la deuxième pince. Si le nombre de centimètres attribués à la deuxième pince était inférieur à 7 centimètres il faudrait ne donner que 4 centimètres à la première pince sur la ligne de taille et 3 centimètres sur la ligne C' D'.

Compter à gauche de la première pince : 2 centimètres sur la ligne de taille, placer un point; 3 centimètres sur la ligne D' C', placer un point. Joindre ces deux points par une oblique pleine. Conduire la pince jusqu'au chiffre 2 par une oblique.

Porter à gauche des 2 centimètres d'écartement sur la ligne de taille et à gauche des 3 centimètres d'écartement sur la ligne D' C' le nombre de centimètres à renfermer dans la deuxième pince, placer des points. Joindre ces points entre eux et les réunir au chiffre 2 par des obliques.

Les lignes formant les angles des pinces sur la ligne de taille doivent être légèrement arrondies.

Basque du devant H W C'. — Prolonger le rectangle à gauche du point D' de manière à lui donner pour largeur, à partir du point C', les 3/6 du demi-tour des hanches plus la longueur comprise sur la ligne de taille entre les deux lignes extrêmes des pinces (c'est-à-dire la profondeur des pinces plus 2 centimètres), placer un point. Réunir ce point au point H par une oblique ponctuée. Du point H, sur cette oblique, porter la longueur H W du petit-côté, placer la lettre W.

Réunir les points H, W par une courbe s'écartant d'un demi-centimètre au milieu et à gauche de l'oblique ponctuée et à gauche du point W. Cette courbe doit se fondre au point H avec la courbe du dessous de bras.

Réunir les points W, C' par une oblique ponctuée, puis par une courbe s'écartant de 2 cent. et demi au milieu et au-dessous de l'oblique ponctuée, et qui vient se fondre avec la ligne du rectangle environ au milieu de la longueur D' C'.

CORSAGE A BASQUES
AVEC TROIS PETITS-COTÉS

Quand on veut habiller une personne dont le tour de taille atteint 75 centimètres et le tour de poitrine 108 à 110 centimètres, on est obligé de faire trois petits-côtés à son corsage.

MESURES A PRENDRE

Prendre les mêmes mesures et calculer les mêmes divisions que pour le tracé du corsage à deux petits-côtés (voir le tableau page 55), sauf le 1/12 du tour de poitrine qui doit être remplacé par le 1/8.

TRACÉ DU DOS ET DES TROIS PETITS-COTÉS

LIGNES DE CONSTRUCTION

Rectangle A B C' D'. — Tracer un rectangle A B C' D' ayant pour longueur la longueur du dos plus la longueur que l'on veut donner à la basque, et pour largeur la demi-largeur du dos plus le huitième du tour de poitrine (attribué aux petits-côtés) et plus 20 centimètres pour le développement des basques.

Ligne D C. — Du point A, vers D', porter la longueur du dos, tracer la ligne D C, parallèle à A B.

Ligne E R. — Du point D, vers A, porter la longueur du dessous de bras, placer la lettre E. Tracer la ligne E R, parallèle à A B.

Ligne L M. — Du point A, vers D, porter le seizième du tour de poitrine (lorsque le seizième dépasse 6 cent., on néglige le surplus), placer la lettre L. Tracer la ligne L M, parallèle à A B.

Ligne X Y. — Du point L, vers E, compter 4 centimètres et tracer la ligne X Y, parallèle à A B.

Ligne X' Y'. — Prendre le milieu de la distance X E et tracer la ligne X' Y', parallèle à X Y.

CONTOURS DU TRACÉ DU DOS

Milieu du dos A S. — Du point D, vers C, avancer de 2 centimètres, placer un point. Élever ce point d'un centimètre et placer la lettre S. Réunir A, S par une oblique.

Encolure A P. — Du point A, sur la ligne A B, porter le seizième du tour de poitrine [1], placer un point. Élever ce

---

[1]. Lorsque les mannequins ont le cou légèrement incliné en avant, porter le seizième du tour de poitrine *moins* un demi-centimètre.

point d'un centimètre et placer la lettre P. Réunir A, P par une courbe légèrement concave qui doit rester en dehors du rectangle.

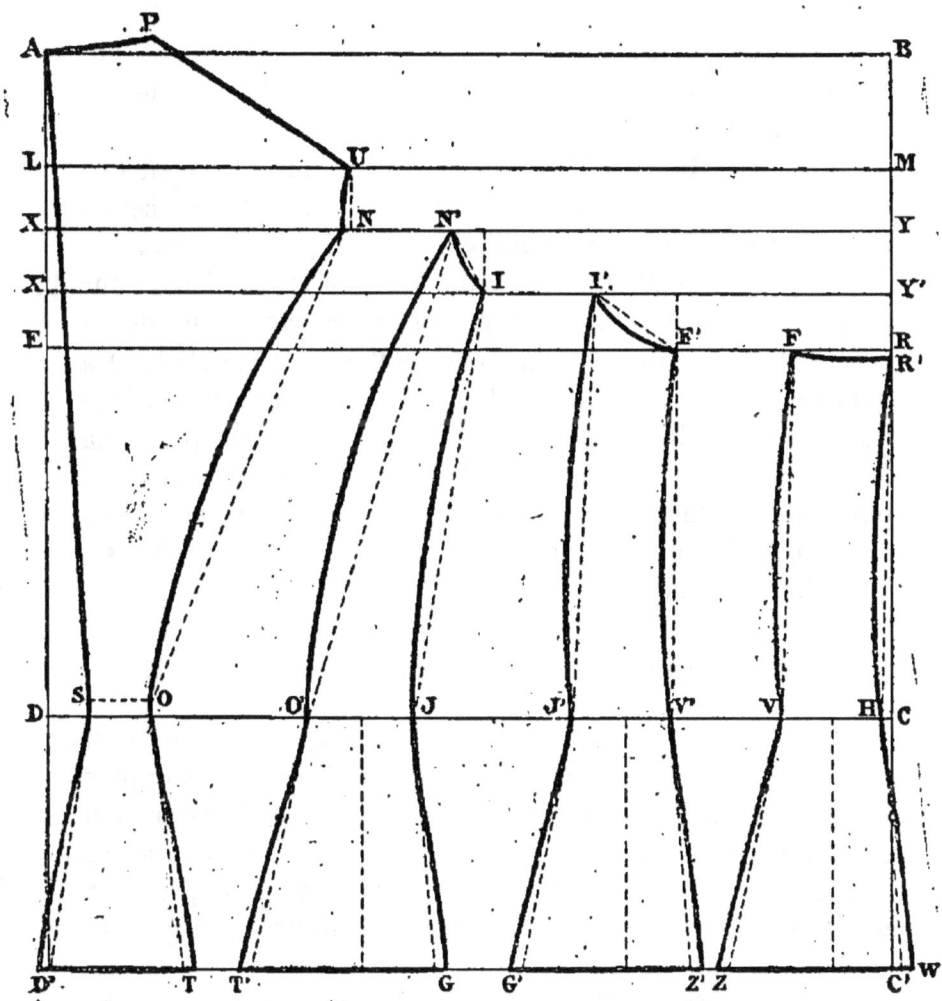

Fig. 22 (au 1/6). — Tracé du dos et des trois petits-côtés.

Épaulette P U. — De l'oblique milieu du dos sur la ligne L M, porter la demi-largeur du dos, placer la lettre U. Réunir les points P, U par une oblique.

Entournure U N. — Du point U, abaisser une perpendiculaire ponctuée sur la ligne XY, placer un point. Rentrer ce point d'un demi-centimètre vers la gauche et placer la lettre N. Joindre les points U, N par une courbe rentrée d'un demi-centimètre au milieu et à gauche de la ligne ponctuée.

Ligne de taille S O. — Tracer à droite du point S une horizontale ponctuée ayant pour longueur 4 centimètres. Placer la lettre O.

Courbure du dos N O. — Joindre les points N, O par une oblique ponctuée, puis par une courbe écartée de 2 centimètres sur la droite et au milieu de l'oblique ponctuée.

Basque S D' T O. — Réunir les points S, D' par une oblique ponctuée, puis par une courbe s'écartant d'un demi-centimètre au milieu et à gauche de l'oblique ponctuée et à gauche du point D'. Du point D', vers C', porter le sixième du demi-tour des hanches moins 2 centimètres, placer la lettre T. Joindre les points O, T par une oblique ponctuée, puis par une courbe écartée d'un demi-centimètre au milieu et à droite de l'oblique ponctuée et à droite du point T.

Renforcer la ligne D' T.

PREMIER PETIT-COTÉ DU DOS.

Entournure N' I. — Compter 7 centimètres à droite du point N, placer la lettre N'. Du point N', vers Y, compter 2 centimètres, placer un point. De ce point, abaisser une perpendiculaire ponctuée sur la ligne X' Y' et placer la lettre I. Réunir N', I par une oblique ponctuée, puis par une courbe écartée d'un demi-centimètre au milieu et à gauche de l'oblique ponctuée.

Courbure du petit-côté N' O'. — Compter 10 centimètres du point O vers C, placer la lettre O'. Réunir N', O' par une oblique ponctuée, puis par une courbe écartée de 2 centimètres au milieu et à gauche de l'oblique ponctuée.

Ligne de taille O' J. — Du point O' porter sur la droite le dixième du tour de taille moins 1 cent. et demi, placer la lettre J.

Courbure inférieure du petit-côté I J. — Réunir I, J

par une oblique ponctuée, puis par une courbe écartée de 7 millimètres au milieu et à gauche de l'oblique ponctuée.

Basque O' T' G J. — Prendre le milieu de la ligne O' J, placer un point. De ce point, abaisser une perpendiculaire ponctuée sur la ligne D' C'.

Compter à gauche de cette perpendiculaire le douzième du demi-tour des hanches plus 2 centimètres, placer la lettre T'.

Compter à droite de cette perpendiculaire le douzième du demi-tour des hanches, placer la lettre G.

Réunir les points O', T' par une oblique ponctuée, puis par une courbe écartée d'un demi-centimètre au milieu et à gauche de l'oblique ponctuée et à gauche du point T'.

Réunir les points J, G par une oblique ponctuée, puis par une courbe s'écartant d'un demi-centimètre au milieu et à droite de l'oblique ponctuée et à droite du point G.

Renforcer la ligne T' G.

PETIT-COTÉ DU DEVANT

Entournure F R'. — Du point R, vers E, compter le seizième du tour de poitrine moins un centimètre, placer la lettre F. Abaisser le point R d'un centimètre, placer la lettre R'. Réunir F, R' par une courbe légèrement concave, presque une oblique.

Dessous de bras R' H. — Avancer le point C d'un centimètre sur la ligne C D, placer la lettre H. Réunir R', H par une oblique ponctuée, puis par une courbe écartée d'un centimètre au milieu et à gauche de l'oblique ponctuée.

Ligne de taille V H. — Du point H, porter sur la gauche le dixième du tour de taille moins 1 cent. et demi, placer la lettre V.

Courbure du petit-côté F V. — Réunir les points F, V par une oblique ponctuée, puis par une courbe s'écartant d'un demi-centimètre au milieu et à gauche de l'oblique ponctuée.

Basque V Z W H. — Prendre le milieu de la ligne VH,

placer un point. De ce point abaisser une perpendiculaire ponctuée sur la ligne D' C'.

Compter à gauche de cette perpendiculaire le douzième du demi-tour des hanches plus 2 centimètres, placer la lettre Z.

Compter à droite de cette perpendiculaire le douzième du demi-tour des hanches, placer la lettre W.

Joindre les points V, Z par une oblique ponctuée, puis par une courbe s'écartant d'un demi-centimètre au milieu et à gauche de l'oblique ponctuée et à gauche du point Z.

Joindre les points H, W par une oblique ponctuée, puis par une courbe s'écartant d'un demi-centimètre au milieu et à droite de l'oblique ponctuée et à droite du point W.

Renforcer la ligne ZW.

DEUXIÈME PETIT-COTÉ DU DOS

Entournure I' F'. — Compter 7 centimètres à droite du point I, placer la lettre I'. Du point I', vers la droite, porter le seizième du tour de poitrine moins 2 centimètres, placer un point. De ce point, abaisser une perpendiculaire ponctuée sur la ligne E R, placer la lettre F'. Réunir I', F' par une oblique ponctuée, puis par une courbe s'écartant de 3 millimètres au milieu et à gauche de l'oblique ponctuée.

Courbure inférieure du petit-côté F' V'. — Compter 7 centimètres à la gauche du point V, placer la lettre V'. Réunir F', V' par une oblique ponctuée, puis par une courbe s'écartant d'un demi-centimètre au milieu et à gauche de l'oblique ponctuée.

Ligne de la taille J' V'. — Du point V', porter sur la gauche le dixième du tour de taille moins un cent. et demi, placer la lettre J'.

Courbure du petit-côté I' J'. — Joindre I', J' par une oblique ponctuée, puis par une courbe s'écartant d'un centimètre au milieu et à gauche de l'oblique ponctuée.

Basque J' G' Z' V'. — Prendre le milieu de la ligne J' V', placer un point. De ce point abaisser une perpendiculaire ponctuée sur la ligne D' C'. Compter à gauche de cette perpendiculaire le douzième du demi-tour des hanches plus 2 centimètres, placer la lettre G'. Compter à droite de cette perpendiculaire le douzième du demi-tour des hanches, placer la lettre Z'.

Réunir les points J', G' par une oblique ponctuée, puis par une courbe s'écartant d'un demi-centimètre au milieu et à gauche de l'oblique ponctuée et à gauche du point G'.

Réunir les points V', Z' par une oblique ponctuée, puis par une courbe s'écartant d'un demi-centimètre au milieu et à droite de l'oblique ponctuée et à droite du point Z'.

Renforcer la ligne G' Z'.

TRACÉ DU DEVANT

LIGNES DE CONSTRUCTION

Rectangle A B C' D'. — Tracer un rectangle A B C' D' ayant pour longueur la longueur du devant, plus la longueur que l'on veut donner à la basque, et pour largeur le demi-tour de poitrine plus 2 centimètres de développement, diminué de la demi-largeur du dos et du huitième du tour de poitrine.

Ligne D C. — Du point A, vers D', porter la longueur du devant, tracer la ligne D C, parallèle à A B.

Ligne R E. — Additionner la longueur du dessous de bras avec la demi-différence entre la longueur du dos et la longueur du devant, porter le total obtenu du point D vers A et placer la lettre R. Tracer la ligne R E, parallèle à A B (voir la note page 2).

Ligne L M. — Du point A, vers D, porter le seizième du tour de poitrine moins 4 centimètres, placer la lettre L. Tracer la ligne L M, parallèle à A B.

Ligne X Y. — Du point R, vers A, porter le seizième du tour de poitrine, placer la lettre X. Tracer la ligne X Y, parallèle à A B.

CONTOURS DU TRACÉ DU DEVANT

Encolure P Z. — Du point B, vers A, porter le seizième

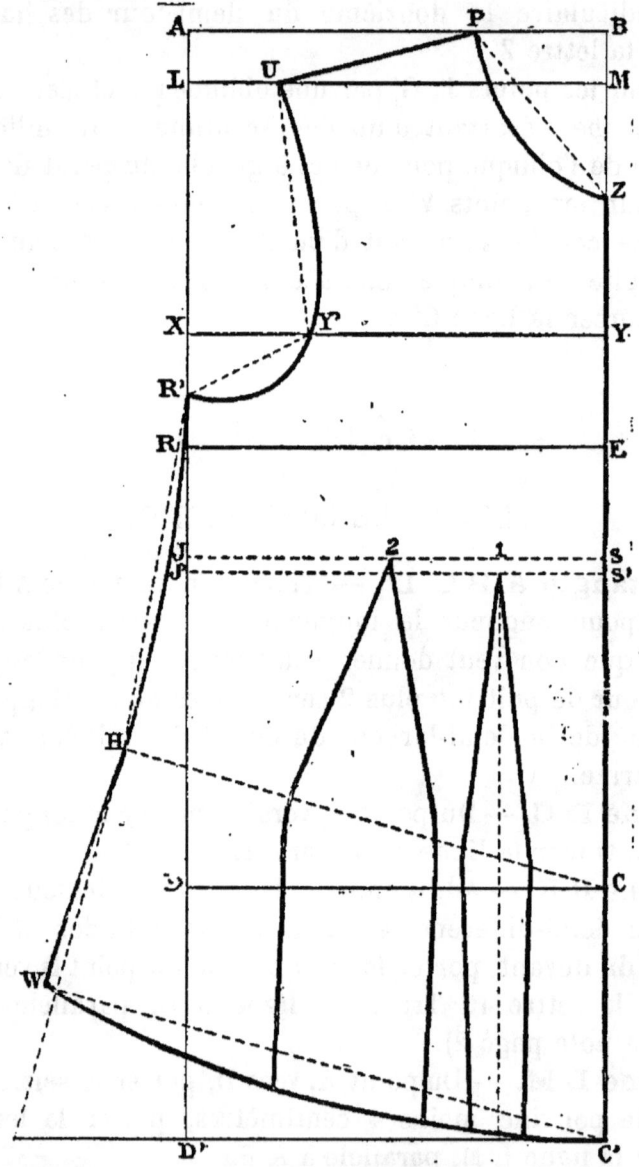

Fig. 23 (au 1/6). — Devant du corsage à trois petits-côtés.

du tour de poitrine, plus un centimètre, placer la lettre P. Du point B, vers C, porter le seizième du tour de poitrine plus 2 cent. et demi, placer la lettre Z. Réunir P, Z par une oblique ponctuée, puis par une courbe s'écartant de 2 centimètres au milieu et à gauche de l'oblique ponctuée.

Bord du devant Z C'. — Renforcer la ligne Z C'.

Épaulette P U. — Du point P vers la gauche, jusqu'à la rencontre de la ligne L M, porter la longueur de l'épaulette du dos moins un demi-centimètre, placer la lettre U. Joindre P, U par une oblique pleine.

Entournure U Y' R'. — Du point Y, vers X, porter le cinquième du tour de poitrine (moins un centimètre pour les mesures au-dessus d'un mètre de tour de poitrine, et moins 2 centimètres pour les mesures au-dessus de 110 centimètres), placer la lettre Y'.

Remonter le point R de 3 centimètres, placer la lettre R'.

Réunir les points U, Y' par une oblique ponctuée, puis par une courbe s'écartant d'un cent. et demi au milieu et à droite de l'oblique ponctuée. Réunir les points Y', R' par une oblique ponctuée, puis par une courbe s'écartant de 2 centimètres environ au milieu et au-dessous de l'oblique ponctuée.

Dessous de bras R H. — Du point R' sur la ligne A D, porter la longueur du dessous de bras; placer un point. Avancer ce point de 3 centimètres sur la gauche (2 centimètres seulement pour les tailles non cintrées, c'est-à-dire inférieures de 35 centimètres au tour de poitrine), placer la lettre H. Réunir R', H par une oblique ponctuée, puis par une courbe s'écartant d'un demi-centimètre au milieu et à droite de l'oblique ponctuée.

Ligne de taille H C. — Réunir H, C par une oblique ponctuée.

Pinces. — Voir le tracé des pinces du corsage à basques à deux petits-côtés, page 63.

Basque du devant H W C'. — Prolonger le rectangle à gauche du point D, de manière à lui donner pour largeur, à partir du point C', les 2/6 du demi-tour des hanches plus la longueur comprise sur la ligne de taille entre les deux lignes extrêmes des pinces (c'est-à-dire la profondeur des pinces plus 2 centimètres). Placer un point. Réunir ce point au

5.

point H par une oblique ponctuée. Du point H, sur cette oblique, porter la longueur H W du petit-côté du devant, placer la lettre W.

Réunir H, W par une courbe s'écartant d'un demi-centimètre au milieu et à gauche de l'oblique ponctuée et à gauche du point W.

Réunir les points W, C' par une oblique ponctuée, puis par une courbe s'écartant de 2 centimètres environ au milieu et au-dessous de l'oblique ponctuée.

MANCHE
AVEC DESSOUS PLUS ÉTROIT

LIGNE DE CONSTRUCTION

Rectangle A B C D. — Tracer un rectangle A B C D ayant pour longueur la deuxième longueur du bras plus 4 centimètres, et pour largeur le cinquième du tour de poitrine plus 8 centimètres.

Ligne L M. — Du point A, vers D, compter 8 centimètres, placer la lettre L. De ce point tracer la ligne L M, parallèle à A B.

Ligne X Y. — Du point A, vers D, compter 13 centimètres, placer la lettre X. De ce point tracer la ligne X Y, parallèle à A B.

Ligne E R. — Du point L, vers D, porter la première longueur du bras moins 4 centimètres, placer la lettre E. De ce point tracer la ligne E R, parallèle A B.

DESSUS DE LA MANCHE

Entournure L O Z. — Du point A, vers B, porter la moitié de la longueur A B, placer la lettre O.

Du point Y, vers X, compter 3 centimèt., placer la lettre Z. Réunir L, O et O, Z par des obliques ponctuées, puis par des courbes s'écartant de 2 cent. et demi environ au milieu et au-dessus des obliques ponctuées.

CORSAGE A BASQUES

Couture extérieure de la manche L E H. — Du

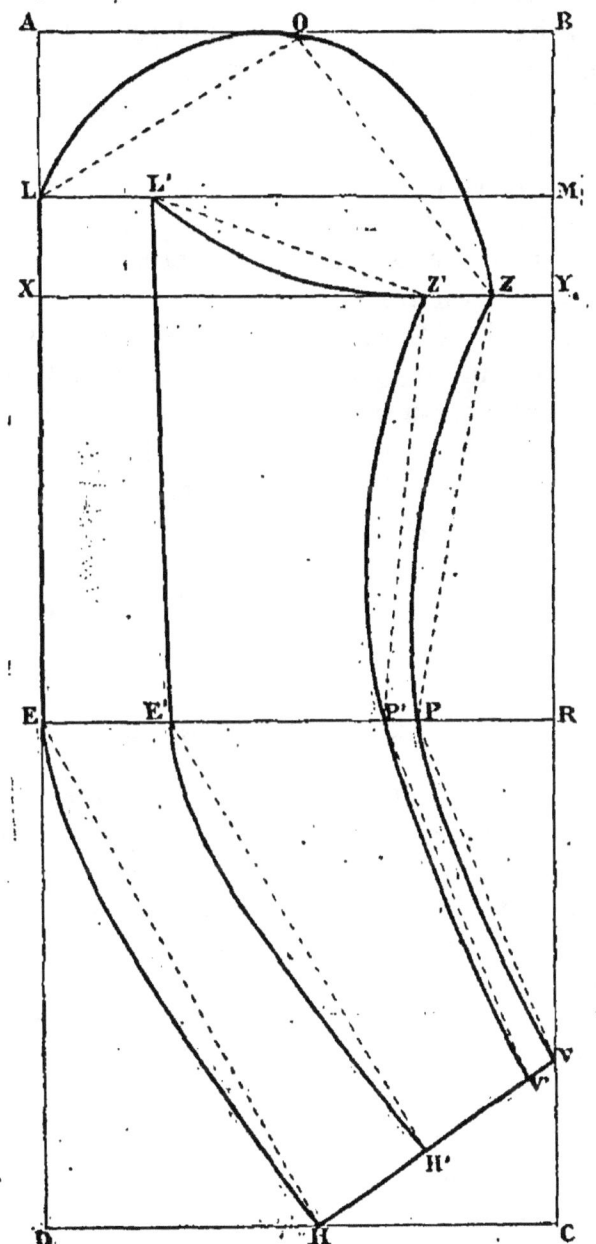

Fig. 24 (au 1/5). — Manche avec dessous plus étroit.

point C, vers D, compter la moitié de la longueur D C

moins 2 centimètres, placer la lettre H. Réunir E, H par une oblique ponctuée, puis par une courbe s'écartant d'un cent. et demi au quart et à gauche de l'oblique ponctuée. Cette courbe doit se fondre avec l'oblique ponctuée un peu au-dessus du point H. Renforcer la ligne L E et la fondre au point E avec la courbe E H.

Couture intérieure de la manche Z P V. — Du point C, vers B, compter 8 centimètres (7 centimètres seulement pour les mesures au-dessous de 80 centimètres de tour de poitrine), placer la lettre V.

Du point R, vers E, compter le seizième du tour de poitrine plus un cent. et demi, placer la lettre P. Réunir Z, P par une oblique ponctuée, puis par une courbe s'écartant d'un cent. et demi au milieu et à gauche de l'oblique ponctuée.

Réunir P, V par une oblique ponctuée, puis par une courbe écartée d'un demi-centimètre au milieu et à gauche de l'oblique ponctuée.

Bord inférieur de la manche V H. — Réunir V, H par une oblique pleine.

DESSOUS DE LA MANCHE

Bord inférieur de la manche V' H'. — Du point V, sur la ligne V H, compter un cent. et demi et placer la lettre V'.

Prendre le milieu de la ligne H V' et marquer la lettre H'.

Couture extérieure du dessous de la manche L' E' H'. — Du point E, sur la ligne E R, porter la longueur H H, placer la lettre E'.

Du point L, sur la ligne L M, porter la longueur H H' moins un centimètre, placer la lettre L'. Réunir L', E' par une ligne droite.

Réunir E', H' par une oblique ponctuée, puis par une courbe s'écartant d'un demi-centimètre au quart et à gauche de l'oblique ponctuée, et se fondant au point E' avec la ligne L' E'.

Couture intérieure du dessous de la manche Z' P' V'. — Du point Z, vers L, compter 3 cent. et demi, placer la lettre Z'.

Du point P, vers E, compter un cent. et demi, placer la lettre P'.

Réunir Z' et P' par une oblique ponctuée, puis par une courbe s'écartant de 18 millimètres au milieu et à gauche de l'oblique ponctuée.

Réunir P' et V' par une oblique ponctuée, puis par une courbe s'écartant d'un demi-centimètre au milieu et à gauche de l'oblique ponctuée. Fondre ces deux courbes au point P'.

Dessous de l'entournure L' Z'. — Réunir L' et Z' par une oblique ponctuée, puis par une courbe s'écartant d'un cent. et demi au milieu et au-dessous de l'oblique ponctuée.

A 2 centimètres au-dessus et au-dessous du point E' placer deux petits signes >.

A 4 centimètres au-dessus de E et à 5 centimètres environ au-dessous, placer deux signes semblables, qui indiquent la partie de la couture extérieure qui devra être légèrement froncée, ou plissée pour tenir dans l'espace indiqué par les deux mêmes hoches à la couture extérieure du dessous de la manche. Ces fronces doivent correspondre exactement à la place du coude.

La manche ci-dessus est déjà un peu épaulée; si on voulait qu'elle le fût davantage, il serait très aisé de modifier le patron dans le sens suivant. Au lieu de donner 8 centimètres à l'épaulement, c'est-à-dire à l'espace compris entre les points A et L, on peut en donner 10 ou 12, et par conséquent augmenter le rectangle de 2 ou de 4 centimètres.

ASSEMBLAGE

Pour l'assemblage des corsages à 2 et à 3 petits-côtés, on devra se reporter aux explications données page 28 et suivantes.

Toutefois, nous allons faire quelques observations supplémentaires pour l'apprêt de ces deux derniers corsages qui demande plus de soin et de minutie que celui d'un corsage à un petit-côté et à pinces d'égale profondeur.

La doublure devra être un peu plus longue que l'étoffe du dessus afin qu'on puisse la soutenir très légèrement sur l'étoffe l'espace de 5 centimètres au-dessus et au-dessous de la ligne de taille; on devra bien se garder de faire des plis qui s'apercevraient à l'endroit; mais seulement de petites vagues qui, en donnant de l'ampleur à la doublure, forcent l'étoffe à se tendre à la taille.

Cette observation s'applique aux corsages faits en étoffe souple, par conséquent facile à tendre ; si dans ce cas on ne faisait pas froncer la doublure, le corsage ne s'ajusterait pas à la taille et ferait des plis fort disgracieux. Lorsqu'on a affaire à une étoffe plus rigide, on soutiendra moins la doublure, car le dessus ne prêtant pas pourrait faire érailler le corsage aux coutures.

En taillant les diverses pièces du corsage, on aura soin de laisser 2 ou 3 centimètres d'étoffe en supplément au point N' du petit-côté du dos, au point R' et au point W du devant afin de n'être pas prise au dépourvu, si l'essayage forçait à redescendre le petit côté du dos sur le dos, et le devant sur le petit-côté du devant. C'est cette étoffe en supplément, qu'en terme de couturière on appelle des *crochets*.

Pour essayer le corsage, on bâtira *à l'endroit* la couture de l'épaule et celle du dessous de bras du côté droit du corsage, ce côté étant ordinairement celui que l'on essaie. Toutefois, si l'on remarque un manque de symétrie entre les deux côtés du buste de la personne ou du mannequin que l'on doit habiller, on essaiera les deux côtés, après avoir bâti extérieurement les deux coutures d'épaule et celles du dessous de bras.

D'une façon générale, les coutures du corsage devront être faites du côté du dos, excepté celle du dessous de bras ; pour cette dernière on joindra les points R, H du petit-côté avec les points R, H du devant ; on soutiendra très légèrement au-dessous de la taille, le biais du devant sur la partie du petit-côté, afin d'éviter de faire remonter la basque. Il pourra se faire par conséquent que le devant manque un peu au-dessous du point W, c'est pourquoi nous avons conseillé de laisser, à cet endroit, un peu d'étoffe en supplément.

En indiquant le contour des pinces, soit à l'aide d'un bâti, soit avec la craie de tailleur, ou la roulette à patrons, on devra avoir soin d'arrondir les contours au-dessus de la ligne de taille.

On doit coudre la première pince du côté de l'entre-pince et faire soutenir un peu, l'espace de 5 centimètres au-dessus et au-dessous de la ligne de taille.

L'assemblage de la deuxième pince est difficile, on devra la coudre en ayant devant soi le côté opposé à celui de l'entre-pince ; on fera soutenir le biais de la pince sur le droit fil de l'entre-pince pendant l'espace de 7 à 8 centimètres en partant du sommet ; au contraire, on tendra ce même biais à la taille, puis au-dessous de la taille. Enfin on coudra le reste de la pince sans tendre ni soutenir l'étoffe.

Nous dirons en passant que pendant l'essayage, il faut s'assurer de la bonne hauteur des pinces : le sommet de la pince ne doit pas être vu par la personne qui porte le corsage.

Pour assembler la manche à dessous plus étroit on commencera par la couture intérieure, les points Z, Z'; P, P'; V, V'; se raccordant. La couture extérieure se commence par le haut aux points L et L', on arrive jusqu'aux deux crans dont l'un est à 4 ou 5 centimètres au-dessus du point E et l'autre à 2 centimètres au-dessus du point E'; il faut alors laisser cette couture en suspens, reprendre aux points H et H', bas de la manche, et faire la couture jusqu'aux deux hoches du bas. Il ne s'agit plus que de terminer le coude au moyen de fronces ou de petits plis qui permettent de faire tenir l'ampleur du dessus dans l'espace moindre, contenu entre les deux hoches, du dessous de la manche. Ces coutures bâties, on essaiera la manche ; si elle tourne un peu dans le bas, on rectifiera le dessus, sans toucher au-dessous ; on égalisera les fronces au coude, on fixera le bord inférieur de la manche ; puis on fera les diverses coutures à la machine ou au point arrière comme pour le corsage.

Le corsage une fois cousu, il reste à placer les rubans de baleine. On doit tailler les rubans de baleine 10 ou 12 centimètres (sans compter les rentrés) plus longs que la couture qu'ils ont à couvrir, de façon à les faire froncer pendant l'espace de 5 ou 6 centimètres au-dessus et au-dessous de la ligne de taille ; on les coud de chaque côté à petits points coulés et on les rentre de 2 à 3 centimètres à chacune de leurs extrémités. Ces rentrés doivent encore se prévoir en plus, quand on coupe les rubans de baleine. Avant de placer les baleines, on les amincit dans le haut puis graduellement à partir de la taille, et beaucoup dans le bas, de façon à ce qu'elles soient très souples tout le long de la basque et laissent tomber celle-ci naturellement ; cet amincissement se fait en grattant longtemps et patiemment les baleines, à l'aide d'un couteau ou d'un canif.

Le corsage une fois cousu, on repassera fortement toutes les coutures en tenant le fer non pas à plat, mais *sur champ*, de façon à ce qu'il ne déforme pas le corsage. Toutes les autres parties du corsage se repassent avec le fer à plat.

CORSAGE AVEC EMPIÈCEMENT

Pour le tracé du dos, des petits-côtés et du devant se reporter au tracé du corsage à basques à deux petits-côtés.

PREMIER TRACÉ D'EMPIÈCEMENT

Dos. — Du point E, vers D, compter 3 centimètres sur la ligne *milieu du dos*, placer la lettre E' ; réunir E' à N par une oblique ponctuée, puis par une courbe s'écartant d'un demi-centimètre au milieu et au-dessus de l'oblique ponctuée.

Devant. — Du point S', vers C, compter 3 centimètres, placer la lettre O. Réunir O à Y' par une oblique ponctuée, puis par une courbe s'écartant d'un demi-centimètre au milieu et au-dessus de l'oblique.

DEUXIÈME TRACÉ D'EMPIÈCEMENT

Dos. — Avancer le point E jusqu'à la ligne A S et placer la lettre E'. Réunir E', N par une oblique ponctuée, puis par une courbe s'écartant d'un demi-centimètre au milieu et au-dessus de l'oblique ponctuée.

Devant. — Joindre Y', S par une oblique ponctuée, puis par une courbe s'écartant d'un demi-centimètre au milieu et au-dessus de l'oblique ponctuée.

Le deuxième empiècement est plus court que le premier.

ASSEMBLAGE

Pour tailler le dos, réunir les patrons du dos et du petit-côté du dos, les basques se croisant, tailler sur ces patrons l'étoffe destinée au corsage après avoir formé trois plis couchés, regardant le milieu du dos.

A la taille, au point S, ces plis chevauchent l'un sur l'autre ; en haut, ils sont espacés de 2 à 3 centimètres.

L'étoffe destinée à ces plis est d'environ 15 à 16 centimètres en plus de la largeur du dos et des petits-côtés réunis. Supposons un demi-dos de seize centimètres, le premier petit-côté est de 3 centimètres = 19 centimètres ; nous prendrons 19 + 15 = 34 centimètres pour former le dos plissé.

Même observation pour le devant ; 3 plis couchés regardant le bord du devant, pour lesquels on laisse environ 15 centimètres.

Le petit-côté du devant se taille comme celui du corsage ordinaire et se réunit au dos plissé et au devant.

L'ampleur du devant, qui ordinairement se met dans les pinces, s'ajoute ici aux 15 centimètres de supplément pour faire les plis.

Toutefois, si l'on désire ajuster complètement le corsage, on fait la deuxième pince que l'on dissimule sous les plis.

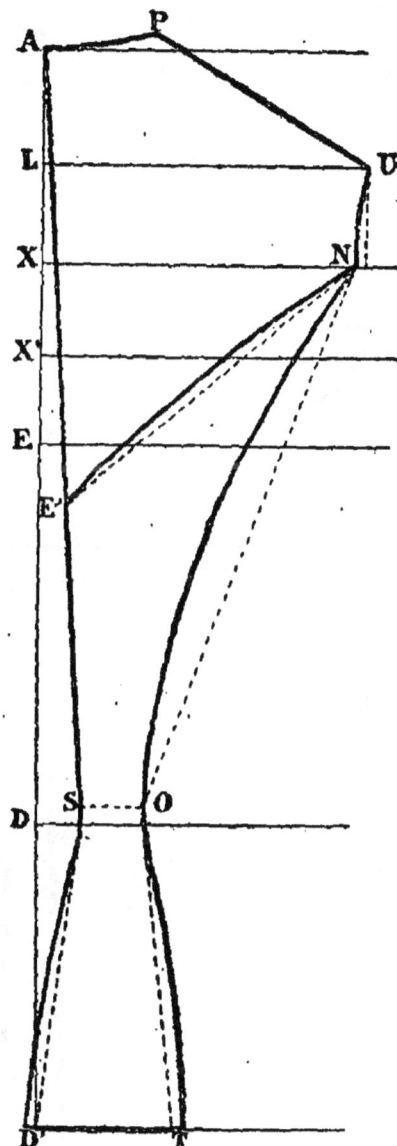

Fig. 25 au 1/5. — Dos avec empiècement.

Quant à la doublure, elle se taille sur le patron réel, comme pour un corsage ordinaire; le dessus seul diffère; à la taille les 3 plis devant occupent 10 à 11 centimètres, bord du devant compris, il reste par conséquent jusqu'au point H un espace d'étoffe non plissée qui correspond environ à la distance entre la deuxième pince et le point H.

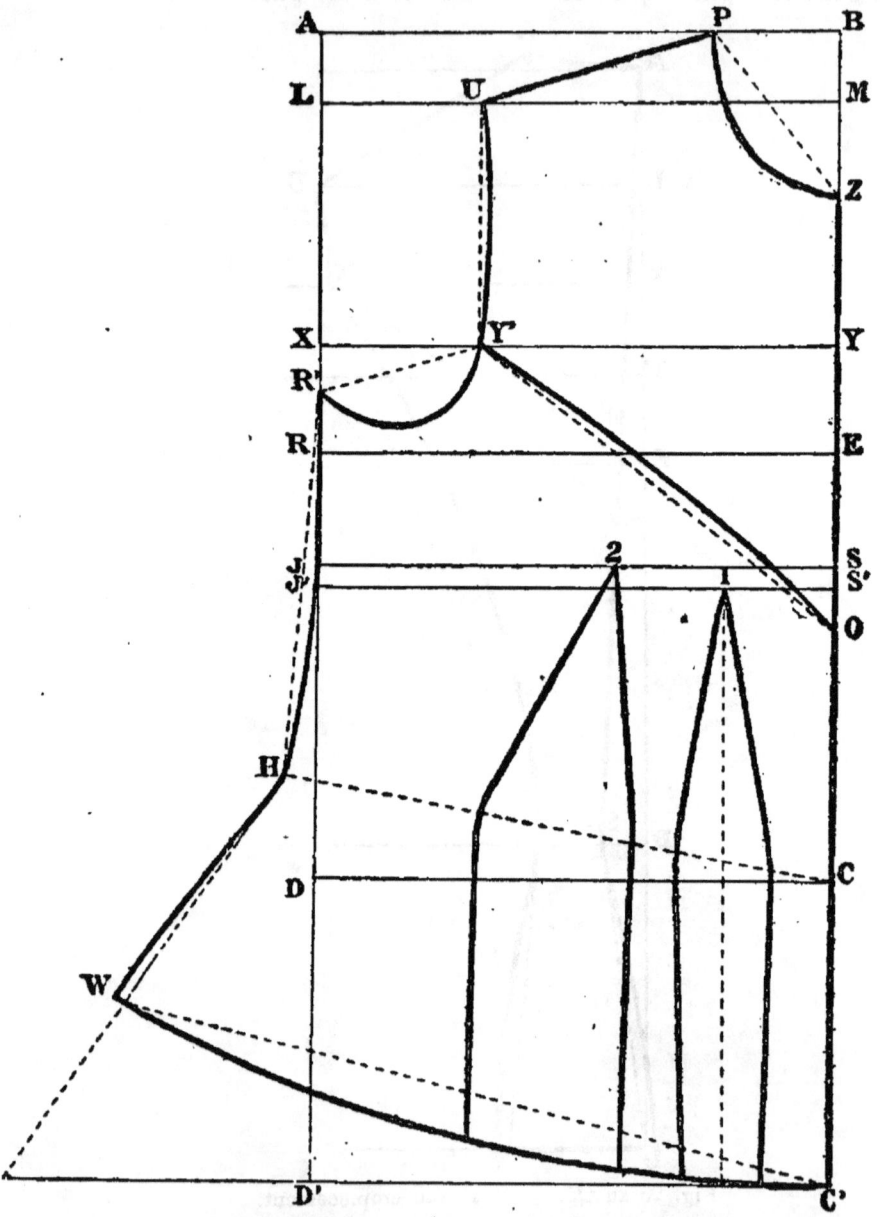

Fig. 26 au 1/5. — Devant avec empiècement.

La réunion de P,U du dos avec P,U du devant donne l'empiècement qui se fait sans couture, le biais placé sur la ligne Z C.

La forme de l'empièccment varie par le bas ; nous donnons ici le tracé de deux empièccments. Le premier, plus long, doit être recouvert par les plis du corsage terminés par une petite tête de 2 centimètres environ, qui diminue d'autant la longueur de l'empièccment. Le second, plus court, peut être attaché au corsage par une petite garniture qui suit la courbe sans la dépasser.

On peut enfin faire un empièccment carré, qui serait limité, pour le dos, à la ligne X N et pour le devant à la ligne Y' Y en baissant d'un centimètre le point Y.

CORSAGE A PLIS SANS EMPIÈCEMENT

OBSERVATIONS SUR LA COUPE ET L'ASSEMBLAGE

Au lieu de faire, comme pour le corsage à empièccment, 6 plis couchés dans le dos (3 pour chaque demi-dos) et 6 plis devant, on fait 3 gros plis creux dans le dos et 3 gros plis creux devant ; ces plis, qui s'étendent sur toute la hauteur du corsage, auront 5 centimètres de profondeur et 4 centimètres de largeur, autrement dit, ils se croiseront en dessous et emploieront 9 centimètres d'étoffe ; on coupera le dos tout d'une pièce et on lui donnera 27 centimètres de plus que le patron comprenant le dos et les petits-côtés, soit un dos de 32 centimètres, petits-côtés 6 centimètres = 38 centimètres. On donnera à l'étoffe 38 centimètres plus 27 centimètres = 65 centimètres. Si l'étoffe n'est pas assez large, on cachera une couture dans le pli du milieu du dos. Ces plis se touchent à la taille ; à l'encolure ils se terminent à un centimètre du point P, devant comme derrière, et sont par conséquent écartés de 4 à 5 centimètres en haut du corsage. Il y a un pli creux au milieu du devant et un de chaque côté.

Chaque pli creux employant environ 9 centimètres, il faut donc donner au devant de droite, qui doit avoir deux plis, 18 centimètres de plus que le patron ; et au devant de gauche, qui n'a qu'un seul pli, 9 centimètres.

L'assemblage du second petit-côté se fait comme dans le corsage à empièccment.

Pour faire ajuster le devant il est nécessaire de faire une petite pince de 4 à 5 centimètres de profondeur sous le pli de côté.

Le corsage se ferme au moyen d'une sous-patte qui est dissimulée sous le pli du milieu. On le double comme le corsage précédent.

COL A REVERS

MESURE A PRENDRE

Largeur de l'encolure. — On prend cette mesure en entourant l'encolure sur le col même.

LIGNES DE CONSTRUCTION ET POINT DE REPÈRE

Tracer un rectangle A B C D ayant pour hauteur 14 centimètres et pour largeur la moitié de l'encolure plus 2 centimètres.

Remonter de D, vers A, de 5 centimètres, placer la lettre L.

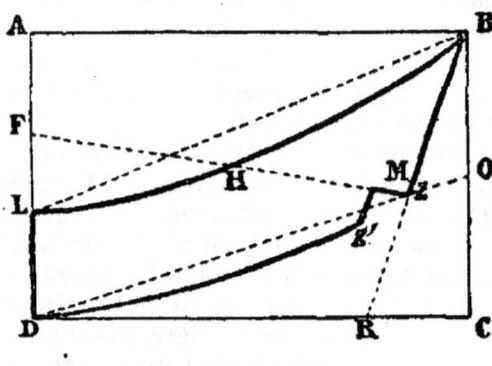

Fig. 27 (au 1/5). — Col à revers.

Du point A, vers D, compter 5 centim., placer la lettre F.

Du point C, vers D, compter 5 centim., placer la lettre R.

Prendre le milieu de la ligne B C, placer la lettre O.

Réunir L B, B R et O D par des obliques ponctuées. A la rencontre de la ligne B R et de la ligne O D, placer la lettre Z; tracer une ligne ponctuée F Z.

CONTOURS DU COL

Bord du col D Z. — Joindre les points D, Z par une courbe légère s'écartant d'un centimètre au milieu et au-dessous de la ligne D Z.

Encolure du dos et du revers L B. — Joindre les points L, B par une courbe s'écartant d'un cent. et demi au-dessous et au tiers de la ligne L B.

Du point Z, sur la ligne Z F, avancer de 2 centimètres et placer la lettre M.

Du point Z, vers D, sur la courbe Z D, avancer de 3 centimètres, placer Z'. Joindre Z' à M par une oblique.

Renforcer Z M, Z B, D L et D Z'; effacer la petite courbe légère Z Z'.

A la rencontre de Z F avec la courbe B L, placer la lettre H.

ASSEMBLAGE DU COL A REVERS

Le col à revers se fait en quatre morceaux : la partie du col qui est comprise entre les lignes BHZ est la partie revers du devant. La ligne H Z indique le droit fil, aussi bien dans le col que dans le parement. On les joint l'un à l'autre, du point H au point M, par un petit surjet remplié à l'intérieur. Ils se doublent ensuite comme un col rabattu et se montent l'endroit contre l'envers du corsage, pour être retournés ensuite envers sur endroit.

PLASTRON AVEC REVERS

LIGNES DE CONSTRUCTION

Tracer un rectangle A B C D ayant pour longueur la longueur du devant, et pour largeur 10 centimètres. Prolonger les lignes A D et B C de 12 centimètres à partir des points D et C; placer les lettres D', C'. Joindre ces deux points par une horizontale. Prendre le milieu de la longueur B C, placer le point I.

CONTOURS DU PLASTRON

Encolure P Z. — Du point B, vers A, porter le seizième du tour de poitrine plus un centimètre, placer la lettre P.

Du point B, vers C, porter le seizième du tour de poitrine plus un cent. et demi, placer la lettre Z. Réunir P, Z par une oblique ponctuée, puis par une courbe rentrée d'un centimètre et demi au milieu et au-dessous de l'oblique.

Épaulette P U. — Du point A, vers D, porter un demi-centimètre, placer la lettre U. Réunir P, U par une oblique pleine.

Du point C, vers D, compter 3 centimètres, placer la lettre O. Du point C', vers D', compter 3 cent. et demi, placer la lettre M.

Du point D', vers C', compter 4 centimètres, placer la lettre R.

Milieu du devant Z, I, O, M. — Réunir I, O et O, M par des obliques. Renforcer la ligne Z I O M, en l'arrondissant légèrement au point I et la creusant légèrement au point O. Remonter le point R verticalement d'un cent. et demi, placer la lettre R'.

Bord intérieur du plastron. — Réunir U, R' et R', M par des obliques pleines.

Remonter le point O de 4 cent. et demi vers I et placer la lettre H. Réunir P, H par une oblique ponctuée sur laquelle viendra se placer le revers du plastron.

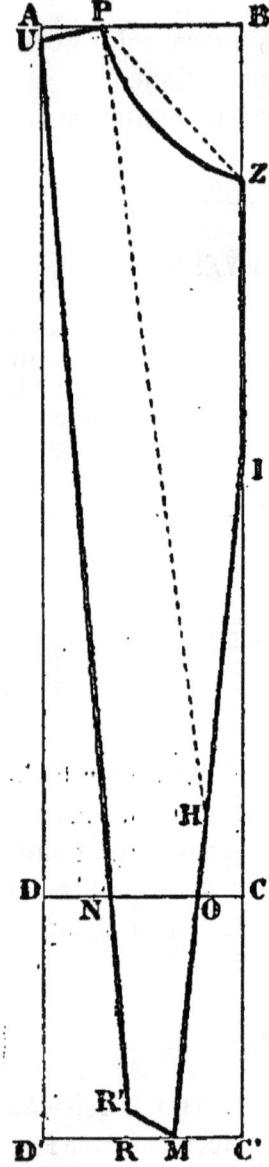

Fig. 28 (au 1/5). — Plastron.

ASSEMBLAGE DU PLASTRON

Le plastron figure un gilet sur lequel viennent se placer les deux revers du parement. Ce plastron est placé sur la doublure du corsage; sur lui s'appliquent différents revers, dont nous donnons deux dessins ci-dessous.

Le premier revers arrondi, avec un petit col, ne formant qu'un seul morceau; le deuxième avec le col large séparé du revers.

REVERS DU PLASTRON

LIGNES DE CONSTRUCTION

Tracer un rectangle A B C D ayant pour longueur la longueur du devant plus 5 centimètres et pour largeur 10 centimètres.

Du point B, vers C, descendre de 3 centimètres et placer la lettre B'.

Du point B, vers A, porter 3 centimètres et placer la lettre P.

Prendre le tiers de la longueur du rectangle et le porter du point B' vers C, placer la lettre E.

Tracer une ligne E R, parallèle à B A.

Du point D, vers A, remonter de 7 centimètres, placer la lettre X.

Tracer une ligne X Y, parallèle à A B.

Avancer le point X de 2 cent. et demi vers Y, placer la lettre S.

Du point E, sur la ligne E R, compter 3 cent. et demi, placer la lettre M.

CONTOURS DU REVERS

Milieu du col par derrière P B'. — Joindre les points P, B' par une oblique pleine.

Encolure et bord du devant B',M,C. — Joindre B', M par une oblique ponctuée, puis par une courbe s'écartant d'un demi-cent. au tiers et à gauche de l'oblique ponctuée.

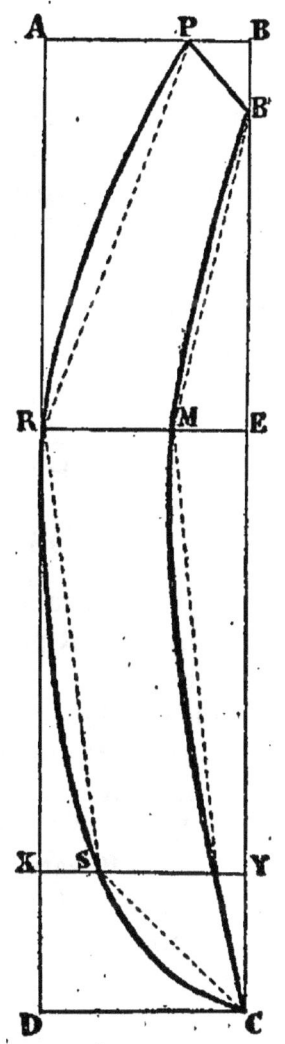

Fig. 29 (au 1/5). — Revers du plastron.

Réunir M, C par une oblique ponctuée, puis par une courbe s'écartant de douze millimètres au milieu et à gauche de l'oblique. Ces deux courbes doivent se fondre au point M.

Bord extérieur du col parement P R S C. — Joindre P,R par une oblique ponctuée, puis par une courbe s'écartant d'un cent. et demi au milieu et à gauche de l'oblique ponctuée.

Joindre les points R, S par une oblique ponctuée, puis par une courbe s'écartant d'un centimètre et demi au milieu et à gauche de l'oblique.

Joindre les points S, C par une oblique ponctuée, puis par une courbe s'écartant d'un centimètre et demi au milieu et au-dessous de l'oblique. Le col se taille en plaçant la ligne P B' sur le biais de l'étoffe. On le double d'une soie légère et on enferme une mousseline raide entre la doublure et l'étoffe.

COL ET REVERS DIRECTOIRE

LIGNES DE CONSTRUCTION

Tracer un rectangle A B C D ayant pour longueur la longueur du devant plus 11 centimètres et pour largeur 14 centimètres.

Prolonger les lignes A D et B C de 12 centimètres et placer les lettres D',C'. Joindre D',C' par une horizontale.

Du point A, vers D, porter 6 centimètres, tracer l'horizontale R E.

Du point R, vers D, porter le seizième du tour de poitrine. Tracer la ligne L M parallèle à A B.

Du point M, vers L, porter 4 centimètres, placer la lettre P.

Du point C, vers D, porter 3 centimètres, placer la lettre O.

Du point O, vers D, porter 2 centimètres, placer la lettre X.

Du point C', vers D', porter 4 centimètres, placer la lettre Y.

Du point Y, vers D', compter 2 centimètres, placer un point, remonter ce point d'un centimètre, placer la lettre N.

CONTOURS DU COL ET DU REVERS

Milieu du col H E. — Du point B, vers A, compter 7 cent., placer la lettre H. Réunir H, E par une oblique ponctuée.

Encolure E′ P. — Du point E, sur la ligne E H, remonter d'un centimètre, placer E′. Réunir E′ à P par une oblique ponctuée, puis par une courbe s'écartant de 2 millimètres aux deux tiers et à gauche de l'oblique ponctuée. Prolonger l'oblique E′P de 5 cent. environ à partir du point P. Consulter la fig. 30.

Bord du revers par devant P O Y. — Joindre P, O par une oblique ponctuée, puis par une courbe s'écartant de 12 millimètres au milieu et à droite de l'oblique ponctuée.

Joindre O, Y et N, Y par des obliques pleines.

Bord intérieur du revers N X L′ Z. — Du point X au point N, tracer une oblique pleine.

Du point L au point X, tracer une oblique ponctuée; compter sur cette oblique 5 centimètres en partant de L, placer L′. Réunir L′ à X au moyen d'une courbe rentrée d'un centimètre au milieu et à droite de l'oblique ponctuée, et se fondant au point X avec la ligne X N.

Du point L′ au point P, tracer une oblique ponctuée. Sur cette

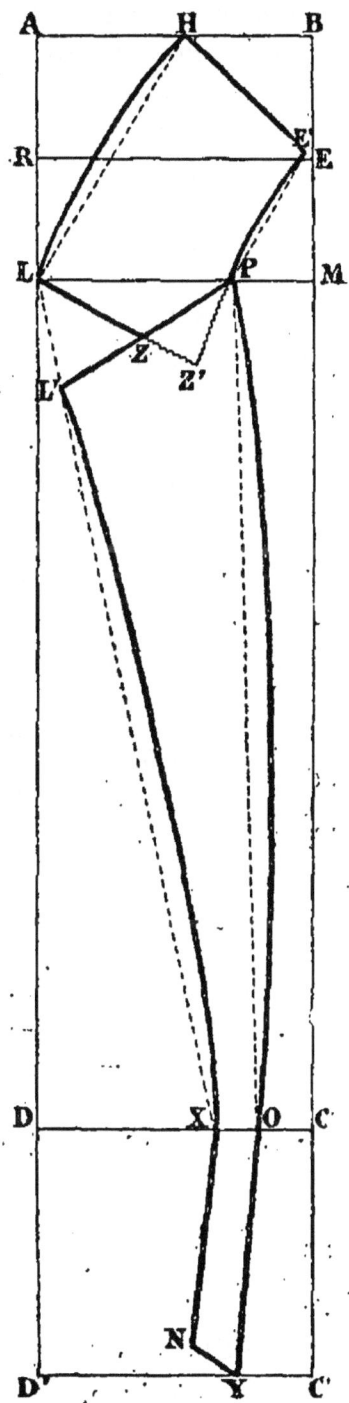

Fig. 30 (au 1/5). — Col et revers Directoire.

oblique en partant de L', compter 4 cent. et demi, placer la lettre Z. Réunir L, Z par une oblique pleine. Prolonger cette oblique à partir du point Z par une oblique ponctuée jusqu'à la rencontre de l'oblique partant du point P. A ce point de rencontre, placer la lettre Z'. Onduler les lignes Z Z' P.

Bord du col H L. — Réunir H, L par une oblique ponctuée, puis par une courbe s'écartant de 7 millimètres au milieu et à gauche de l'oblique ponctuée.

Renforcer L' Z.

Renforcer l'oblique H E'.

ASSEMBLAGE

Le col revers se fait en deux morceaux : 1° la partie du col rabattu qui est circonscrite par les lettres E', H, L, Z', y compris le triangle Z Z' P que nous figurons ici par une petite ligne ondulée, et qui est couvert par le revers; 2° le revers, compris entre les lettres P, L', X, N, Y, O, P.

Le col se place en mettant la ligne E'H sur le biais parfait.

Le revers doit être placé sur l'étoffe comme il l'est dans le rectangle, les lettres P, Y le long du droit fil. Il s'applique soit sur le corsage même, soit sur un plastron dont nous avons donné le tracé fig. 28.

On le prépare en plaçant une mousseline raide entre la doublure et l'étoffe.

FOND DE JUPE

Les mesures à prendre sont les suivantes :

1° **Longueur de devant,** du milieu du devant ceinture, au bas de la jupe.

2° **Longueur de côté,** du creux de la hanche au bas de la jupe.

3° **Longueur de derrière,** du milieu du dos, ceinture, au bas de la jupe.

DEVANT DE LA JUPE

LIGNES DE CONSTRUCTION

Rectangle A B C D. — Tracer un rectangle A B C D dont la longueur soit égale à la longueur du côté et la largeur à :

1° 27 centimètres pour la 1re grandeur (tour de taille de 60 à 70 centimètres);

2° 28 centimètres pour la 2e grandeur (tour de taille de 70 à 80 centimètres);

3° 29 centimètres pour la 3e grandeur (tour de taille de 80 cent. et au-dessus).

Ligne L M. — Du point A, vers D, compter un cent. et demi. Tracer l'horizontale L M.

Ligne E R. — Du point A, vers D, porter la moitié de la longueur de la jupe, placer la lettre E. De ce point, tracer la ligne E R, parallèle à A B.

CONTOURS DU TRACÉ

Bord supérieur de la jupe F M'. — Du point M, vers L, compter 2 centimètres, placer la lettre M'.

Du point M', sur la gauche, porter :

1° 12 centimètres pour la 1re grandeur;

2° 13 centimètres pour la 2e grandeur;

3° 14 centimètres pour la 3e grandeur;

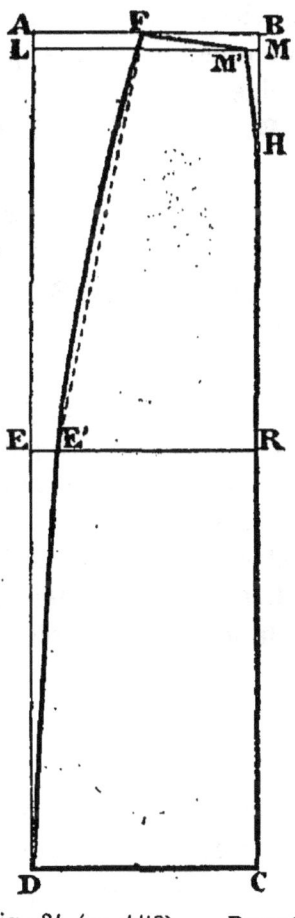

Fig. 31 (au 1/12). — Devant du fond de jupe.

placer un point; remonter ce point sur la ligne A B, placer

la lettre F. Réunir les points F', M' par une oblique pleine.

Pince du milieu du devant M' H. — Du point M, vers R, descendre de 13 centimètres, placer la lettre H. Réunir le point M' au point H par une oblique pleine.

Milieu de la jupe par devant H C. — Renforcer la ligne H C.

Couture du côté F D. — Du point E, sur la ligne E R, avancer de 3 cent. et demi, placer la lettre E'. Réunir le point F au point E' par une oblique ponctuée, puis par une courbe s'écartant d'un centimètre au milieu et à gauche de l'oblique. Réunir le point E' au point D par une oblique pleine qui se fondra avec la courbe précédente au point E'.

Bas de la jupe D C. — Renforcer la ligne D C.

LÉ DE COTÉ

Rectangle A B C D. — Tracer un rectangle A B C D dont la longueur soit égale à la longueur de la jupe (longueur prise par derrière) et la largeur à :

1° 33 centimètres pour la 1re grandeur ;

2° 34 centimètres pour la 2e grandeur ;

3° 35 centimètres pour la 3e grandeur.

Ligne L M. — Du point A, vers D, descendre d'un centimètre, tracer la ligne L M, parallèle à A B.

Ligne E R. — Du point A, vers D, descendre de la moitié de la longueur du rectangle ; tracer l'horizontale E R.

CONTOURS DU TRACÉ

Bord supérieur de la jupe : M Y Y' F. — Du point M, sur la ligne L M, porter :

1° 8 centimètres pour la 1re grandeur ;

2° 8 cent. et demi pour la 2e grandeur ;

3° 9 centimètres pour la 3e grandeur.

Placer la lettre Y.

Renforcer la ligne M Y.

Du point Y, vers L, compter 4 cent. et demi, placer un point ;

descendre ce point d'un centimètre et demi, placer la lettre Y'.

Du point Y', vers la gauche, compter :

9 centimètres pour la 1re grandeur;

9 cent. et demi pour la 2e grandeur;

10 centimètres pour la 3e grandeur;

placer un point, remonter ce point d'un centimètre, placer la lettre F. Réunir F à Y' par une oblique pleine.

Prendre la moitié de la distance Y Y', de ce point tracer en descendant, une verticale ponctuée ayant 18 à 20 centimètres, placer la lettre H; réunir ce point aux lettres Y et Y' par des obliques pleines. Renforcer la ligne Y' F.

Couture F E'. — Du point E, vers R, porter 4 centimètres, placer la lettre E'. Réunir les points F, E' par une oblique ponctuée, puis par une courbe s'écartant d'un centimètre au milieu et sur la gauche de l'oblique.

Réunir E' à D par une oblique pleine qui se fondra au point E' avec la courbe précédente.

Bas de la jupe D C. — Renforcer la ligne D C.

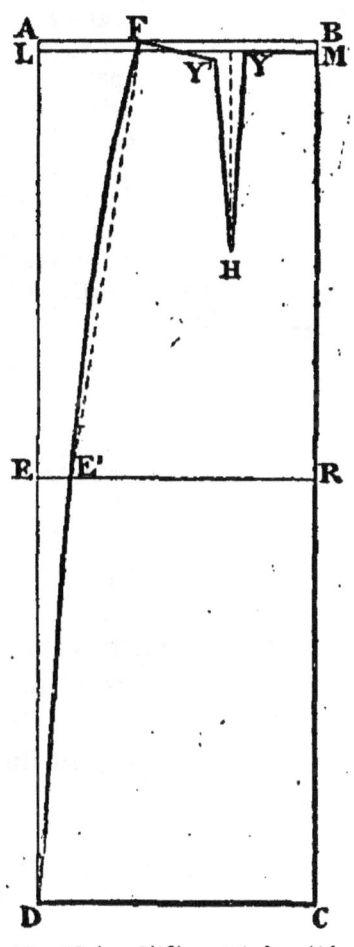

Fig. 32 (au 1/12). — Lé de côté.

ASSEMBLAGE

Ce fond de jupe se fait habituellement en étoffe d'une couleur assortie à celle de la robe. Il sert à soutenir les plis de la jupe ou à en assujétir les draperies au moyen de points.

Ce fond de jupe se compose du lé de devant, que l'on taille

6.

double en plaçant la ligne M' C sur le pli de l'étoffe en droit fil; on fait une petite pince en mourant du point M' au point H.

Le lé de côté se taille également deux fois, en plaçant la ligne M C sur la lisière de l'étoffe; on termine la jupe par un lé droit fil qui se place par derrière et s'assemble avec le lé de côté le long de la ligne F D.

Le lé de devant se raccorde avec celui de côté, mais au contraire des autres patrons, les lettres ne se réunissent pas : le point F de devant vient se coudre avec le point M du lé de côté, le point F' et le point D avec le point R et le point C du lé de côté.

On ne met pas de ceinture au fond de jupe, mais on termine le bord supérieur par un liseré enfermé dans un biais rabattu à plat à l'envers. Pour le reste de l'assemblage, consulter celui de la jupe ordinaire. — Dans les robes actuelles on peut se passer de fond de jupe.

ROBE-REDINGOTE

MESURES A PRENDRE

Prendre les mêmes mesures et calculer les mêmes divisions que pour le tracé du corsage à basques à deux petits-côtés, voir le tableau page 55, plus la deuxième longueur du devant : du milieu du devant, ceinture, au bas de la jupe.

TRACÉ DU DOS ET DU PETIT-COTÉ
LIGNES DE CONSTRUCTION

Rectangle A B C' D'. — Tracer un rectangle A B C' D'[1] ayant pour longueur la longueur du dos plus la longueur que l'on veut donner à la basque (12 à 15 centimètres) et pour largeur la demi-largeur du dos plus 9 centimètres.

Ligne D C. — Du point A, vers D', porter la longueur du dos, placer la lettre D. De ce point, tracer une horizontale D C.

1. La ligne D' C' ponctuée.

Pour les lignes E R, L M, X Y, X' Y' et pour les contours

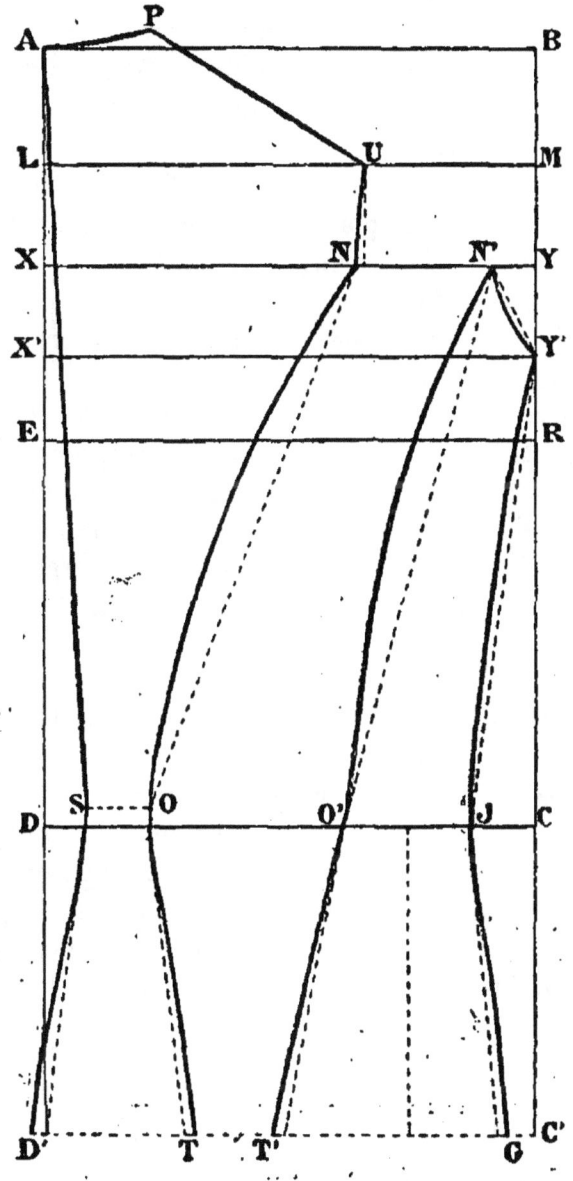

Fig. 33 (au 1/5). — Dos et petit-côté de la robe-redingote.

du tracé du dos, voir le tracé du corsage à deux petits-côtés, page 56 et suivantes.

PETIT-COTÉ DU DOS

Entournure N' Y'. — Du point Y, vers X, compter 2 centimètres, placer la lettre N'. Réunir N', Y' par une oblique ponctuée, puis par une courbe rentrée d'un demi-centimètre au milieu et au-dessous de l'oblique ponctuée.

Courbure du petit-côté N' O'. — Compter 10 centimètres du point O vers C, placer la lettre O'. Réunir N', O' par une courbe écartée de 2 centimètres au milieu et à gauche de l'oblique ponctuée.

Ligne de taille O' J. — Du point O', compter à droite le dixième du tour de taille, placer la lettre J.

Courbure inférieure Y' J. — Réunir Y', J par une oblique ponctuée, puis par une courbe écartée d'un demi-centimètre au milieu et à gauche de l'oblique ponctuée.

Basque O' T' G J. — Prendre le milieu de la ligne O' J, placer un point. De ce point abaisser une perpendiculaire ponctuée sur la ligne D' C'. Compter à gauche de cette perpendiculaire le douzième du demi-tour des hanches plus 2 centimètres, placer la lettre T'.

Compter à droite de cette perpendiculaire le douzième du demi-tour des hanches, placer la lettre G.

Réunir les points O', T' par une oblique ponctuée, puis par une courbe s'écartant d'un demi-centimètre au milieu et à gauche de l'oblique ponctuée et à gauche du point T'.

Réunir les points J, G par une oblique ponctuée, puis par une courbe s'écartant d'un demi-centimètre au milieu et à droite de l'oblique ponctuée et à droite du point G.

TRACÉ DU DEVANT

LIGNES DE CONSTRUCTION ET POINTS DE REPÈRE

Note. — Le rectangle destiné à contenir le devant et le petit-côté du devant se compose de trois rectangles réunis renfermant :

Le premier à droite, le devant ;
Le deuxième, la contre-pince ;

Le troisième, le petit-côté.

Rectangle A B C' D'. — Tracer un rectangle A B C' D' (la ligne C' D' doit être ponctuée [1]) ayant pour longueur la longueur du devant plus la longueur que l'on veut donner à la basque et pour largeur le demi-tour de poitrine plus 4 centimètres, diminué de la demi-largeur du dos et du douzième du tour de poitrine.

Ligne D C. — Du point A, vers D', porter la longueur du devant. Tracer l'horizontale D C.

Rectangles du petit-côté et de la contre-pince A F K D'. — A gauche des points A, D, D', tracer des horizontales ayant pour longueur le 1/16 + le 1/10 du tour de poitrine, plus 1 cent., placer les lettres F, J, K.

Joindre les points F, J, K, par une verticale.

Du point F, vers A, porter le 1/10 du tour de poitrine + 1 cent., tracer la verticale F', W, K'.

Ligne E' E. — Du point J, vers F, porter la longueur du dessous de bras plus la demi-différence entre la longueur du dos et la longueur du devant (voir la note page 2) et tracer l'horizontale E' E, parallèle à F B. A la rencontre de cette ligne avec la ligne F' K' placer la lettre R'. A la rencontre de cette même ligne avec la ligne A D placer la lettre R.

Ligne L M. — Du point A, vers D, porter le seizième du tour de poitrine moins 2 centimètres, placer la lettre L. Tracer l'horizontale L M.

Ligne X Y du devant. — Du point R, vers A, porter le seizième du tour de poitrine. Tracer l'horizontale X Y.

CONTOURS DU TRACÉ DU DEVANT

Epaulette P U. — Du point B, vers A, porter le seizième du tour de poitrine plus 5 centimètres, placer la lettre P.

Du point P, sur la gauche, jusqu'à la rencontre de la ligne L M, porter la longueur de l'épaulette du dos moins un demi-centimètre, placer la lettre U.

---

1. Nous faisons l'horizontale D' C' ponctuée pour indiquer que l'étoffe n'est pas coupée à l'endroit de la basque, mais qu'elle est d'une seule venue de l'encolure jusqu'au bas de la jupe.

98 MÉTHODE DE COUPE ET D'ASSEMBLAGE

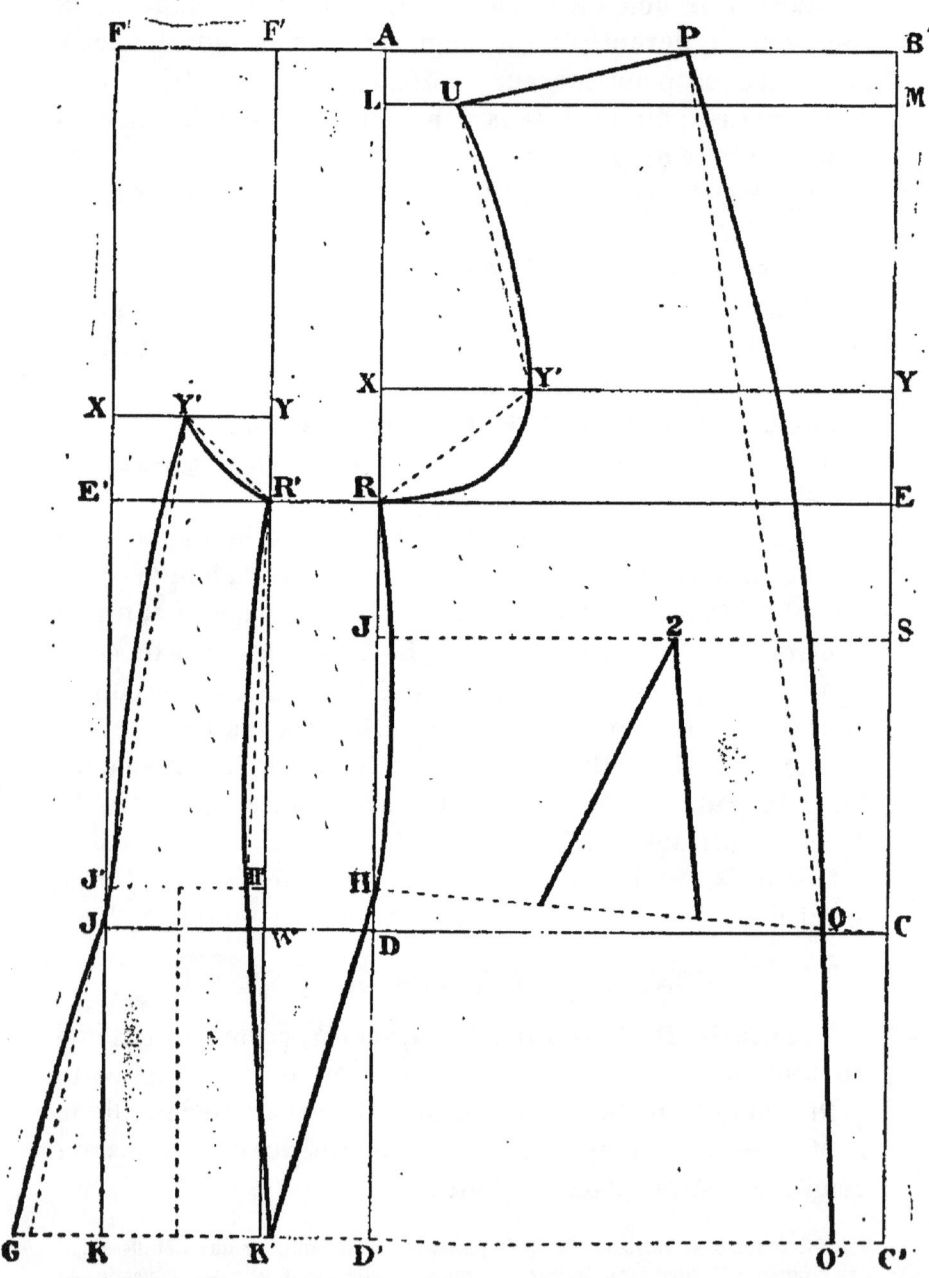

Fig. 34 (au 1/5). — Devant et petit-côté du devant de la robe-redingote.

Réunir les points P, U par une oblique pleine.

Bord du devant P O O'. — Du point C, vers D, compter 3 centimètres, placer la lettre O. Réunir P, O par une oblique ponctuée, puis par une courbe s'écartant de 2 centimètres au milieu et sur la droite de l'oblique ponctuée.

Du point C', vers D', compter 2 cent. et demi, placer la lettre O'. Réunir O et O' par une oblique pleine qui se continuera jusqu'au bas de la redingote quand on taillera le devant.

Entournure U Y' R. — Du point Y, vers X, porter le cinquième du tour de poitrine, placer la lettre Y'.

Réunir les points U, Y' par une oblique ponctuée, puis par une courbe s'écartant d'un demi-centimètre au milieu et à droite de l'oblique ponctuée.

Réunir les points Y', R par une oblique ponctuée, puis par une courbe s'écartant de 2 centimètres 1/2 au milieu et à droite de l'oblique ponctuée.

Dessous de bras R H. — Du point R, vers D, porter la longueur du dessous de bras (septième mesure), placer la lettre H. Réunir R, H par une courbe s'écartant d'un demi-centimètre au milieu et à droite de la ligne R H.

Ligne de taille H C. — Réunir les points H, C par une oblique ponctuée.

PINCE

Remarque. — Nous ferons observer que la pince de cette robe occupe la place de la deuxième pince dans un corsage à basques à pinces inégales; de plus, nous ne donnons le tracé que jusqu'à la ligne de taille, la pince se faisant généralement sur la personne pendant l'essayage.

Du point R, vers D, compter le seizième du tour de poitrine, placer la lettre J. Tracer l'horizontale J S.

Du point S, vers J, porter les deux seizièmes du tour de poitrine, placer le chiffre 2.

Du point C, vers D, porter le seizième du tour de poitrine plus 4 centimètres, placer un point. Réunir ce point au chiffre 2 par une oblique.

Pour déterminer la profondeur de la pince, se reporter au tracé des pinces inégales, et donner à la pince de cette robe l'excédent trouvé moins les 5 centimètres qui seraient attribués à la première pince, si on la faisait. Nous répétons d'ailleurs que cette pince doit se former à l'essayage.

PETIT-COTÉ DU DEVANT

LIGNES DE CONSTRUCTION

Ligne X Y. — Du point E', vers F', porter la longueur R Y' du dos, placer la lettre X. Tracer l'horizontale X Y.

CONTOURS DU PETIT-COTÉ

Entournure Y' R'. — Du point Y, vers X, porter le douzième du tour de poitrine moins 3 centimètres, placer la lettre Y'. Réunir Y', R' par une oblique ponctuée, puis par une courbe rentrée d'un demi-centimètre au milieu et au-dessous de l'oblique ponctuée.

Dessous de bras R' H'. — Du point R', porter verticalement la longueur du dessous de bras, placer un point. Avancer ce point horizontalement d'un centimètre vers la gauche, placer la lettre H'. Réunir R', H' par une oblique ponctuée, puis par une courbe écartée d'un demi-centimètre au milieu et à gauche de l'oblique ponctuée.

Ligne de taille J' H'. — Du point H' tracer une horizontale rejoignant la ligne F K. Placer la lettre J'.

Courbure du petit-côté Y' J'. — Joindre les points Y', J' par une oblique ponctuée, puis par une courbe s'écartant d'un demi-centimètre au milieu et à gauche de l'oblique ponctuée.

Basque J' G K' H'. — Prendre le milieu de la ligne J' H', placer un point. De ce point abaisser une perpendiculaire ponctuée sur la ligne K D'.

Compter à gauche de cette perpendiculaire le douzième du demi-tour des hanches plus 3 centimètres, placer la lettre G. Joindre les points J', G par une oblique ponctuée, puis par une courbe s'écartant d'un demi-centimètre à gauche et aux deux tiers de l'oblique ponctuée et à gauche du point G.

Réunir les points H', K' par une oblique.

Fin de la basque du devant. — Réunir les points H, K par une oblique pleine.

ASSEMBLAGE

Cette robe se compose d'une redingote et d'une jupe séparées. La jupe se garnit de diverses manières ; soit dans le bas tout autour ; soit par devant en forme de tablier. Nous conseillons en ce cas de prolonger la garniture sur les côtés, de façon à permettre à la redingote de s'ouvrir sans laisser voir un espace non garni.

La garniture est répétée sur le plastron du corsage, soit que ce plastron se termine par une basque très courte, ou qu'il s'arrête un peu plus bas que la taille et qu'on le termine par une petite ceinture arrondie ou en V, de telle sorte que ce costume paraisse se composer d'une première robe, figurée par le plastron et le devant, sur laquelle vient se placer une redingote ouverte.

Cette redingote est d'une seule pièce, l'ampleur est utilisée au dos et aux petits-côtés au moyen de plis creux.

On consultera pour l'assemblage les dessins que nous donnons ici et qui montrent l'étoffe à enfermer dans les plis. Les diverses parties du patron se placent sur l'étoffe double, *dans le sens qu'ils occupent dans les rectangles.*

Nos petits patrons figurent une étoffe de $1^m,20$ de large. Le dos de la redingote (côté de l'entournure) doit être placé au bord de la lisière, l'étoffe pliée en deux. Il s'assemble, ainsi que le petit-côté, comme le corsage ordinaire, les coutures se prolongeant à 9 ou 10 centimètres au-dessous de la taille.

L'ampleur qui se trouve à gauche du milieu du dos est utilisée par 3 plis superposés ayant chacun environ 10 centimètres de profondeur ; de même pour l'autre demi-dos.

Avec la moitié d'un deuxième lé d'étoffe on fait les deux petits-côtés.

Pour les tailler, se reporter au dessin ci-contre montrant ces patrons occupant 30 centimètres d'étoffe en largeur.

L'ampleur de ce petit-côté et celle qui reste à droite du dos forment un pli intérieur se dirigeant, par devant à l'envers du

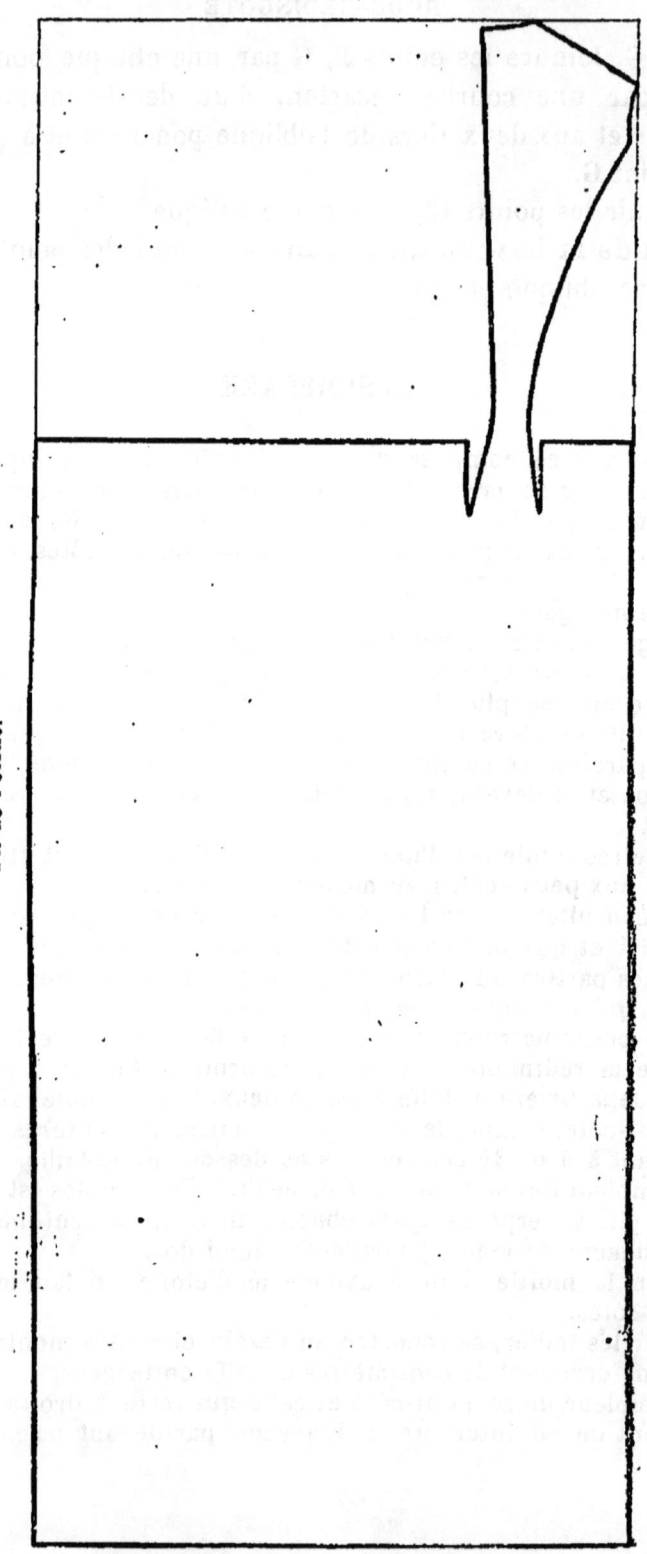

Fig. 35 (au 1/10). — Robe-redingote.

Fig. 36 (au 1/10). — Robe-redingote.

corsage et permettant au petit-côté d'arriver près du dos sans laisser voir de couture.

Le demi-lé restant est utilisé pour le reste du corsage : manches, garnitures, etc.

Le lé du devant est taillé sur l'étoffe pliée double. On peut également tailler la redingote dans une étoffe de 0^m,60 de large, mais dans ce cas, la jupe de la redingote a une couture par derrière.

Cette robe se compose : 1° d'un double-devant ajusté fait en doublure (voir le patron et l'assemblage du corsage à 2 petits-côtés), se boutonnant ou s'agrafant par devant, et sur lequel on place un plastron ajusté, flottant ou drapé, selon la garniture qu'on a choisie. Il suit le bord de l'encolure et s'agrafe habituellement de côté, sous la redingote, de façon à dissimuler l'ouverture.

Le col se fait comme celui du corsage (voir page 25, fig. 9).

2° Du devant de la redingote qu'on fixe toujours aux épaulettes, ligne P U ; à l'entournure, au dessous de bras, ligne R H, jusqu'au bas de la redingote et quelquefois à la pince, lorsque la forme du dessus le permet.

Lorsqu'on fait une pince, on la forme à l'essayage ; en général, elle doit se raccorder avec la deuxième pince du corsage formant dessous, et se terminer en mourant à 18 ou 20 centimètres de la taille.

Le bord du devant de la redingote, P, O, O', etc., jusqu'au bas de la jupe, se garnit de diverses manières, quelquefois de passementerie, ou de plis couchés, ou de plis creux, ou d'un revers, etc.

Les deux lés de devant se doublent de même étoffe, ou, si elle est très lourde, d'une étoffe assortie de couleur, mais un peu plus légère.

On égalisera ensuite, sur la personne, le bas de la redingote qui doit affleurer le bas de la jupe.

Celui-ci se termine par un ourlet ou un faux-ourlet, mais ne se garnit jamais. Toutes les garnitures se placent aux deux bords du devant.

Ce patron sert également à faire une robe de chambre. On tient cette dernière un peu plus large que la redingote ordinaire ; on termine souvent le bord de la robe de chambre par devant d'un revers qui la suit jusqu'au bas de la jupe. On fait pour manche le tracé indiqué page 192, fig. 72, et l'on termine l'encolure par un col plissé ou rabattu, au lieu d'un col montant, pour donner plus d'aisance au vêtement.

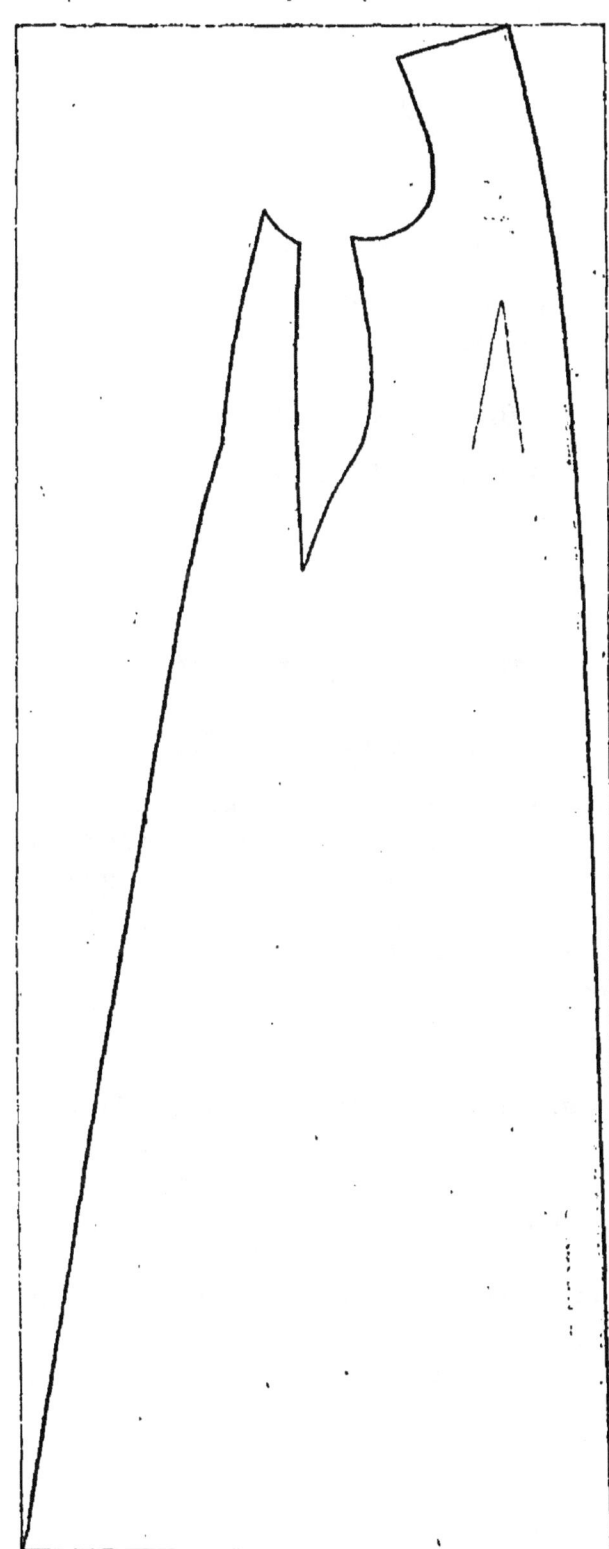

Fig. 37 (au 1/10). — Robe-redingote.

MATINÉE

MESURES A PRENDRE

Les mêmes que pour le tracé du corsage à basques à deux petits-côtés, voir le tableau page 55.

DIVISIONS A CALCULER

Tour de poitrine : 1/2 ; 1/5 ; 1/16 ;
Tour de taille : 1/7 ;
Tour des hanches : 1/10 ;
Demi-tour des hanches : 3/6.

DOS ET PETIT-COTÉ

LIGNES DE CONSTRUCTION

Rectangle A B C' D'. — Tracer un rectangle A B C' D ayant pour longueur la longueur du dos plus un centimètre, plus la longueur que l'on veut donner à la basque (30 cent. environ pour la matinée), et pour largeur la demi-largeur du dos plus le seizième du tour de poitrine (attribué au petit-côté) et plus 14 centimètres pour le développement de la basque.

Ligne D C. — Du point A, vers D', porter la longueur du dos plus un centimètre. Tracer l'horizontale D C.

Ligne E R. — Du point D, vers A, porter la longueur du dessous de bras plus un centimètre, placer la lettre E. Tracer l'horizontale E R.

Ligne L M. — Du point A, vers D, porter le seizième du tour de poitrine plus un centimètre, placer la lettre L. Tracer l'horizontale L M.

Ligne X Y. — Du point L, vers D, compter 5 centimètres et tracer l'horizontale X Y.

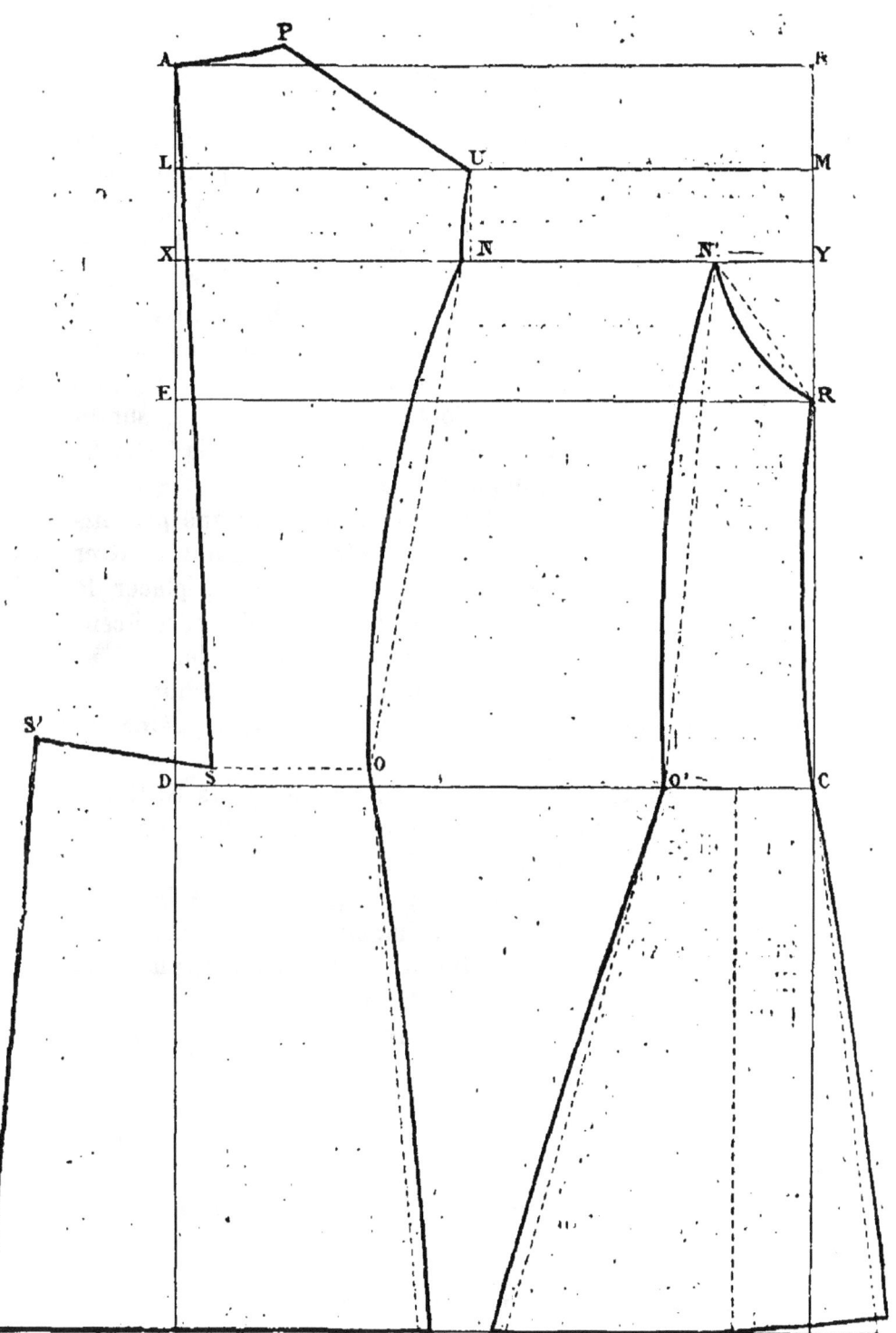

Fig. 38 (au 1/5). — Matinée. — Dos et petit-côté.

CONTOURS DU TRACÉ DU DOS

Milieu du dos A S. — Du point D, vers C, avancer de 2 centimètres [1], placer un point. Élever ce point d'un centimètre, placer la lettre S. Réunir A, S par une oblique.

Encolure A P. — Du point A, sur la ligne A B, porter le seizième du tour de poitrine plus un demi-centimètre, placer un point. Élever ce point d'un centimètre, placer la lettre P. Réunir A, P par une courbe légèrement concave, qui doit rester en dehors du rectangle.

Epaulette P U. — De l'oblique milieu du dos, sur la ligne L M, porter la demi-largeur du dos, placer la lettre U. Réunir P, U par une oblique pleine.

Entournure U N. — Du point U, abaisser une perpendiculaire ponctuée sur la ligne X Y, placer un point. Rentrer ce point d'un demi-centimètre vers la gauche, placer la lettre N. Réunir U, N par une courbe écartée d'un demi-centimètre au milieu et à gauche de la ligne ponctuée.

Ligne de taille S O. — Tracer à droite du point S une horizontale ponctuée ayant pour longueur le septième du tour de taille [2]; placer la lettre O.

Courbure du dos N O. — Joindre les points N, O par une oblique ponctuée, puis par une courbe écartée d'un cent. et demi sur la gauche et au milieu de l'oblique ponctuée.

Basque S S' J T. — Compter à gauche de la ligne de taille le dixième du tour des hanches, placer un point. Elever verticalement ce point de 3 centimètres, placer la lettre S'. Réunir S', S par une oblique.

Compter à gauche du point D' le dixième du tour des hanches, placer la lettre J.

Réunir J et S' par une oblique.

Compter à droite du point D' le dixième du tour des hanches plus 4 centimètres, placer la lettre T. Réunir les points O, T par une oblique ponctuée, puis par une courbe écartée

---

1. 3 centimètres pour les tailles cintrées.
2. Le septième moins un centimètre pour les tailles cintrées.

d'un demi-centimètre au milieu et à droite de l'oblique ponctuée et à droite du point T. Renforcer la ligne J T.

PETIT-COTÉ.

Entournure N′ R. — Du point Y, vers X, compter le seizième du tour de poitrine, placer la lettre N′. Réunir N′, R par une oblique ponctuée, puis par une courbe rentrée d'un centimètre au milieu et sur la gauche de l'oblique ponctuée.

Dessous de bras R C. — Réunir R, C par une courbe écartée d'un demi-centimètre sur la gauche et au milieu de l'oblique ponctuée.

Ligne de taille O′ C. — Du point C, vers D, porter le septième du tour de taille, placer la lettre O′.

Courbure du petit-côté N′ O′. — Réunir N′, O′ par une oblique ponctuée, puis par une courbe s'écartant d'un centimètre au milieu et à gauche de l'oblique ponctuée.

Basque O′ T′ W C. — Prendre le milieu de la ligne O′ C, placer un point. De ce point abaisser une perpendiculaire ponctuée sur la ligne D′ C′.

Compter à gauche de cette perpendiculaire le dixième du tour des hanches plus 3 centimètres, placer la lettre T′.

Compter à droite de cette perpendiculaire le dixième du tour des hanches moins 3 centimètres, placer un point. Elever ce point d'un centimètre, placer la lettre W.

Joindre les points O′, T′ par une oblique ponctuée, puis par une courbe écartée d'un demi-centimètre au milieu et à gauche de l'oblique ponctuée et à gauche du point T′.

Réunir les points C, W par une oblique ponctuée, puis par une courbe écartée d'un demi-centimètre au milieu et à droite de l'oblique ponctuée et à droite du point W.

Réunir le point T′ au point W par une courbe légère qui doit suivre la ligne du rectangle jusqu'à la perpendiculaire ponctuée.

7.

TRACÉ DU DEVANT

LIGNES DE CONSTRUCTION

Rectangle A B C' D'. — Tracer un rectangle A B C' D' ayant pour longueur la longueur du devant plus la longueur que l'on veut donner à la basque, et pour largeur le demi-tour de poitrine plus 2 centimètres de développement, diminué de la demi-largeur du dos et du seizième du tour de poitrine.

Ligne D C. — Du point A, vers D', porter la longueur du devant. Tracer l'horizontale D C.

Ligne R E. — Du point D, vers A, porter la longueur du dessous de bras plus la demi-différence entre la longueur du dos et la longueur du devant, placer la lettre R. Tracer l'horizontale R E. (Voir la note page 2.)

Ligne L M. — Du point A, vers D, porter le seizième du tour de poitrine moins 2 centimètres, placer la lettre L. Tracer l'horizontale L M.

Ligne X Y. — Du point R, vers A, porter le seizième du tour de poitrine, placer la lettre X. Tracer l'horizontale X Y.

CONTOURS DU TRACÉ DU DEVANT

Encolure P Z. — Du point B, vers A, porter le seizième du tour de poitrine plus un centimètre, placer la lettre P.

Du point B, vers C, porter le seizième du tour de poitrine plus 2 cent. et demi, placer la lettre Z. Réunir P, Z, par une oblique ponctuée, puis par une courbe écartée de 2 centimètres environ au milieu et à gauche de l'oblique ponctuée.

Épaulette P U. — Du point P, jusqu'à la rencontre de la ligne L M, porter vers la gauche la longueur de l'épaulette du dos. Placer la lettre U. Réunir les points P, U par une oblique pleine.

Entournure U Y' R'. — Du point Y, vers X, porter le cinquième du tour de poitrine moins un centimètre, placer la lettre Y'.

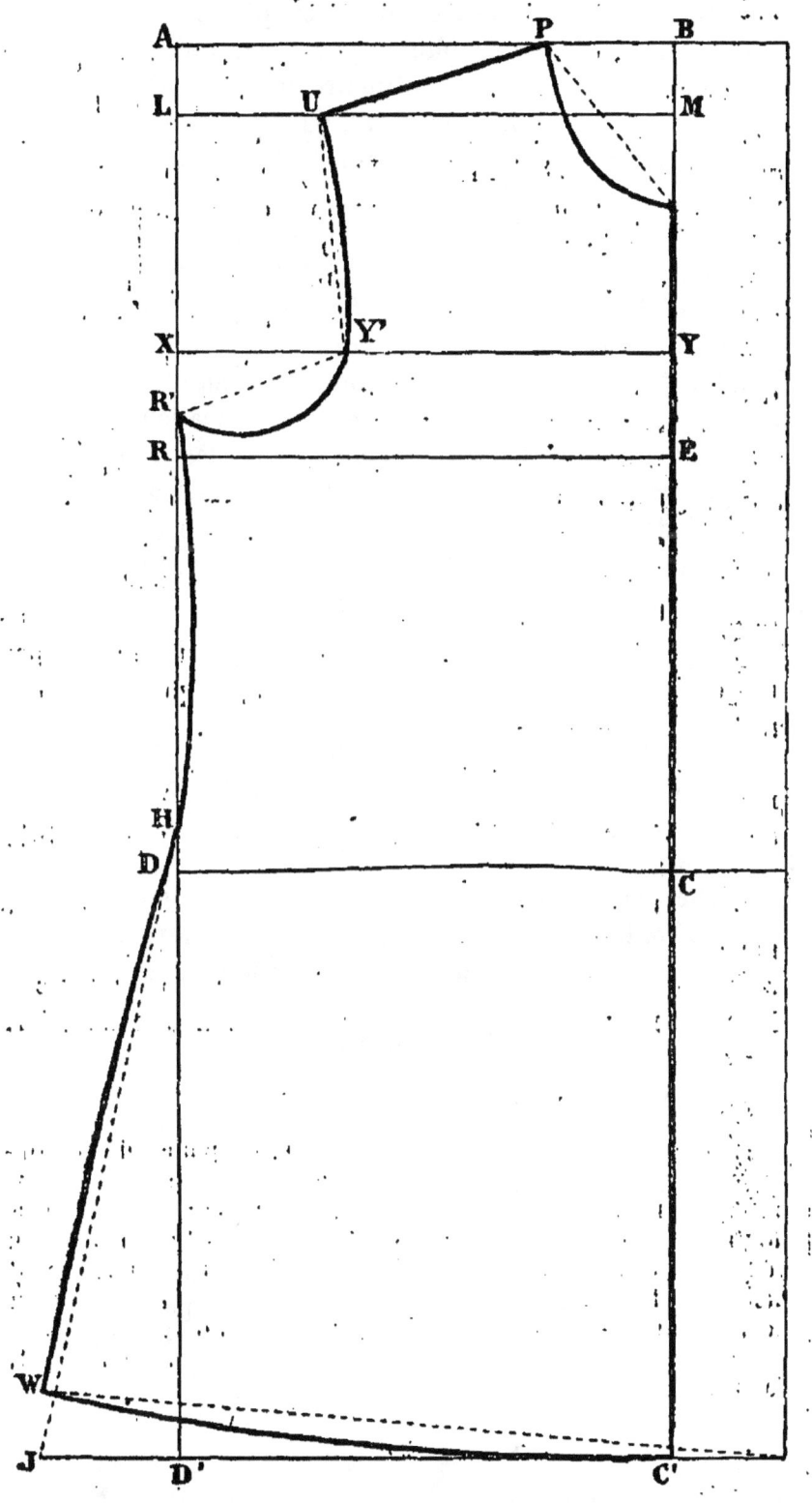

Fig. 39 (au 1/5). — Devant de la matinée.

Remontrer le point R de 2 centimètres, placer la lettre R'.

Réunir U, Y' par une oblique ponctuée, puis par une courbe s'écartant d'un demi-centimètre au milieu et à droite de l'oblique ponctuée. Réunir Y', R', par une oblique ponctuée, puis par une courbe s'écartant de 2 cent. et demi au milieu et au-dessous de l'oblique ponctuée.

Dessous du bras R' H. — Du point R', sur la ligne A D, porter la longueur R C du petit-côté, placer la lettre H. Réunir R', H par une courbe écartée d'un demi-centimètre au milieu et à droite de l'oblique ponctuée.

Compter à droite du point B 8 ou 10 centimètres, selon l'épaisseur de l'étoffe, et tracer une verticale parallèle à B C'. Cet excédent de largeur est destiné à former des fronces.

Basque H W C'. — Prolonger le rectangle à gauche du point D de manière à lui donner pour largeur, à partir du bord du devant, les 3/10 du tour des hanches plus 7 centimètres; placer un point. Réunir ce point au point H par une oblique; du point H, sur cette oblique, porter la longueur H W du petit-côté, placer la lettre W.

Réunir les points H, W par une courbe suivant l'oblique ponctuée l'espace de 2 à 3 centimètres, puis s'écartant d'un demi-centimètre au milieu et à gauche de l'oblique ponctuée et à gauche du point W.

Réunir les points W, C' par une oblique ponctuée, puis par une courbe s'écartant d'un cent. et demi au milieu et au-dessous de l'oblique ponctuée et qui vient se fondre avec la ligne du rectangle environ aux deux tiers de la longueur D' C'.

COUPE ET ASSEMBLAGE

La matinée se fait en toute espèce d'étoffe; pour celle de lingerie, on emploie le piqué, le basin ou le nansouk; en ce cas, on la fait sans doublure. Les matinées en lainage de couleur se doublent et se font comme le corsage, moins les baleines. Si l'on veut qu'elles ajustent un peu plus, ce qui en fait un vêtement demi-habillé, surtout à la campagne, on cintre la couture du dos, un peu au-dessus de la taille, au moment de l'essayage.

L'espace compris dans le rectangle à droite du point B est, dans notre patron, de 10 centimètres; si l'étoffe est légère, on peut en mettre 12 et 14; on fait entrer cette étoffe, au moyen de fronces, dans le bas de l'encolure, sur un espace de 5 à 6 centimètres.

On termine l'encolure soit par un col droit, soit par un col rabattu, soit par une garniture plissée ou froncée, qui se prolonge en jabot sur le bord du devant. Les manches se font habituellement larges et sont terminées, à leur bord inférieur, soit par un poignet dans lequel on peut passer la main, soit par un volant froncé pris sur la manche même. Pour tailler ces manches on se sert de l'un des deux tracés décrits pages 191 et 192 ou, si on veut une manche ajustée, du tracé page 74. Le devant se fixe au moyen d'une ceinture cousue à la matinée dans la couture du dessous de bras, au-dessus du point H. Cette ceinture est attachée en pointe par devant.

CORSAGE DE BAL

MESURES A PRENDRE

Les mesures nécessaires à l'exécution du corsage de bal et les divisions à calculer sont les mêmes que celles du corsage montant à deux petits-côtés et à pinces inégales (voir page 55).

TRACÉ DU DOS ET DES DEUX PETITS-COTÉS

LIGNES DE CONSTRUCTION

Rectangle A B C′ D′. — Tracer un rectangle A B C′ D′ ayant pour longueur la longueur du dos plus 11 centimètres destinés aux basques, et pour largeur la demi-largeur du dos plus le douzième du tour de poitrine (attribué aux deux petits-côtés) et plus 11 centimètres destinés au développement des basques.

Ligne D C. — Du point A, vers D′, porter la longueur du dos, et tracer une ligne D C, parallèle à A B.

Ligne E R. — Du point D, vers A, remonter de la longueur du dessous de bras, placer la lettre E. Tracer la ligne E R, parallèle à A B.

Ligne L M. — Du point A, vers D, porter le seizième du tour de poitrine plus un centimètre. Tracer la ligne L M, parallèle à A B.

Ligne X Y. — Du point L, vers E, compter 6 centimètres. Tracer l'horizontale X Y.

Ligne X′ Y′. — Du point X, vers E, porter la moitié de la longueur X E plus un demi-centimètre. Tracer l'horizontale X′ Y′.

CONTOURS DU TRACÉ DU DOS

Milieu du dos A′ S. — Du point D, vers C, avancer de 2 centimètres, placer un point. Élever ce point d'un centimètre et placer la lettre S. Réunir les points A, S par une oblique; sur cette oblique, à la rencontre de la ligne X′ Y′, placer la lettre A′. Renforcer l'oblique A′ S.

Encolure A′ P′. — Du point A, vers B, porter le seizième du tour de poitrine, placer un point. Élever ce point d'un centimètre et placer la lettre P.

De l'oblique milieu du dos, sur la ligne L M, porter la demi-largeur du dos plus 2 centimètres et placer la lettre U. Réunir les points P, U par une oblique ponctuée. Du point U, sur cette oblique ponctuée, remonter de 3 centimètres, placer la lettre P′. Réunir les points A′, P′ par une oblique ponctuée, puis par une courbe écartée de 12 millimètres au milieu et au-dessous de l'oblique ponctuée.

Epaulette P′ U. — Renforcer l'oblique P′ U; qui forme la petite épaulette du corsage de bal.

Entournure U N. — Du point U, abaisser une perpendiculaire ponctuée sur la ligne X Y. Placer un point, rentrer ce point d'un centimètre vers la gauche et placer la lettre N. Joindre les points U, N par une courbe écartée d'un centimètre au milieu et à gauche de la ligne ponctuée.

Ligne de taille S O. — Tracer à droite du point S une

horizontale ponctuée ayant pour longueur 3 centimètres
(3 cent. et demi à partir de 65 centimètres de tour de taille
et 4 centimètres à partir de 75 centimètres), placer la
lettre O.

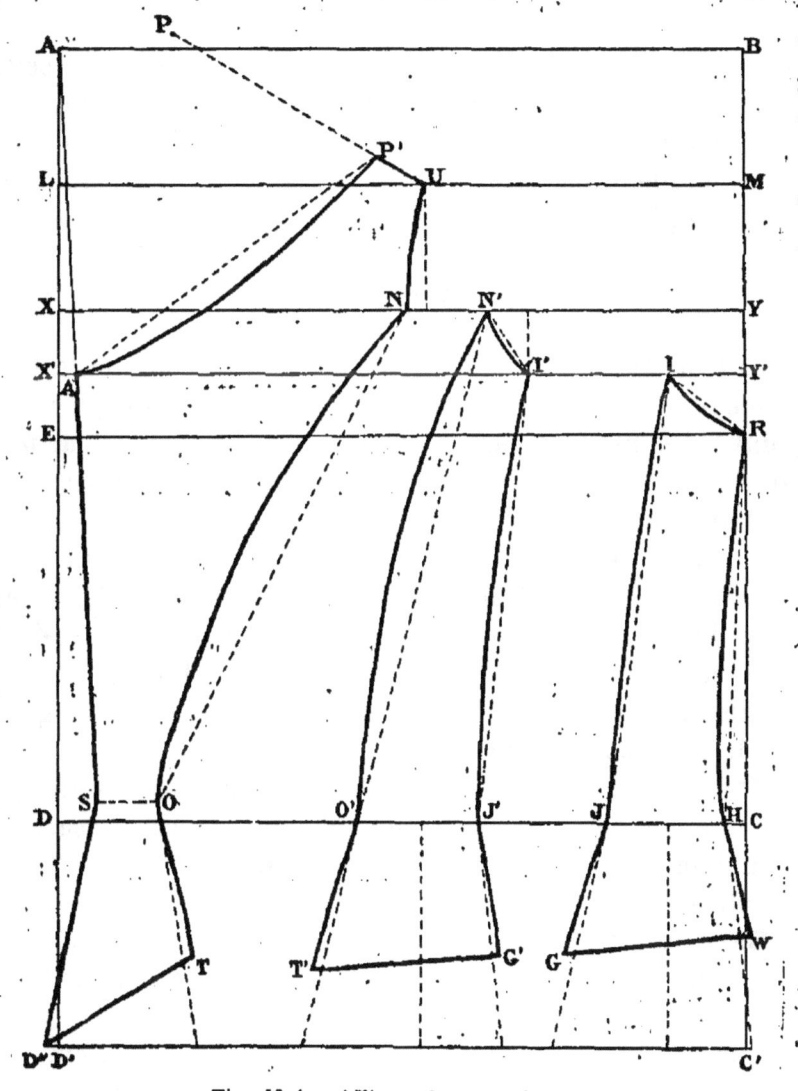

Fig. 40 (au 1/5). — Corsage de bal.

Courbure du dos N O. — Joindre les points N, O par une
oblique ponctuée, puis par une courbe s'écartant de 2 cen-

timètres au milieu et à gauche de l'oblique ponctuée.

Basque S D″ T O. — Du point D′ vers la gauche compter un centimètre, placer la lettre D″. Réunir les points S, D″ par une oblique pleine. Du point D″, vers C′, porter le sixième du demi-tour des hanches moins un centimètre, placer un point. Réunir ce point au point O par une oblique ponctuée. Remonter de 4 centimètres et demi sur cette oblique, placer la lettre T. Réunir les points O, T par une courbe s'écartant d'un demi-centimètre au milieu et à droite de l'oblique ponctuée et à droite du point T. Réunir les points D″, T par une oblique pleine.

PETIT-COTÉ DU DEVANT

Entournure I R. — Du point Y′, vers X′, compter le douzième du tour de poitrine moins 3 centimètres, placer le point I. Réunir I, R par une oblique ponctuée, puis par une courbe rentrée de 3 millimètres au milieu et au-dessous de l'oblique ponctuée.

Dessous de bras R H. — Avancer le point C d'un centimètre sur la ligne C D, placer la lettre H. Réunir R, H par une oblique ponctuée, puis par une courbe écartée d'un demi-centimètre au milieu et à gauche de l'oblique ponctuée.

Ligne de taille J H. — Du point H porter sur la gauche le dixième du tour de taille, placer la lettre J.

Courbure du petit-côté I J. — Joindre les points I, J par une oblique ponctuée, puis par une courbe s'écartant d'un demi-centimètre sur la gauche et au milieu de l'oblique ponctuée.

Basque J G W H. — Prendre le milieu de la ligne J H, placer un point, de ce point abaisser une perpendiculaire ponctuée sur la ligne D′ C′.

Compter à gauche de cette perpendiculaire le douzième du demi-tour des hanches plus 2 centimètres, placer un point. Réunir ce point au point J par une oblique ponctuée; sur cette oblique, en partant de J, compter 6 cent. et demi, placer la lettre G.

Compter à droite de la perpendiculaire le douzième du demi-tour des hanches, placer un point. Réunir ce point au point H par une oblique ponctuée. Sur cette oblique, en partant de H, compter 6 centimètres, placer la lettre W.

Joindre les points J, G par une courbe s'écartant d'un demi-centimètre au milieu et à gauche de l'oblique et à gauche du point G.

Joindre les points H, W par une courbe s'écartant d'un demi-centimètre au milieu et à droite de l'oblique et à droite du point W.

Réunir G, W par une oblique pleine.

PETIT-COTÉ DU DOS

Entournure N' I'. — Compter 4 centimètres à droite du point N, placer la lettre N'. Du point N', vers Y, compter 2 centimètres, placer un point. De ce point abaisser une perpendiculaire ponctuée sur la ligne X' Y' et placer I'.

Réunir N', I' par une oblique ponctuée, puis par une courbe s'écartant de 3 millimètres au milieu et à gauche de l'oblique.

Courbure du petit-côté N' O'. — Compter 10 centimètres du point O vers C', placer la lettre O'.

Réunir N', O' par une oblique ponctuée, puis par une courbe écartée de 2 centimètres au milieu et à gauche de l'oblique ponctuée.

Ligne de taille O' J'. — Du point O', vers C, compter à droite le dixième du tour de taille, placer la lettre J'.

Courbure inférieure I' J'. — Réunir I', J' par une oblique ponctuée, puis par une courbe écartée d'un demi-centimètre au milieu et à gauche de l'oblique ponctuée.

Basque O' T' G' J'. — Prendre le milieu de la ligne O' J', placer un point. De ce point abaisser une perpendiculaire ponctuée sur la ligne D' C'.

Compter à gauche de cette perpendiculaire le douzième du demi-tour des hanches plus 2 centimètres, placer un point.

Réunir ce point au point O' par une oblique ponctuée.

Sur cette oblique, en partant du point O', porter la longueur O T de la basque du dos, placer la lettre T'.

Compter à droite de cette perpendiculaire le 1/12 du demi-tour des hanches, placer un point. Réunir ce point au point J' par une oblique ponctuée; sur cette oblique, en partant de J', porter la longueur J C' (c'est-à-dire 6 cent. et demi), de la basque du petit côté du devant, placer la lettre G'.

Joindre les points O', T' par une courbe s'écartant d'un demi-cent. au milieu et à gauche de l'oblique ponctuée et à gauche du point T'.

Joindre les points J', G' par une courbe s'écartant d'un demi-centimètre au milieu et à droite de l'oblique ponctuée et à droite du point G'.

Joindre les points T', G' par une oblique pleine.

DEVANT DU CORSAGE DE BAL

LIGNES DE CONSTRUCTION

Rectangle A B C' D'. — Tracer un rectangle A B C' D' ayant pour longueur la longueur du devant plus 17 centimètres (destinés à la basque) et pour largeur le demi-tour de poitrine diminué de la demi-largeur du dos et du douzième du tour de poitrine. Le corsage décolleté se fait très en pointe par devant, c'est la raison pour laquelle nous donnons 17 centimètres de plus que la longueur du devant, alors que nous ne donnons que 11 centimètres de plus que la longueur du dos [1].

Ligne D C. — Du point A, vers D', porter la longueur du devant, et tracer la ligne D C, parallèle à A B.

Ligne R E. — Additionner la longueur du dessous de

---

[1]. Pour ce corsage on remarquera que l'on ne donne pas les 4 centimètres de développement; la longueur du dos et la forme du devant suffisent pour donner l'ampleur nécessaire à ce corsage, qui d'ailleurs doit être un peu plus serré qu'un corsage montant.

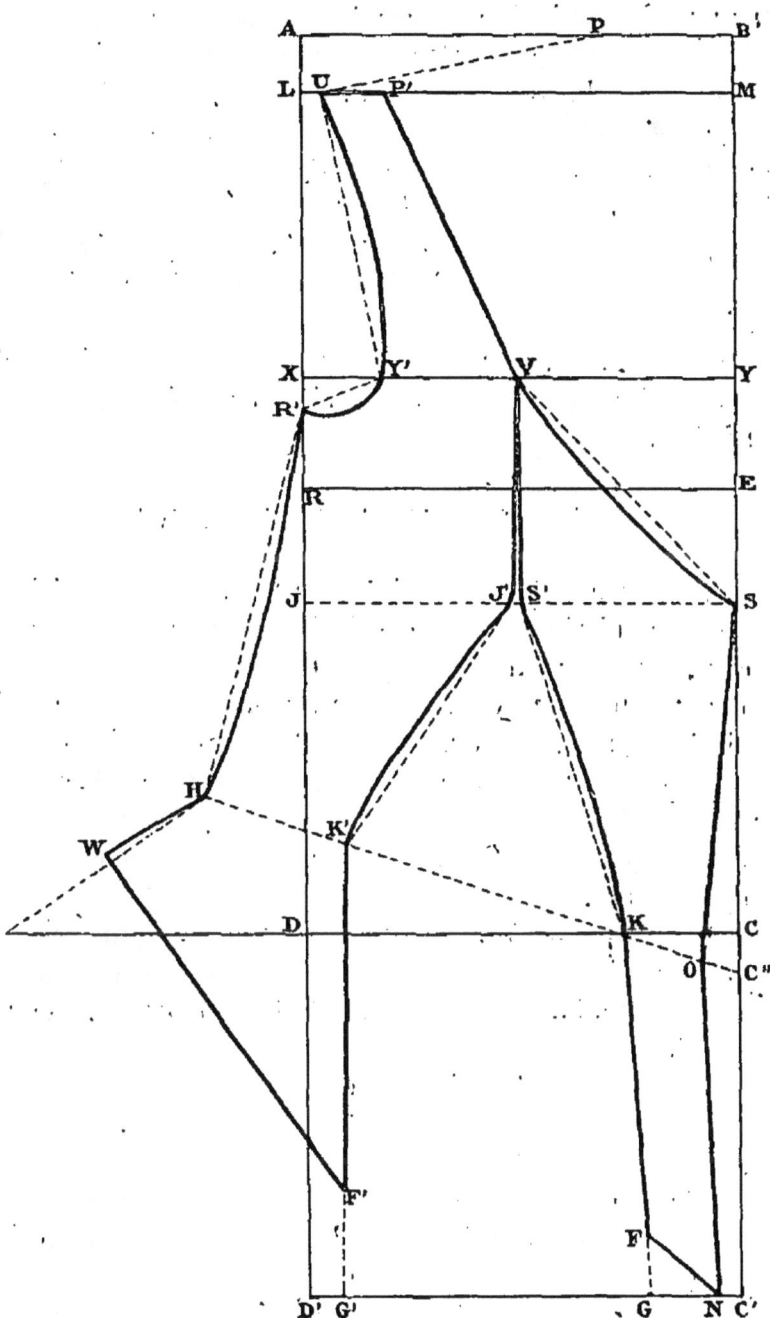

Fig. 41 (au 1/5). — Devant du corsage de bal.

bras avec la demi-différence entre la longueur du dos et la longueur du devant; porter le total obtenu du point D vers A et placer la lettre R. Tracer la ligne R E, parallèle à A B.

Ligne L M. — Du point A, vers D, porter le seizième du tour de poitrine moins 3 centimètres, placer la lettre L. Tracer la ligne L M, parallèle à A B.

Ligne X Y. — Du point R, vers A, porter le seizième du tour de poitrine, placer la lettre X. Tracer la ligne X Y, parallèle à A B.

Ligne J S. — Du point R, vers D, porter le seizième du tour de poitrine, placer la lettre J. Tracer la ligne J S, parallèle à A B.

CONTOURS DU TRACÉ DU DEVANT

Epaulette P' U. — Du point B, vers A, porter le seizième du tour de poitrine plus un centimètre, placer la lettre P. Du point P, sur la gauche, jusqu'à la rencontre de la ligne L M porter la longueur de l'épaulette du dos moins un demi-centimètre, placer la lettre U. Du point U, sur l'horizontale L M, compter 3 centimètres, placer la lettre P'. Renforcer U P'.

Encolure P' V S. — Du point Y, vers X, porter le huitième du tour de poitrine, placer la lettre V. Réunir P', V par une oblique pleine.

Réunir les points V, S par une oblique ponctuée, puis par une courbe s'écartant d'un demi-centimètre au milieu et à gauche de l'oblique; cette courbe doit se fondre avec l'oblique P' V.

Entournure U Y' R'. — Du point Y, vers X, porter le cinquième du tour de poitrine, placer la lettre Y'.

Remonter le point R de 4 centimètres, placer la lettre R'.

Réunir les points U, Y' et Y', R' par des obliques ponctuées, puis par des courbes écartées d'un centimètre au milieu et à droite des obliques ponctuées.

Dessous de bras R' H. — Du point R', vers D, porter la longueur R H du petit-côté, placer un point. Avancer ce point horizontalement vers la gauche de 5 centimètres, placer la lettre H. Réunir les points R', H par une oblique ponctuée, puis par une courbe s'écartant de 7 millimètres environ à droite et au milieu de l'oblique ponctuée.

Ligne de taille O H. — Du point C, vers C', compter 3 centimètres, placer la lettre C″. Réunir les points H, C″ par une oblique ponctuée. Du point C″, sur cette oblique, avancer de 2 centimètres, placer le point O.

Bord du devant S, O, N. — Du point C', vers D', compter un centimètre, placer le point N. Réunir les points S, O et O, N par des obliques pleines.

Pince V, S', K, F, F', K', J', V. — Du point V, abaisser une perpendiculaire sur la ligne J S; placer la lettre S'; à un demi-centimètre à gauche de S', placer la lettre J'. Réunir les points V, S' par une oblique ponctuée, puis par une courbe écartée d'un demi-centimètre à droite et au milieu de l'oblique ponctuée.

Du point O, sur la ligne O H, compter 4 centimètres, placer la lettre K. Réunir les points S', K par une oblique ponctuée, puis par une courbe s'écartant d'un demi-centimètre au milieu et à droite de l'oblique ponctuée.

Avancer le point N de 3 cent. et demi sur la gauche, placer la lettre G. Réunir les points K, G par une oblique ponctuée. Remonter verticalement le point G de 3 centimètres, placer la lettre F. Réunir les points K, F et F, N par des obliques pleines.

Pour trouver la profondeur de la pince, mesurer sur la ligne de taille, le bas du demi-dos S O, le bas des petits-côtés O' J; J H, et le bas du devant H O. Additionner et comparer le résultat obtenu avec la demi-largeur de taille. Porter l'excédent trouvé du point K vers H, placer la lettre K'.

Réunir les points J', K' par une oblique ponctuée, puis par une courbe s'écartant d'un demi-centimètre au milieu et à gauche de l'oblique ponctuée.

Du point G, vers D', porter la longueur de l'espace compris entre le point K et le point K' plus 2 centimètres, placer la lettre G'. Réunir K', G' par une oblique ponctuée. Du point

G'. vers K', remonter de 5.cent. et demi, placer la lettre F'. Renforcer la ligne K' F'.

Basque du devant W F'. — Prolonger la ligne C D vers la gauche, des trois sixièmes du demi-tour des hanches plus 10 centimètres, placer un point. Réunir ce point au point H par une oblique ponctuée. Porter sur cette oblique, en partant du point H, la longueur H W du petit-côté, placer la lettre W. Réunir H, W par une courbe s'écartant d'un demi-centimètre au milieu et à gauche de l'oblique ponctuée.

Réunir les points W, F' par une oblique pleine.

ASSEMBLAGE

L'assemblage de ce corsage est presque en tous points semblable à celui du corsage montant à 2 petits-côtés (voir page 77). Nous ferons pourtant les remarques suivantes pour la coupe du devant : La ligne *bord du devant* ne doit pas être dans le droit fil, mais elle doit être placée sur l'étoffe comme elle l'est dans le rectangle. L'épaulette U P suivra par conséquent la trame de l'étoffe.

TROISIÈME PARTIE

VÊTEMENTS
POUR JEUNES GARÇONS

VESTE

Mesures à prendre :

1° **Première longueur du dos.** — Du milieu du dos, encolure, au milieu du dos, ceinture.

2° **Deuxième longueur du dos**[1]. — Du milieu du dos, encolure, au bas de la veste, *longueur totale de la veste*.

3° **Largeur du dos.** — De la couture d'épaule, entournure droite, à la couture d'épaule, entournure gauche.

4° **Mesure fixant le haut du dessous du bras.** — Du milieu du dos, encolure, sous le bras [2].

5° **Tour de poitrine.** — On passe le mètre sous les bras et on le réunit devant, sans serrer.

6° **Première longueur du bras.** — De la couture extérieure, entournure, en faisant plier le bras, on s'arrête au coude.

Fig. 42. — Prise des mesures.

---

1. La deuxième longueur du dos se calcule à volonté, selon qu'on veut faire la veste plus longue ou plus courte. Ordinairement, la veste a pour longueur, à partir de la taille, la moitié au moins de la première longueur.

2. Pour trouver le point exact du dessous de bras, on peut placer un crayon en travers, aussi haut que possible, sous l'entournure, les deux extrémités du crayon se voyant l'une par devant, l'autre par derrière. Le ruban métrique est porté au-dessus du crayon.

Deuxième longueur du bras. — On procède de même que pour la première mesure, mais on descend jusqu'au poignet.

Nous donnons ci-dessous les mesures qui ont servi à l'exécution des patrons ci-contre :

1° 1re Longueur du dos...................................	34
2° 2e Longueur du dos...................................	53
3° Largeur du dos..	28
4° Haut du dessous de bras...........................	20
5° Tour de poitrine......................................	72
6° Longueurs du bras { 1re Longueur................	27
{ 2e Longueur................	48

Prendre les divisions suivantes du tour de poitrine :
1/2; 1/4; 1/5; 1/8; 1/10; 1/16.

DOS DE LA VESTE

LIGNES DE CONSTRUCTION

Rectangle A B C′ D′. — Tracer un rectangle A B C′ D′ ayant pour longueur la deuxième longueur du dos et pour largeur la demi-largeur du dos plus 1 centimètre.

Ligne D C. — Du point A, vers D′, porter la première longueur du dos, placer la lettre D. Tracer la ligne D C, parallèle à A B.

Ligne E R. — Du point A, diriger obliquement la règle métrique vers la ligne B C et porter la quatrième mesure, qui indique la lettre R. Du point R tracer la ligne R E, parallèle à B A.

Ligne L M. — Du point A, vers D, porter le seizième du tour de poitrine plus 1 centimètre, placer la lettre L. Tracer la ligne L M, parallèle à A B.

CONTOURS DU TRACÉ DU DOS

Milieu du dos A S Y. — Rentrer le point D d'un demi-centimètre vers la droite, placer la lettre S. Tracer l'oblique pleine A S. Avancer le point D' d'un centimètre vers la gauche, l'élever d'un demi-centimètre et placer la lettre Y. Joindre S, Y par une oblique pleine. Fondre les deux obliques au-dessus et au-dessous du point S.

Encolure A P. — Du point A, vers B, porter le seizième du tour de poitrine plus 1 centimètre (plus 1 cent. et demi pour les mesures au-dessus de 78 centimètres de tour de poitrine). Placer un point. Elever ce point d'un centimètre et placer la lettre P. Réunir A, P par une courbe légère, presque une oblique.

Epaulette du dos P U. — Rentrer le point M d'un demi-centimètre vers la gauche, placer la lettre U. Joindre P, U par une oblique ponctuée, puis par une courbe s'écartant de près de 3 millimètres au milieu et à gauche de l'oblique ponctuée.

Entournure U R. — Joindre U, R par une oblique ponctuée, puis par une courbe s'écartant d'un demi-centimètre à gauche et aux deux tiers de l'oblique ponctuée.

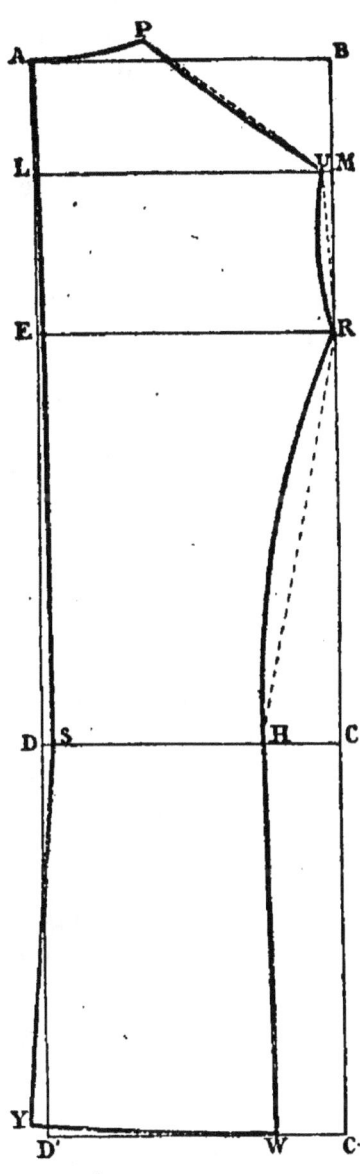

Fig. 43 (au 1/5). — Dos de la veste.

Dessous de bras R H W. — Du point C, vers D, porter le seizième du tour de poitrine moins un demi-centimètre, placer là lettre H. Réunir R, H par une oblique ponctuée, puis par une courbe s'écartant d'un centimètre (1 cent. et demi pour les mesures au-dessus de 78 centimètres de tour de poitrine) aux deux tiers et à gauche de l'oblique ponctuée.

Du point C', vers D', compter le seizième du tour de poitrine moins un centimètre, placer la lettre W. Réunir H, W par une oblique qui doit se fondre au point H avec la courbe R H.

Bord inférieur Y W. — Joindre Y, W par une oblique pleine.

DEVANT DE LA VESTE

LIGNES DE CONSTRUCTION

Rectangle A B C D. — Tracer un rectangle A B C D ayant pour longueur la deuxième longueur du dos plus 4 centimètres, et pour largeur l'excédent entre la demi-largeur du dos et le demi-tour de poitrine augmenté d'un centimètre (augmenté de 2 centimètres au-dessus de 80 centimètres de tour de poitrine).

Ligne R E. — Du point A, vers D, porter la longueur B R du dos plus 4 centimètres. Placer la lettre R. Tracer la ligne R E, parallèle à A B.

Ligne X Y. — Du point R, vers A, porter le seizième du tour de poitrine, placer la lettre X. De ce point, tracer la ligne X Y, parallèle à A B.

Ligne L M. — Du point A, vers D, porter le seizième du tour de poitrine moins un centimètre, placer la lettre L. De ce point, tracer la ligne L M, parallèle à A B.

CONTOURS DU TRACÉ DU DEVANT

Encolure P Z. — Du point B, vers A, porter le huitième du tour de poitrine, placer la lettre P.

Du point B, vers C, porter le seizième du tour de poitrine plus 1 cent. et demi, placer la lettre Z.

Réunir P, Z par une oblique ponctuée, puis par une courbe

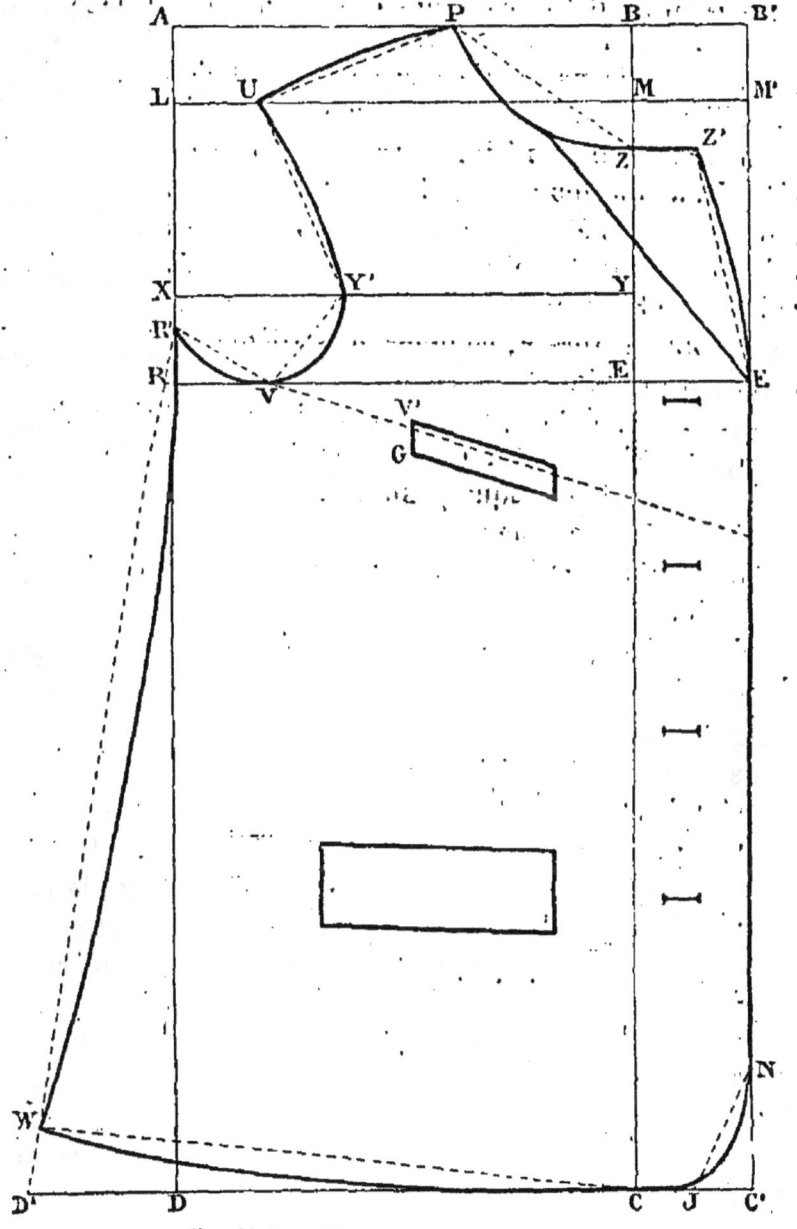

Fig. 44 (au 1/5). — Devant de la veste.

s'écartant de près de 2 centimètres au milieu et à gauche de l'oblique ponctuée.

Epaulette P U. — Du point P, jusqu'à la rencontre de la ligne L M, porter vers la gauche la longueur de l'épaulette du dos. Placer la lettre U. Réunir P, U par une oblique ponctuée, puis par une courbe s'écartant de 3 millimètres au milieu et au-dessus de l'oblique ponctuée.

Entournure U Y′ R′. — Du point Y, vers X, porter le cinquième du tour de poitrine plus un demi-centimètre (plus un centimètre pour les mesures au-dessus de 80 centimètres de tour de poitrine), placer la lettre Y′. Remonter le point R de 3 centimètres et placer la lettre R′.

Du point R, vers E, compter le seizième du tour de poitrine et placer la lettre V.

Réunir les points U, Y′ par une oblique ponctuée, puis par une courbe s'écartant d'un demi-centimètre environ à droite et au milieu de l'oblique ponctuée.

Joindre Y′, V par une oblique ponctuée, puis par une courbe s'écartant d'un centimètre au milieu et à droite de l'oblique ponctuée.

Joindre V, R′ par une oblique ponctuée, puis par une courbe s'écartant d'un demi-centimètre au milieu et à gauche de l'oblique ponctuée.

Dessous de bras R′ W. — Prolonger la ligne C D à partir du point D, du tiers de sa longueur. Placer la lettre D′. Tracer une oblique ponctuée de R′ en D′. Sur cette oblique ponctuée, mener, à partir du point R′, la longueur R W du dos (R H plus H W), placer la lettre W. Joindre les points R′, W par une courbe rentrée d'un cent. et demi au tiers et à droite de la ligne ponctuée.

Bord inférieur W C. — Joindre W, C par une oblique ponctuée, puis par une courbe s'écartant d'un centimètre au milieu et au-dessous de l'oblique ponctuée.

Ici se termine la veste non croisée. — Dans ce cas, on renforce le bord du devant Z C.

CROISURE DU DEVANT DE LA VESTE

Prolonger les lignes A B et D C en leur donnant pour longueur, à partir des points B et C, le seizième du tour de poitrine plus un cent. et demi, placer les lettres B', C' et réunir ces deux points par une verticale.

Prolonger de la même manière la ligne R E, placer la lettre E'.

Croisure de l'encolure formant revers Z Z' E'. — Du point Z, vers la droite, compter horizontalement la moitié de la longueur B B' plus un demi-centimètre, placer la lettre Z'. Joindre Z', E' par une oblique ponctuée, puis par une courbe s'écartant de 3 millimètres au milieu et à droite de l'oblique ponctuée. Joindre Z à Z' par une horizontale qui s'arrondit au point Z' pour se fondre avec la courbe Z' E'.

Compter sur la courbe Z P, à partir du point Z, 4 centimètres environ ; placer un point.

Réunir ce point au point E' par une oblique qui indique la cassure du revers.

Bord du devant E' N J C. — Remonter le point C', vers B', de 6 centimètres (7 centimètres pour les mesures au-dessus de 80 centimètres de tour de poitrine), placer la lettre N.

Prendre le milieu de la ligne C C', placer la lettre J. Joindre N, J par une oblique ponctuée, puis par une courbe s'écartant d'un centimètre à droite et aux deux tiers de l'oblique ponctuée, s'arrondissant au point J et rejoignant le point C. Renforcer la ligne E' N.

Place de la poche de poitrine. — Du point E', vers C', compter 7 cent. et demi, placer un point. Joindre ce point au point V par une oblique ponctuée.

Du point V, sur cette oblique ponctuée, compter 7 cent. et demi, placer un point. Remonter verticalement ce point d'un demi-centimètre et placer la lettre V'. Du point V' descendre verticalement d'un cent. et demi, placer la lettre G. Réunir V', G par une verticale.

Du point V' tracer une oblique pleine, parallèle à l'oblique ponctuée, et ayant 7 cent. et demi de longueur. Faire de même au point G et réunir ces deux obliques par une verticale parallèle à la première.

Deuxième poche. — Pour la deuxième poche, très facile à placer et pour les boutonnières, consulter le dessin. Les boutonnières sont distantes d'un centimètre du bord du devant, la première se place à un centimètre au-dessous de la ligne R E', les trois autres espacées de 8 centimètres environ (9 centimètres pour une veste dont la 2e longueur du dos dépasse 60 centimètres).

MANCHE DE LA VESTE

LIGNES DE CONSTRUCTION ET POINTS DE REPÈRE

Tracer un rectangle A B C D ayant pour longueur la deuxième longueur du bras + 2 centimètres, et pour largeur le quart du tour de poitrine.

Ligne L M. — Du point A, vers D, compter 2 centimètres, placer la lettre L. De ce point, tracer la ligne L M, parallèle à A B.

Ligne X Y. — Du point L, vers D, compter le dixième du tour de poitrine, placer la lettre X. De ce point, tracer la ligne X Y, parallèle à A B.

Ligne E R. — Du point L, sur la ligne L D, mener la première longueur du bras, placer la lettre E. De ce point, tracer une ligne E R, parallèle à A B.

Avancer le point L d'un centim. et demi vers la droite, placer la lettre L'.

Avancer le point E d'un centimètre vers R, placer la lettre E'.

Du point D, vers C, porter le tiers de la longueur D C et placer la lettre H.

Du point C, vers B, porter 3 centimètres, placer la lettre V.

Rentrer le point R d'un cent. et demi vers E, placer la lettre P.

CONTOURS DE LA MANCHE

Dessus de l'entournure L' O Y. — Prendre le milieu de la ligne A B, placer la lettre O.

Joindre L', O par une oblique ponctuée, puis par une courbe s'écartant de 4 à 5 millimètres au milieu et au-dessus de l'oblique ponctuée.

Joindre O, Y par une oblique ponctuée, puis par une courbe s'écartant d'un cent. et demi au milieu et au-dessus de l'oblique ponctuée.

Dessous de l'entournure L' Y. — Joindre L', Y par une oblique ponctuée, puis par une ligne suivant l'oblique ponctuée pendant 6 à 7 centimètres, puis s'en écartant sur la gauche graduellement et jusqu'à un centimètre pour rejoindre le point Y.

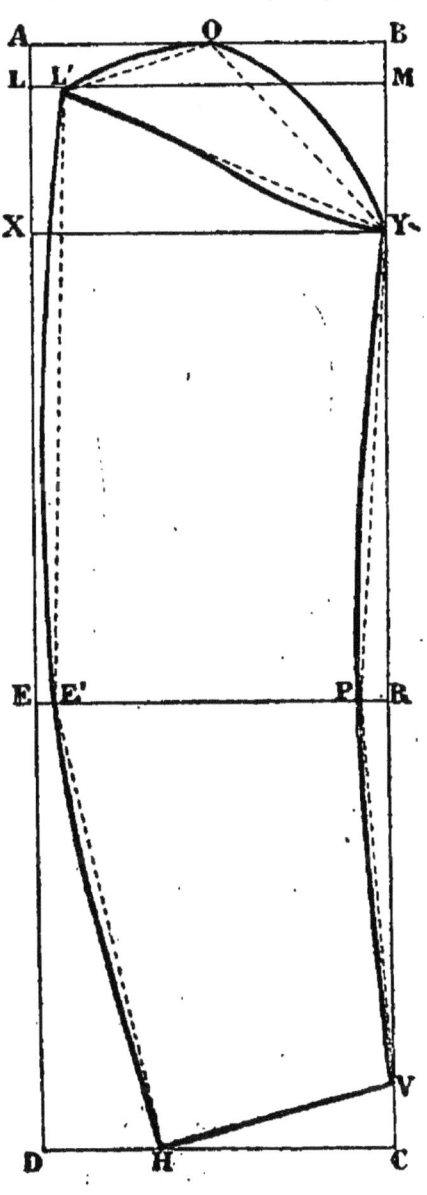

Fig. 45 (au 1/5). — Manche de la veste.

Coutures de la manche Y P, P V, H E', E' L'. — Joindre Y, P et P, V par des obliques ponctuées, puis par des courbes s'écartant de 3 millimètres au milieu et à gauche des obliques ponctuées. Joindre L', E' par une

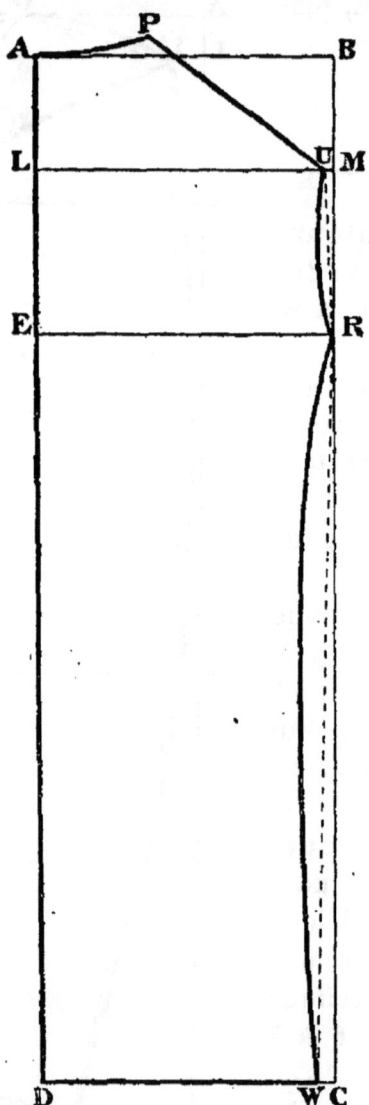

Fig. 46 (au 1/5). — Dos de la blouse.

oblique ponctuée, puis par une courbe s'écartant d'un centimètre environ à gauche et au milieu de l'oblique ponctuée.

Joindre E', H par une oblique ponctuée, puis par une

courbe s'écartant de 7 millimètres au milieu et à gauche de l'oblique ponctuée.

Bord inférieur de la manche V H. — Réunir les points V, H par une oblique pleine.

BLOUSE DE PETIT GARÇON

Mêmes mesures que pour la veste de petit garçon.

DOS DE LA BLOUSE

Le dos de la blouse se fait comme le dos de la veste, avec les deux changements suivants :

1° *Milieu du dos A D.* — Le milieu du dos ne se fait pas cintré. Il suit la ligne A D du rectangle.

On doit donc renforcer cette ligne.

2° Le dessous de bras se fait comme suit :

Dessous de bras R W. — Avancer le point C d'un centimètre sur la gauche; placer la lettre W.

Réunir R, W par une oblique ponctuée, puis par une courbe s'écartant de 2 centimètres au tiers et à gauche de l'oblique ponctuée.

DEVANT DE LA BLOUSE

Quoique, d'après la figure, le devant de cette blouse paraisse être fait pour le côté droit, il est en réalité destiné au côté gauche, qui, dans les vêtements de petits garçons, se croise toujours sur le côté droit, et par conséquent supporte les boutonnières.

Nous avons fait le dessin du côté droit, parce que les élèves tracent ordinairement le patron de ce côté et que nous ne voulons pas les dérouter.

Le devant de la blouse est le même que celui de la veste jusqu'à la page 129, paragraphe 2, *Croisure de l'encolure formant revers*.

On termine le bord du devant de la blouse comme suit :

Réunir les points Z, M' par une oblique ponctuée, puis par une courbe s'écartant de 2 centimètres au milieu et au-dessous de l'oblique ponctuée.

Renforcer les lignes M' C' et C C'.

COUPE ET ASSEMBLAGE DE LA VESTE ET DE LA BLOUSE

Les vestes de petits garçons sont généralement faites en petit drap et doublées en satinette.

Toutes les pièces qui composent le patron de la veste se taillent simples, sur l'étoffe d'abord en observant le *montant* du drap, sur la doublure ensuite.

On fait une fente à l'endroit indiqué pour la poche, et l'on place à l'envers de l'étoffe une poche en doublure ayant la forme d'un carré long. On fixe cette poche de chaque côté de la fente, en rentrant les coutures en dedans. On fait une bride aux deux extrémités de la fente, pour la consolider. Au-dessus de la fente, on place un petit parement en drap, piqué tout autour et doublé en pareil. Ce parement doit avoir 7 centimètres de hauteur environ, sans les rentrés.

Comme on ne doit pas voir à l'envers de la veste les *rentrés*, que l'on voit dans les corsages de femmes et de petites filles, il faut procéder de la manière suivante :

On place le patron sur l'étoffe, et l'on indique la place des coutures à l'aide d'un bâti ou avec de la *craie de tailleur*. La doublure ne devant pas être cousue en même temps que le dessus, on la fixe par un second bâti, placé à 4 centimètres du bord. Après avoir assemblé les deux dessus, avec des coutures à points arrière, en tenant toujours le dos devant soi, on ouvre la couture à l'aide du fer, et on applique sur elle d'abord la doublure du dos, puis celle du devant, qui se rabat avec un point de côté.

Les boutonnières se font sur le côté gauche de la veste.

GILET POUR JEUNE GARÇON

Les mesures nécessaires à l'exécution du gilet sont :
1° **Longueur du dos.** — Voir la veste, page 123.
2° **Largeur du dos.** Idem.
3° **Tour de poitrine.** — Idem.
Prendre les divisions suivantes du tour de poitrine :
1/4 ; 1/5 ; 1/16.

Nous donnons ici les mesures qui ont servi à l'exécution des patrons ci-contre :

1° Longueur du dos : 40.
2° Largeur du dos : 32.
3° Tour de poitrine : 80.

DOS DU GILET

LIGNES DE CONSTRUCTION

Rectangle A B C′ D′. — Tracer un rectangle A B C′ D′ ayant pour longueur la longueur du dos plus 8 centimètres (plus 7 centimètres pour les mesures au-dessous de 80 centimètres de tour de poitrine) et pour largeur le quart du tour de poitrine plus 3 centimètres.

Du point D′, vers A, compter 6 centimètres, placer la lettre D. Tracer l'horizontale D C.

Ligne E R. — Du point A, sur la ligne A D, porter la moitié de la longueur de cette ligne moins un centimètre, placer la lettre E. Tracer l'horizontale E R.

Ligne L M. — Du point A, vers D, porter le seizième du

tour de poitrine plus un centimètre, placer la lettre L. Tracer l'horizontale L M.

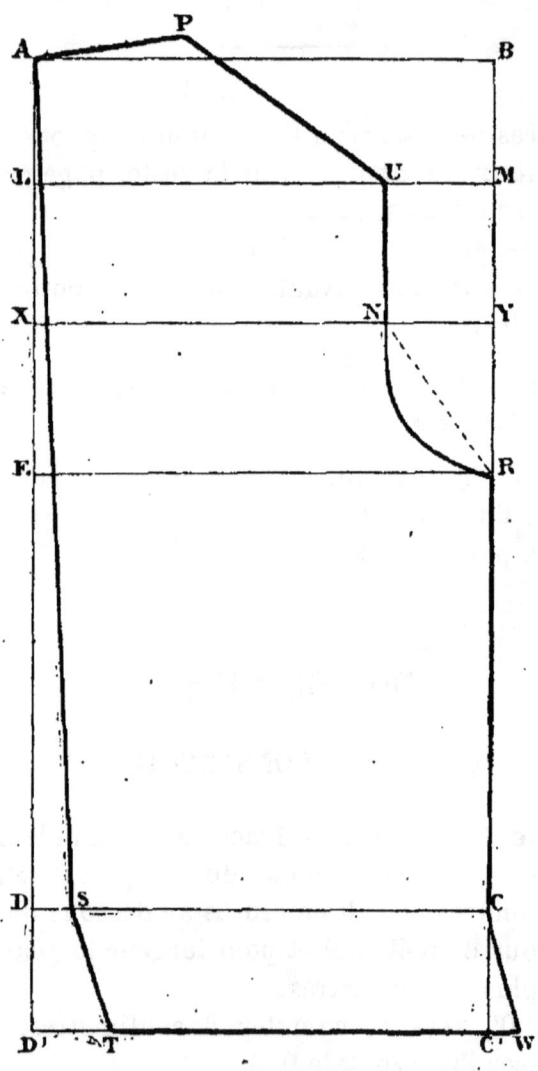

Fig. 47 (au 1/5). — Dos du gilet.

Ligne X Y. — Prendre le milieu de la distance L E, placer la lettre X. Tracer l'horizontale X Y.

CONTOURS DU TRACÉ DU DOS

Milieu du dos A S T. — Du point D, vers C, compter 2 centimètres, placer la lettre S. Réunir les points A, S par une oblique.

Avancer le point D' de 4 centimètres vers C', placer la lettre T. Joindre les points S, T par une oblique, qui doit se fondre avec l'oblique A S au point S.

Encolure A P. — Du point A, vers B, porter le seizième du tour de poitrine plus 2 cent. et demi, placer un point.

Élever ce point d'un centimètre, placer la lettre P.

Réunir les points A, P par une oblique.

Epaulette P U. — De l'oblique milieu du dos, sur la ligne L M, porter la demi-largeur du dos plus 1 cent. et demi, placer la lettre U. Réunir les points P, U par une oblique.

Entournure U N R. — Du point U, abaisser une perpendiculaire sur la ligne X Y. Placer au pied de cette perpendiculaire la lettre N.

Joindre les points N, R par une oblique ponctuée, puis par une courbe écartée de 2 centimètres au milieu et à gauche de l'oblique ponctuée, et se fondant avec la verticale U N au point Y'.

Dessous du bras R C W. — Prolonger la ligne D' C' d'un cent. et demi sur la droite, placer la lettre W. Réunir les points C, W par une oblique. Renforcer la ligne R C W, en l'arrondissant au point C.

Bord inférieur T W. — Renfoncer la ligne T W.

DEVANT DU GILET

LIGNES DE CONSTRUCTION

Rectangle A B C' D'. — Tracer un rectangle A B C' D' ayant pour longueur la longueur du rectangle du dos plus 4 centimètres, et pour largeur le quart du tour de poitrine plus 3 centimètres (même largeur que le rectangle du dos).

Ligne D C'. — Du point D', vers A, compter 11 centimètres, placer la lettre D. Tracer l'horizontale D C.

Ligne R E. — Du point A, vers D, porter la longueur A E du dos, placer la lettre R. Tracer l'horizontale R E.

Ligne L M. — Du point A, vers D, porter le seizième du tour de poitrine moins 2 centimètres, placer la lettre L. Tracer l'horizontale L M.

Ligne X Y. — Du point R, vers A, porter le seizième du tour de poitrine, placer la lettre X. Tracer l'horizontale X Y.

CONTOURS DU TRACÉ DU DEVANT

Encolure P Z. — Du point B, vers A, porter le seizième du tour de poitrine plus 4 centimètres, placer la lettre P.

Prendre le milieu de la distance Y E, placer la lettre Z. Réunir P, Z par une oblique ponctuée, puis par une courbe rentrée d'un demi-centimètre au milieu et à gauche de l'oblique ponctuée.

Epaulette P U. — Du point P, jusqu'à la rencontre de la ligne L M, porter vers la gauche la longueur de l'épaulette du dos moins un demi-centimètre. Placer la lettre U. Joindre les points P, U par une oblique ponctuée, puis par une courbe écartée de 3 millimètres au milieu et au-dessus de l'oblique ponctuée.

Entournure U Y' R. — Du point Y, vers X, porter le cinquième du tour de poitrine + un centimètre, placer la lettre Y'. Joindre U et Y' par une oblique ponctuée, puis par une courbe écartée d'un demi-centimètre au milieu et à droite de l'oblique ponctuée. Joindre Y', R par une oblique ponctuée, puis par une courbe écartée de 2 centimètres au milieu et à la droite de l'oblique ponctuée.

Dessous du bras R H W. — Avancer le point D de 2 centimètres vers C, placer la lettre H. Réunir R, H par une oblique ponctuée, puis par une courbe écartée de 3 millimètres au milieu et à droite de l'oblique ponctuée.

Réunir les points H, D' par une oblique ponctuée. Du point H sur cette oblique ponctuée, porter la longueur C W du

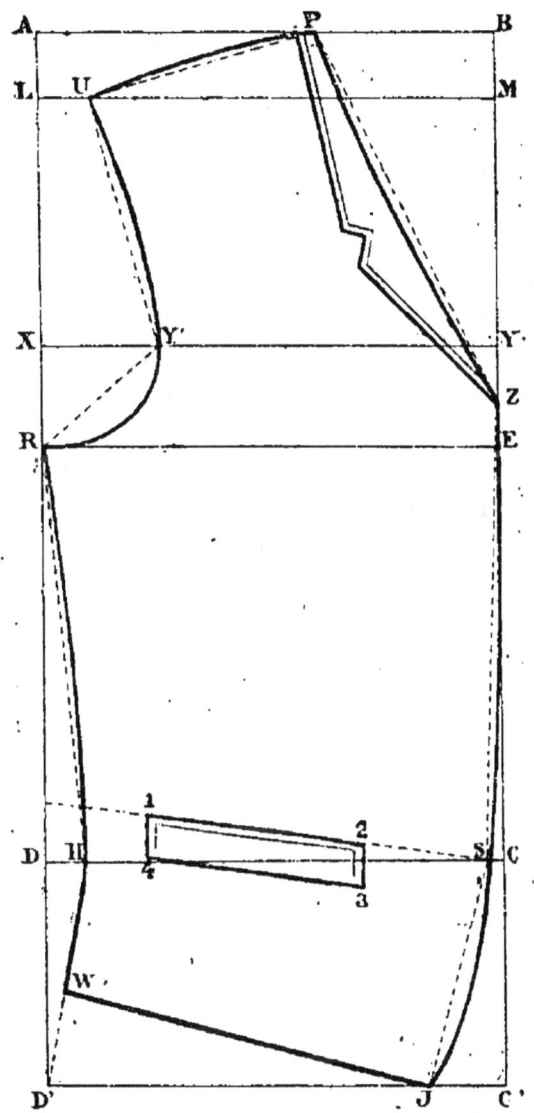

Fig. 48 (au 1/5). — Devant du gilet.

dos, placer la lettre W. Renforcer la ligne H W en la fondant un peu au-dessus du point H avec la courbe R H.

Bord du devant Z S J. — Du point C, vers D, compter

un centimètre, placer la lettre S. Joindre les points Z, S par une oblique ponctuée, puis par une courbe s'écartant de 3 millimètres au milieu et à droite de l'oblique ponctuée. Du point C', vers la gauche, porter 4 centimètres, placer la lettre J. Joindre les points S, J par une oblique ponctuée, puis par une courbe écartée de 7 millimètres aux deux tiers et à droite de l'oblique ponctuée, et se fondant au point S avec la courbe Z S.

Bord inférieur J W. — Réunir les points J et W par une oblique.

Poche. — Du point D, vers A, compter 3 centimètres, placer un point. Joindre ce point au point S par une oblique ponctuée qui indique le bord supérieur de la poche.

De la courbe R H, sur cette oblique ponctuée, compter 2 centimètres, placer le chiffre 1. Du point 1 vers le point C, compter 11 centimètres et placer le chiffre 2. Des points 1 et 2 abaisser des verticales ayant deux centimètres de longueur; joindre ces deux lignes par une oblique parallèle à la première.

La fente de la poche sera pratiquée sur la deuxième oblique, du point 3 au point 4. La patte de la poche est circonscrite par les chiffres 4, 1, 2, 3.

Pour le parement, si l'on veut en faire un, consulter le dessin.

ASSEMBLAGE

Le devant du gilet étant seul visible, on n'emploie l'étoffe de dessus que pour cette partie du gilet. Le dos se fait en satin de laine ou de coton doublé, comme le devant, d'une satinette unie ou rayée.

On taille le devant du gilet en plaçant la ligne Z S sur le droit fil de l'étoffe pliée double. La doublure du devant se taille comme le dessus, mais on lui donne 3 ou 4 centimètres de moins le long des lignes Z S J W.

Avant de placer la doublure, on entre dans la fente destinée aux poches une petite patte de 2 cent. et demi de haut, dépassant la fente de 2 centimètres, et que l'on pique ou que l'on borde sur 3 côtés. Le pied de cette patte est assujetti au gilet par une piqûre. On fait ensuite les poches, sortes de petits sacs rectangulaires ayant la largeur de la fente et 8 à 10 centimètres de profondeur. On les coud d'un côté (côté envers) sur la patte, à un demi-centimètre du bord de celle-ci, de l'autre sur la fente du gilet et à l'endroit.

Si l'on fait un col, on procède comme suit :

On place le patron du dos à côté de celui du devant, les deux lettres P et les deux lettres U se touchant ; puis avec la roulette à patrons (que l'on peut remplacer par des piqûres d'épingles), on suit les contours du col sur le tracé du devant et on les prolonge parallèlement à l'encolure jusqu'à la ligne milieu du dos. On obtient ainsi un patron de col avec revers. Ce col se taille en biais, en laissant du côté de l'encolure 4 à 5 centimètres de surplus pour le rabattre à l'envers.

Le dos vient recouvrir ce col du point A au point S et se pique sur lui, ce qui fait que le col par derrière n'a plus l'air que d'un petit dépassant de 10 à 12 millimètres.

Si l'on ne met pas de col, on borde ou l'on pique le gilet tout autour.

On place à l'envers et tout autour du devant du gilet un morceau d'étoffe de 4 centimètres de hauteur ; on y fait, ainsi qu'au bord du gilet, un rentré de 4 à 5 millimètres, à moins que le gilet ne soit bordé, ce qui supprime le rentré, et l'on fait 2 piqûres, l'une à 1 millimètre du bord, l'autre à 6 ou 7 millimètres de la première.

On double alors le devant du gilet en appliquant celui-ci, côté envers, sur la doublure recouverte de mousseline raide.

On faufile le tout bien à plat.

On rabat alors la doublure qui laisse visible le faux-ourlet en étoffe pareille au-dessus, mais qui cache les remplis de ce faux-ourlet.

Le dos s'assemble aux points A S et se double comme le devant, mais sans triplure. On faufile ensemble les deux étoffes et une fois les coutures d'épaulettes et des dessous de bras terminées avec trois étoffes (deux dessus et une doublure), on rabat, sans traverser, la doublure du dos sur les quatre coutures pour cacher les remplis.

A 5 centimètres au-dessus du point W, on enferme dans les coutures du dessous de bras deux pattes doublées, de 3 centimètres de largeur ; ces pattes s'appliquent sur le dos, jusqu'à la moitié de la ligne C S.

La patte de gauche est terminée par une boucle ; celle de droite est rentrée en pointe pour pouvoir entrer facilement dans la boucle; la patte de gauche doit avoir une longueur égale à la demi-largeur du dos à l'endroit de la ceinture; celle de droite aura 2 centimètres de plus.

PANTALON

POUR JEUNE GARÇON

Les mesures nécessaires à l'exécution du pantalon sont :

1º **Longueur du côté.** — Du creux de la hanche au genou.

2º **Tour de taille.** — Entourer la taille avec le ruban métrique, que l'on réunit sans serrer.

3º **Tour des hanches.** — Prendre cette mesure au plus fort des hanches et très largement.

4º **Mesure de la jarretière.** — Entourer la jambe immédiatement au-dessous du genou.

Nous donnons ici les mesures qui ont servi à l'exécution des patrons ci-contre :
Longueur du côté : .... 46.
Tour de taille : .... 60.
Tour des hanches : .... 72.
Mesure de la jarretière : 28.

Calculer et inscrire les divisions suivantes :
Longueur du côté : 1/5.
Tour de taille : 1/4.
Tour des hanches : 1/3; 1/10; 1/16.
Jarretière : 1/2.

DEVANT DU PANTALON

LIGNES DE CONSTRUCTION ET POINTS DE REPÈRE

Tracer un rectangle A B C D ayant pour longueur la longueur du côté plus le cinquième de cette même longueur, et pour largeur le tiers du tour des hanches.

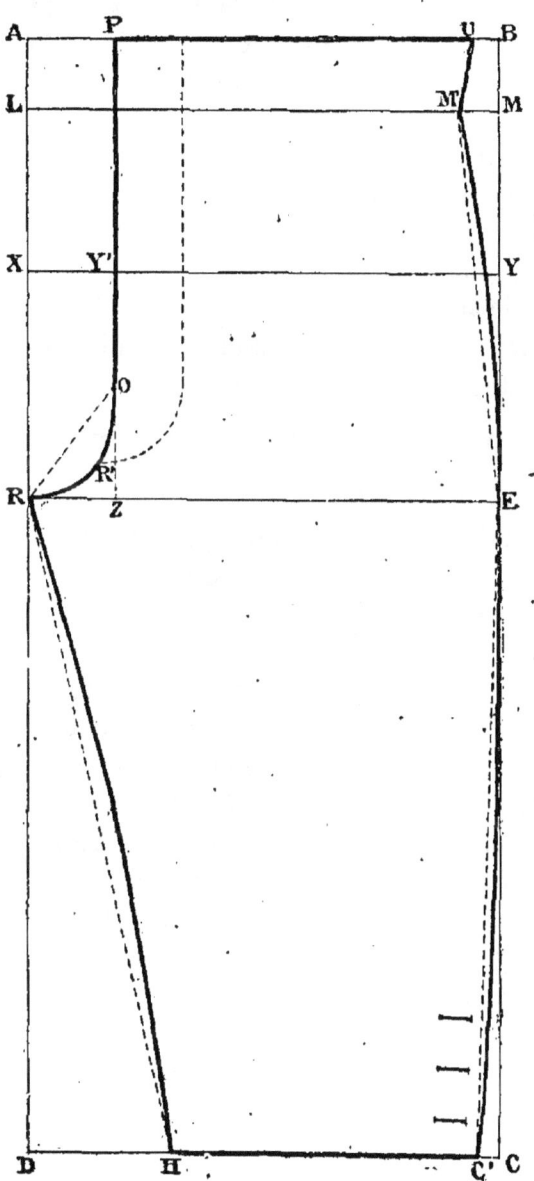

Fig. 49 (au 1/5). — Devant du pantalon.

A 23 centimètres de A, sur la ligne A D (22 centimètres

pour les mesures au-dessous de 70 centimètres de tour des hanches), tracer la ligne R E, parallèle à A B.

A 3 cent. et demi de A, sur la ligne A D (3 centimètres pour les mesures au-dessous de 70 centimètres de tour des hanches) tracer la ligne L M, parallèle à A B.

Prendre le milieu de la distance A R, placer la lettre X. De ce point, tracer la ligne X Y, parallèle à A B.

Du point A, vers B, porter le seizième du tour des hanches, placer la lettre P. De ce point, abaisser une verticale ponctuée, P Z, sur la ligne R E. A la rencontre de la verticale avec X Y, placer la lettre Y'.

Prendre le milieu de la distance Y' Z moins un centimètre, placer la lettre O.

CONTOURS DU TRACÉ DU DEVANT

Fermeture du devant P R. — Joindre les points O et R par une oblique ponctuée, puis par une courbe écartée de près de 2 centimètres sur la droite et au milieu de l'oblique ponctuée. Renforcer la ligne P O en la fondant au point O avec la courbe O R.

Du point R, sur la courbe R O, compter 4 centimètres, placer la lettre R'. Tracer une ligne ponctuée partant du bord supérieur du pantalon, à 3 cent. et demi du point P, et suivant parallèlement la ligne P O pour rejoindre le point R'. (Pour cette ligne ponctuée, voir la fig. 49.)

Couture intérieure de la jambe R H. — Du point D, vers C, porter le dixième du tour des hanches, placer la lettre H. Réunir R, H par une oblique ponctuée, puis par une courbe écartée de 7 millimètres au milieu et à droite de l'oblique ponctuée.

Bord inférieur H C'. — Avancer le point C d'un centimètre sur la gauche, placer la lettre C'. Renforcer la ligne H C'.

Couture de côté U M' E C'. — Du point B, vers A, porter 1 cent. et demi, placer la lettre U. Du point M, vers L, porter 2 centimètres, placer la lettre M'. Réunir les points U, M' par une oblique.

Joindre les points M', E et E, C' par des obliques ponctuées, puis par des courbes s'écartant de 4 millimètres au milieu et à droite des obliques ponctuées, et se fondant au point E.

Bord supérieur (ceinture de devant) P U. — Renforcer la ligne P U.

DERRIÈRE DU PANTALON

LIGNES DE CONSTRUCTION ET POINTS DE REPÈRE

Tracer un rectangle A B C D ayant pour longueur la longueur du rectangle du devant, et pour largeur le tiers du tour des hanches plus 4 centimètres.

A 25 centimètres de A, sur la ligne A D (24 centimètres pour les mesures au-dessous de 70 centimètres de tour des hanches) tracer la ligne R E, parallèle à A B.

A 3 cent. et demi de A, sur la ligne A D (3 centimètres au-dessous de 70 centimètres de tour des hanches), tracer la ligne L M, parallèle à A B.

Du point B, vers A, compter un centimètre, placer la lettre U. Du point M, vers L, compter 2 centimètres, placer la lettre M'. Du point M', vers L, porter le quart du tour de taille plus 1 cent. et demi, placer la lettre S.

Du point S, vers L, compter un centimètre, placer la lettre V. Placer la règle sur les points R et V et tracer une oblique ponctuée, qui dépasse le point V de 9 centimètres et sorte par conséquent du rectangle. Placer la lettre P. A la rencontre de la ligne A B et de la ligne P R placer la lettre O.

CONTOURS DU TRACÉ DU PANTALON

Couture du pantalon par derrière O R. — Réunir les points O, R par une courbe s'écartant de près de 2 centimètres aux deux tiers et à droite de la ligne O R.

Couture intérieure de la jambe R H. — Du point D,

vers C, porter le dixième du tour des hanches plus 2 centi-

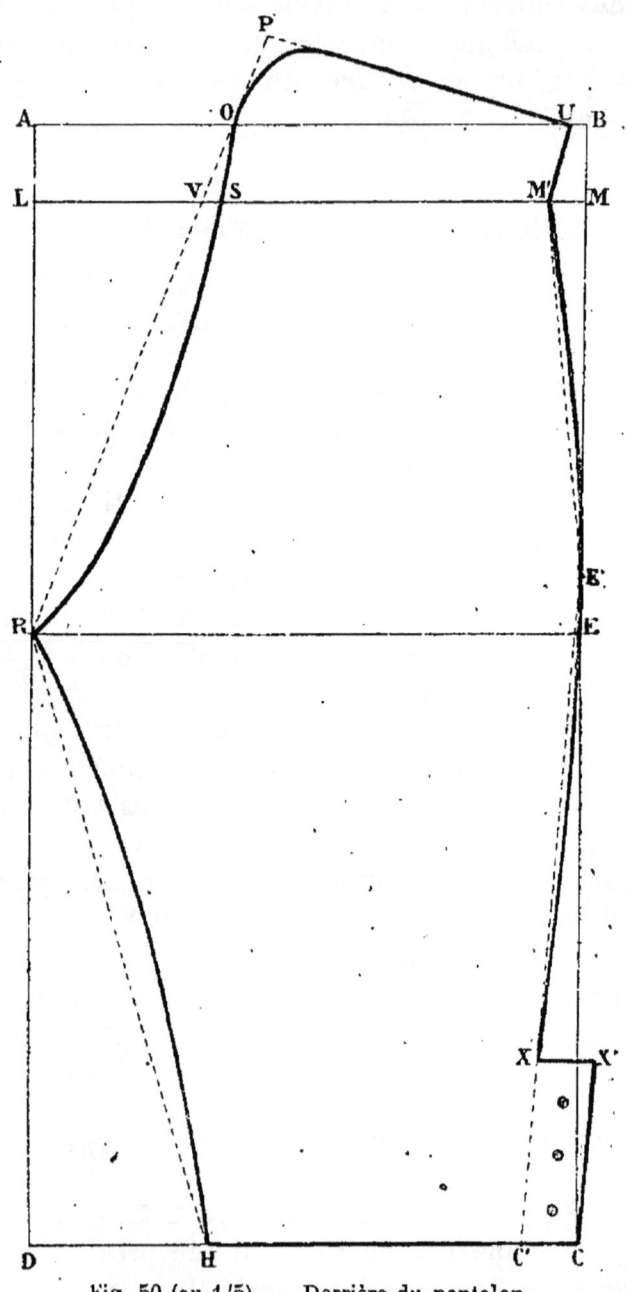

Fig. 50 (au 1/5). — Derrière du pantalon.

mètres, placer la lettre H. Réunir R, H par une oblique

ponctuée, puis par une courbe s'écartant d'un cent. et demi au tiers et à droite de l'oblique ponctuée.

Ceinture de derrière P U. — Réunir les points P, U par une oblique pleine. Arrondir l'angle P d'après les indications du dessin.

Bord inférieur H C'. — Renforcer la ligne H C.

Couture de côté U M' E' X. — Du point C, vers D, avancer de 3 centimètres, placer la lettre C'. Joindre les points U et M' par une oblique pleine. Elever le point E de 3 centimètres vers B, placer la lettre E'. Joindre les points M', E' et E, C' par des obliques ponctuées. Du point C, sur l'oblique ponctuée, compter 9 centimètres (8 centimètres pour les mesures au-dessous de 45 centimètres de longueur de côté), placer la lettre X. Réunir M', E' par une courbe écartée de 4 millimètres au milieu et à droite de l'oblique ponctuée et s'arrondissant au point M' pour se fondre avec l'oblique U M'.

Joindre les points E, X par une courbe écartée de 4 millimètres au milieu et à droite de l'oblique ponctuée, et suivant la ligne du rectangle jusqu'au point E pour se fondre avec la courbe M' E.

Patte soutenant les boutons X X' C. — Avancer horizontalement le point X de 3 centimètres sur la droite, placer la lettre X'. Réunir X et X' par une horizontale.

Réunir X' et C par une oblique.

PANTALON A JARRETIÈRE

Le pantalon à jarretière se fait comme le pantalon ordinaire, à l'exception du bord inférieur de la jambe, qui est plus étroit et entraîne par conséquent un changement dans les coutures des jambes.

MÉTHODE DE COUPE ET D'ASSEMBLAGE
DEVANT DU PANTALON A JARRETIÈRE

Pour tracer le devant de ce pantalon, suivre la descrip-

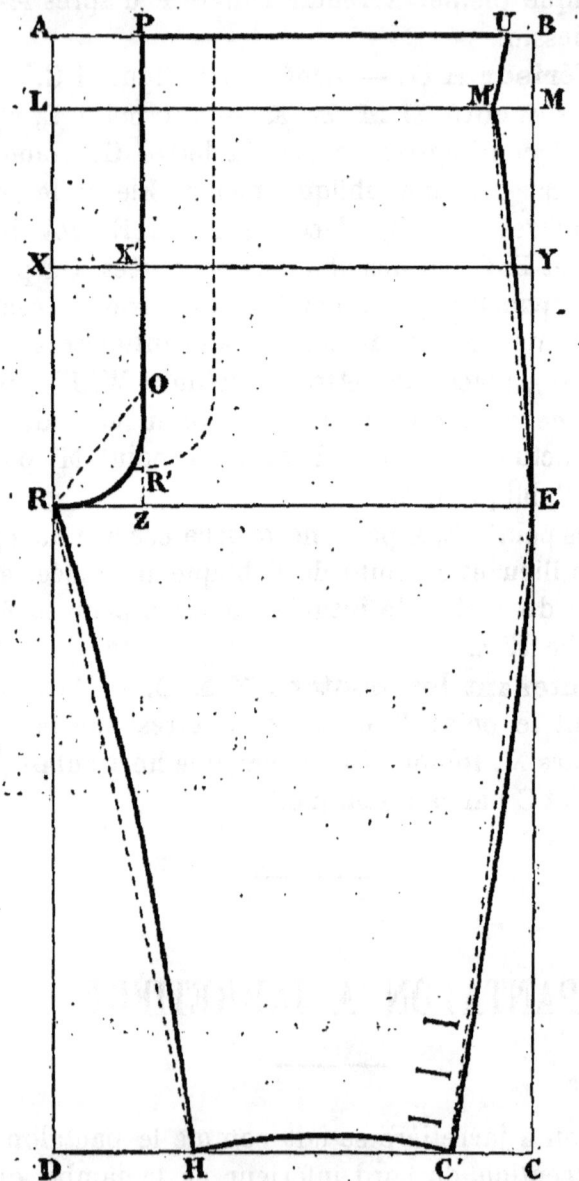

Fig. 51 (au 1/5). — Devant du pantalon à jarretière.

tion du pantalon ordinaire, page 142 jusqu'à la page 144,

paragraphe *Couture intérieure de la jambe* R H, puis procéder comme suit :

Couture intérieure de la jambe R H'. — Avancer le point D du dixième du tour des hanches vers C, placer la lettre H. Réunir R, H par une oblique ponctuée, puis par une courbe écartée de 7 millimètres au milieu et sur la droite de l'oblique ponctuée.

Bord inférieur H C'. — Du point H, vers C, porter la demi-largeur de jarretière moins un centimètre, placer la lettre C'. Joindre H, C' par une courbe s'écartant d'un demi-centimètre au milieu et au-dessus de la ligne H C'.

Couture extérieure M M' E C'. — Du point B, vers A, porter 1 cent. et demi, placer la lettre U. Du point M, vers L, porter 2 centimètres, placer la lettre M'. Réunir les points U, M' par une oblique. Joindre les points M', E et E, C' par des obliques ponctuées, puis par des courbes s'écartant de 4 millimètres au milieu et à droite des obliques ponctuées, et se fondant au point E.

Bord supérieur P U. — Renforcer la ligne P U.

DERRIÈRE DU PANTALON A JARRETIÈRE

Suivre d'abord la description du pantalon ordinaire jusqu'à la page 147, paragraphe *Bord inférieur*, puis procéder comme suit :

Bord inférieur H' C'. — Remonter le point H d'un centimètre, placer la lettre H'. Du point H', vers C, porter la demi-largeur de jarretière plus un centimètre, placer la lettre C'.

Réunir H, C' par une courbe concave, presque une oblique.

Couture extérieure de la jambe U M' E' X. — Joindre les points U et M' par une oblique pleine. Élever le point E de 3 centimètres vers B, placer la lettre E'. Joindre les points M', E' et E, C' par des obliques ponctuées. Du point C', sur l'oblique ponctuée, compter 9 centimètres (8 centimètres pour les mesures au-dessous de 45 centimètres de longueur de côté), placer la lettre X. Réunir M', E' par une

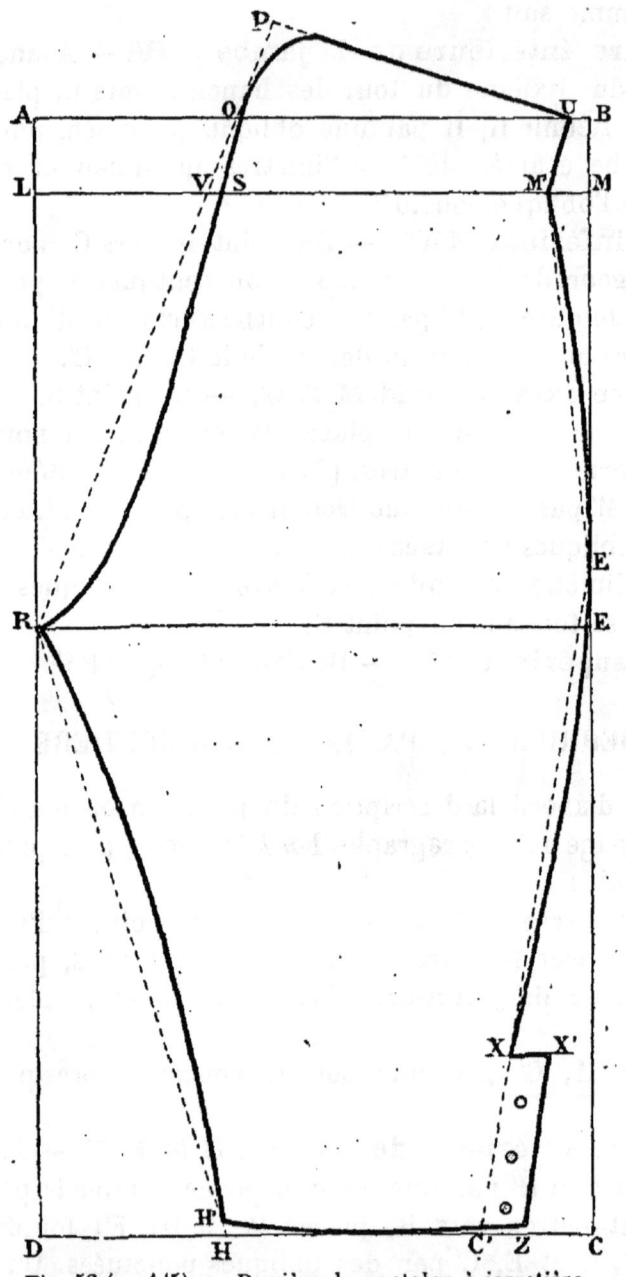

Fig. 52 (au 1/5). — Derrière du pantalon à jarretière.

courbe écartée de 4 millimètres au milieu et à droite de

l'oblique ponctuée, et s'arrondissant au point M' pour se fondre avec l'oblique U M'.

Joindre les points E, X par une courbe écartée de 4 millimètres au milieu et à droite de l'oblique ponctuée, et suivant la ligne du rectangle jusqu'au point E' pour se fondre avec la courbe M' E'.

Patte soutenant les boutons X X' Z C'. — Avancer horizontalement le point X de 2 centimètres sur la droite, placer la lettre X'. Avancer de même le point C' et placer la lettre Z.

Réunir les points X, X' et C', Z par des horizontales. Joindre X' et Z par une oblique.

COUPE ET ASSEMBLAGE DU PANTALON

Les diverses pièces du pantalon se taillent sur l'étoffe *simple* en observant le *montant* du drap; les patrons se placent sur l'étoffe comme ils sont placés dans le rectangle. On laisse 1 centimètre pour les coutures et 3 centimètres au bord inférieur pour l'ourlet.

On taille deux pattes de 3 cent. et demi de large environ suivant parallèlement la ligne P O et rejoignant le point R'; ces deux pattes, que l'on taille aussi en doublure, sont indiquées dans les figures 49 et 51 par une ligne ponctuée.

Sur le devant de la jambe gauche du pantalon, et du point P au point R', on place un ourlet en doublure de la largeur de la patte, à laquelle on a fait trois boutonnières à égale distance. On place la première patte en la cousant au point de piqûre, à ses deux extrémités, et à un demi-centimètre en dedans de la ligne indiquée par un pointillé (il faut que la patte soit en dedans du pantalon, mais que les piqûres soient extérieures, et à l'endroit par conséquent).

Sur le devant de la jambe droite du pantalon, on coud une seconde patte également doublée, en la faisant dépasser le bord du pantalon. On fait une couture ouverte, sur laquelle on rabat la doublure, et l'on place trois boutons à l'endroit du pantalon sur la patte, à un demi-centimètre environ de la couture qui la réunit au pantalon. La première boutonnière et le premier bouton des pattes se placent environ à 7 centimètres de la ceinture.

On assemble les pièces du pantalon, en réunissant les points U, M', E et C' du devant et les points U, M', E et C' du dos, le point R du devant et le point R du dos, le point H du devant et le point H du dos.

Pour faire la couture extérieure des jambes, on rabat le devant avec un *bâti*, et on l'applique sur le dos au moyen d'une piqûre. Pour le pantalon à jarretière on s'arrête au point X. Du point X jusqu'au bord inférieur, on place un faux-ourlet en percaline recouverte de drap, puis on fait à l'extérieur trois boutonnières destinées à attacher les trois boutons placés sur la patte de derrière.

Après avoir assemblé le devant et le derrière d'une jambe, on passe à l'autre, que l'on assemble de même, puis on réunit les deux jambes en joignant les points P, R, couture qui ferme le pantalon par derrière. On coud par devant à partir du point R jusqu'au point R', et on arrête par une bride solidement faite.

Les poches se placent le long des coutures extérieures du pantalon, à 9 centimètres du bord supérieur. La fente de la poche doit avoir 11 à 12 centimètres de longueur. Elle est doublée, de chaque côté de l'ouverture, d'un faux-ourlet en drap destiné à cacher la lustrine, quand la poche s'ouvre. On double le pantalon en forte percaline taillée en quatre morceaux, qui doivent avoir la même forme que le fond du pantalon et suivre celui-ci en se réunissant à la lettre R et en se rabattant sur les quatre coutures. Ces doublures, qui se terminent en arcs de cercle, s'éloignent du point R de 15 centimètres à la couture du dos, de 10 centimètres aux coutures intérieures, et suivent la couture du devant pour rejoindre les pattes du milieu qui ferment le pantalon. Le bord extérieur de cette doublure se rabat au point de côté sur l'étoffe, sans la traverser, si cela est possible. Quand le pantalon est fait en drap très léger, on le double complètement.

Le haut du pantalon est doublé par une bande de lustrine de 9 centimètres de hauteur environ. A 3 centimètres du bord supérieur et à l'endroit, on fait une piqûre simulant la ceinture, et l'on place un bouton sur le devant droit et une boutonnière sur le devant gauche pour fermer la ceinture.

Si le pantalon est tenu par des bretelles, on place par derrière un bouton de chaque côté de la couture du milieu, éloigné de 3 centimètres de cette couture; puis un bouton à 5 centimètres de la fermeture du devant, et enfin un autre bouton à 7 ou 8 centimètres de ce dernier. — Cela fait en tout, sur la ceinture, six boutons pour les bretelles et un par devant pour la fermeture.

Pour le pantalon à jarretière, il faut procéder de la manière suivante : Quand la jambe du pantalon est cousue, on place sur le bord inférieur, à l'endroit, une patte en droit fil qui dépasse le pantalon de 12 à 13 millimètres et se rabat à l'envers en cachant la couture qui la réunit au pantalon. On a eu le soin d'ouvrir et de repasser cette couture auparavant. On fait une première piqûre à 2 millimètres du bord sur la patte, et une deuxième piqûre sur le pantalon à 2 millimètres de la couture qui réunit la patte au pantalon. Cette piqûre tient le rabat de la patte à l'envers.

Il faut donner à cette patte un demi-centimètre de moins en longueur que le contour du pantalon et faire soutenir l'étoffe du pantalon sur le devant pour donner de l'aisance au genou. On soutient au contraire la patte par derrière, et l'on tend l'étoffe du pantalon.

GILET DE FLANELLE

POUR JEUNE GARÇON

MESURES A PRENDRE

1° **Première longueur du dos.** — Du milieu du dos, encolure, au milieu du dos, ceinture.

2° **Deuxième longueur du dos.** — Du milieu du dos, encolure, au bas du gilet (longueur totale du gilet de flanelle).

3° **Largeur du dos.** — Voir page 2.

4° **Tour de poitrine.** Voir page 2.

Calculer et inscrire les divisions suivantes du tour de poitrine :

1/4; 1/8; 1/16.

DOS DU GILET DE FLANELLE

LIGNES DE CONSTRUCTION

Tracer un rectangle A B C D ayant pour longueur la deuxième longueur du dos, et pour largeur le quart du tour de poitrine plus 4 centimètres.

Ligne E R. — Du point A, vers D, porter la moitié de la

première longueur du dos, placer la lettre E. De ce point, tracer une ligne E R, parallèle à A B.

Ligne L M. — Du point A, vers D, porter le seizième du tour de poitrine, placer la lettre L; de ce point, tracer la ligne L M, parallèle à A B.

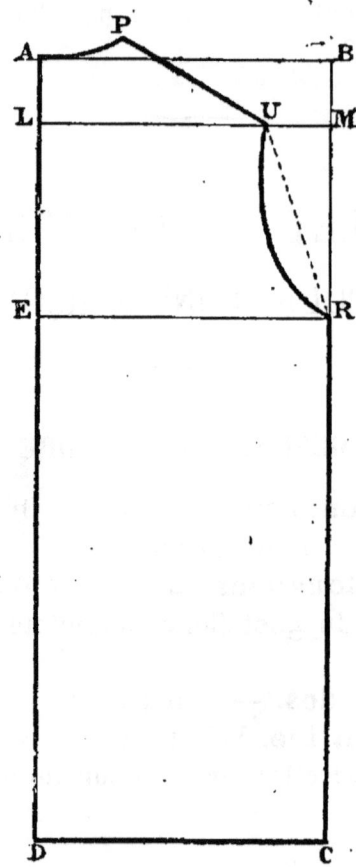

Fig. 53 (au 1/8). — Dos du gilet de flanelle.

CONTOURS DU TRACÉ DU DOS

Encolure A P. — Du point A, vers B, porter le seizième du tour de poitrine plus 2 centimètres. Placer un point. Elever ce point d'un cent. et demi et placer la lettre P.

Réunir A, P par une courbe légèrement concave qui doit rester en dehors du rectangle.

Epaulette P U. — Du point L, sur la ligne L M, porter la demi-largeur du dos plus 3 centimètres, placer la lettre U. Réunir P, U par une oblique.

Entournure U R. — Réunir U, R par une oblique ponctuée, puis par une courbe s'écartant de 3 centimètres au milieu et à gauche de l'oblique ponctuée.

Dessous de bras R C. — Renforcer la ligne R C.
Bord inférieur D C. — Renforcer la ligne D C.
Milieu du dos A D. — Renforcer la ligne A D.

DEVANT DU GILET DE FLANELLE

LIGNES DE CONSTRUCTION

Tracer un rectangle A B C D ayant pour longueur la longueur du rectangle du dos plus un centimètre, et pour largeur le quart du tour de poitrine plus 5 centimètres.

Dessous de l'entournure R. — Du point A, vers D, porter la moitié de la première longueur du dos (ligne A E du tracé du dos) plus 1 centimètre. Placer la lettre R.

Ligne X Y. — Du point R, vers A, porter le seizième du tour de poitrine, placer la lettre X. De ce point tracer une ligne X Y, parallèle à A B.

Ligne L M. — Du point A, vers D, porter le seizième du tour de poitrine moins 2 centimètres. Placer la lettre L. De ce point, tracer la ligne L M, parallèle à A B.

CONTOURS DU TRACÉ DU DEVANT

Encolure P Z. — Du point B, vers A, porter le seizième du tour de poitrine plus 1 cent. et demi, placer la lettre P.

Du point B, vers C, porter le seizième du tour de poitrine plus 3 cent. et demi, placer la lettre Z.

Réunir P, Z par une oblique ponctuée, puis par une

courbe s'écartant de 2 centimètres au milieu et à gauche de l'oblique ponctuée.

Épaulette P U. — Du point P, jusqu'à la rencontre de la ligne L M, porter vers la gauche la longueur de l'épaulette du dos moins un demi-centimètre ; placer la lettre U. Réunir P, U

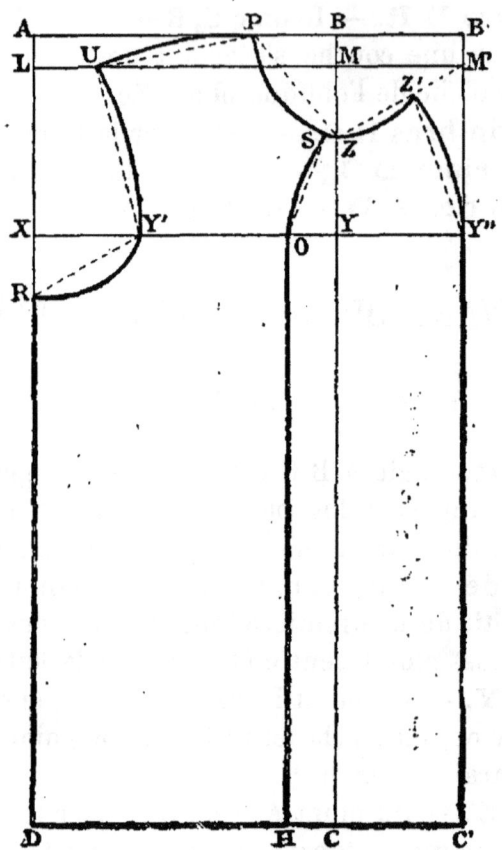

Fig. 54 (au 1/8). — Devant du gilet de flanelle.

par une oblique ponctuée, puis par une courbe s'écartant de 3 millimètres au milieu et au-dessus de l'oblique ponctuée.

Entournure U Y' R. — Du point Y, vers X, porter le cinquième du tour de poitrine, placer la lettre Y'. Réunir U, Y' par une oblique ponctuée, puis par une courbe s'écartant d'un demi-centimètre au milieu et à droite de l'oblique ponctuée.

Réunir Y', R par une oblique ponctuée, puis par une courbe s'écartant d'un cent. et demi au milieu et au-dessous de l'oblique ponctuée.

Dessous de bras R D. — Renforcer la ligne R D.

CROISURE DU DEVANT

Croisure du gilet Z Z' Y" C'. — (Côté gauche croisant sur le côté droit.) Prolonger les lignes A B et D C de 10 centimètres vers la droite, placer les lettres B', C' et joindre ces deux points par une ligne verticale.

Prolonger de même la ligne L M et la ligne X Y, et placer les lettres M' et Y'".

Croisure de l'encolure Z Z'. — Joindre les points M', Z par une oblique ponctuée. Du point M', sur cette oblique ponctuée, compter 5 centimètres, placer la lettre Z'. Réunir Z', Z par une courbe s'écartant d'un centimètre au milieu et au-dessous de l'oblique ponctuée.

Bord du devant Z' Y" C'. — Joindre Z', Y" par une oblique ponctuée, puis par une courbe s'écartant d'un centimètre environ au milieu et à droite de l'oblique ponctuée.

Renforcer la ligne Y" C' en la fondant au point Y" avec la courbe Z' Y".

Côté droit S O H.

Bord du devant. — Du point Z, sur la courbe Z P, compter un centimètre, placer la lettre S. Du point Y, vers Y', compter 4 centimètres, placer la lettre O. Réunir S, O par une oblique ponctuée, puis par une courbe s'écartant de 3 millimètres au milieu et à gauche de l'oblique ponctuée.

Du point C, vers D, compter 4 centimètres, placer la lettre H. Réunir O, H par une ligne droite, se fondant au point O avec la ligne S O.

Bord inférieur du devant D C'. — Renforcer la ligne D C'.

COUPE ET ASSEMBLAGE DU GILET DE FLANELLE

Le gilet de flanelle se fait habituellement sans coutures et dans le sens de la trame; la lisière, par conséquent placée dans le bas, reste visible. On pose l'étoffe pliée (non pas en deux, mais le dessus ayant 10 centimètres de moins que le dessous), sur la ligne A D du dos, après avoir placé les deux patrons l'un contre l'autre, les lignes R C et R D se touchant.

On taille le gilet tout d'une pièce. Le bord du devant droit est limité par les lettres P S O H. Le devant gauche, qui croise sur le devant droit, est limité par les lettres P Z Z' Y''' C'. On laisse 7 millimètres pour les épaulettes, un demi-centimètre pour l'encolure, l'entournure et les bords du devant.

On assemble les manches et les épaulettes en coutures rabattues et piquées; on laisse le dessous de l'entournure sans l'assembler sur un espace de 7 à 8 centimètres de chaque côté du point R. On fait un rempli par dessous à l'entournure et à la manche; on place sur ce rempli un ruban croisé piqué des deux côtés.

On peut supprimer la lisière au bas de la flanelle et la remplacer par un ourlet d'un cent. et demi piqué à l'endroit comme celui des manches.

Les manches se taillent à l'endroit sur le patron de la manche de veste (voir page 130); mais on peut supprimer complètement la couture extérieure, si l'on fait la manche courte et en supprimer le haut du point L' au point E' si l'on fait la manche longue.

Le point L' de la manche se place entre le point U et le point R de l'entournure du dos.

Il arrive souvent que la flanelle étant trop étroite ne permet pas de donner au gilet toute la hauteur que l'on voudrait; dans ce cas, on taille le gilet de flanelle le long de la chaîne et l'on fait deux coutures sous les bras.

CHEMISE POUR JEUNE GARÇON

Le tracé indiqué ci-dessous peut servir à faire une chemise de jour avec ou sans plastron et une chemise de flanelle. Pour en faire une chemise de nuit, on laisse un peu plus de largeur à tous les patrons, et plus de longueur au corps de la chemise.

MESURES A PRENDRE

Pour prendre les mesures nécessaires à l'exécution de cette chemise on doit enlever la veste du jeune garçon.

1° **Longueur du devant**, du haut de l'épaulette, encolure, au milieu de la taille, voir la veste page 123.

2° **Tour de poitrine** (voir la veste page 123.)

3° **Epaulette**, mésurer la longueur de l'épaulette, de l'encolure à l'articulation de l'épaule.

4° **Encolure**, mesurer la largeur de l'encolure en entourant le col de la chemise ; si celui-ci est rabattu, on le relève afin de prendre la mesure sur le poignet du col.

5° **Grosseur de la main**, allonger les doigts en rentrant le pouce, et entourer la main dans sa plus grande largeur avec le ruban métrique.

DIVISIONS A CALCULER

Tour de poitrine : 1/2 ; 1/4 ; 1/5 ; 1/10 ; 1/16.

DOS

LIGNES DE CONSTRUCTION

Rectangle A B C D. — Tracer un rectangle A B C D ayant pour longueur la longueur du devant et pour largeur le demi-tour de poitrine.

Prolonger les 2 verticales du rectangle comme lignes indéfinies.

Rectangle AA' D'D. — Du point A, vers B, compter 12 centimètres. Tracer la verticale A' D'.

Ligne E R. — Du point A, vers D, porter la demi-longueur du devant. Tracer l'horizontale E R.

Ligne L M. — Du point A, vers D, compter 2 centimètres. Tracer l'horizontale L M.

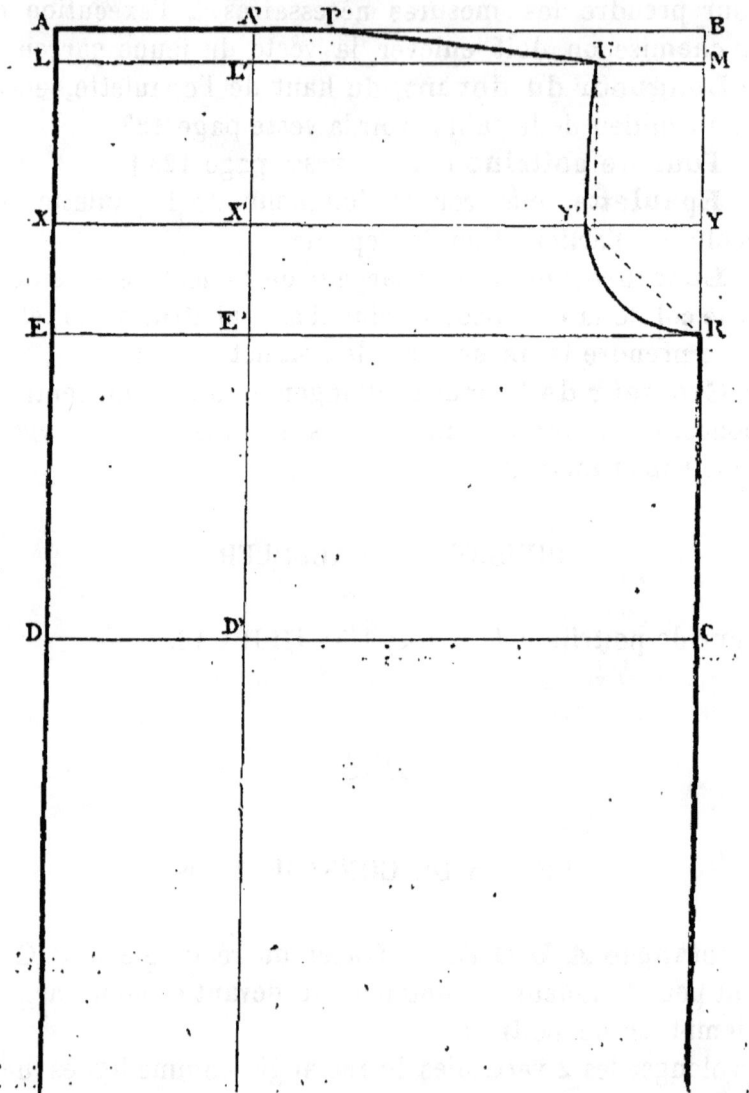

Fig. 55 (au 1/6). — Dos de la chemise.

Ligne X Y. — Du point E, vers A, porter le seizième du tour de poitrine plus 2 centimètres. Tracer l'horizontale X Y.

A la rencontre de la ligne A' D' avec la ligne L M, placer la lettre L'.

Avec la ligne X Y, placer la lettre X'.

Avec la ligne E R, placer la lettre E'.

CONTOURS DU TRACÉ DU DOS

Encolure A P. — Du point A', vers B, porter le seizième du tour de poitrine, placer la lettre P. Renforcer la ligne A P.

Epaulette P U. — Du point L', vers M, porter la demi-largeur du dos plus 4 centimètres, placer la lettre U.

Réunir P, U par une oblique pleine.

Entournure U Y' R. — Du point U, abaisser une perpendiculaire ponctuée sur la ligne X Y. Placer un point. Rentrer ce point d'un demi-centimètre vers la gauche, placer la lettre Y'. Réunir les points U, Y' par une courbe légère écartée d'un demi-centimètre aux deux tiers et à gauche de la ligne ponctuée.

Réunir les points Y', R par une oblique ponctuée, puis par une courbe s'écartant de 2 centimètres au milieu et à gauche de l'oblique ponctuée.

Dessous de bras R C. — Renforcer la ligne R C.

Remarque. — La chemise ne s'arrête pas à la ligne D C, elle se continue tout d'une pièce jusqu'au bas. Sa longueur totale par derrière est environ égale à 5 fois la longueur A E.

DEVANT

LIGNES DE CONSTRUCTION

Rectangle A B C D. — Tracer un rectangle A B C D (la ligne D C ponctuée), ayant pour longueur la longueur du devant et pour largeur les 2/5 du tour de poitrine.

Prolonger les deux verticales du rectangle comme lignes indéfinies.

Ligne R E. — Du point A, vers D, compter la demi-longueur du devant, plus un demi-centimètre. Tracer l'horizontale R E.

Ligne L M. — Du point A, vers D, porter le seizième du tour de poitrine moins 2 cent. et demi. Tracer l'horizontale L M.

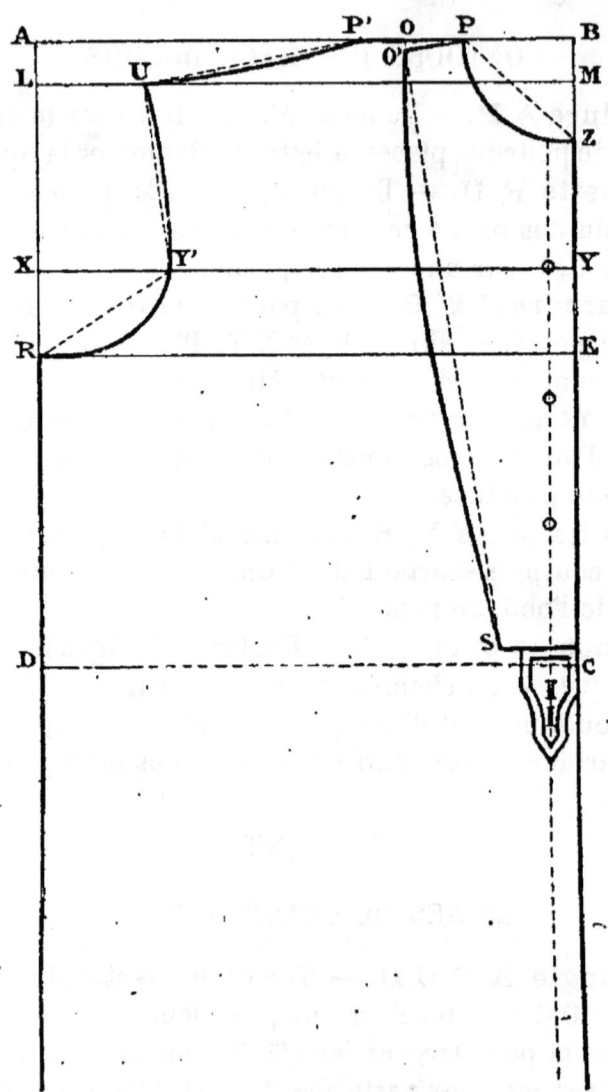

Fig. 56 (au 1/6). — Devant de la chemise.

Ligne X Y. — Du point R, vers A, porter le seizième du tour de poitrine. Tracer l'horizontale X Y.

CONTOURS DU TRACÉ DU DEVANT

Encolure P Z. — Du point B, vers A, porter le seizième du tour de poitrine plus 2 centimètres, placer la lettre P. Du point B, vers C, porter le seizième du tour de poitrine plus un centimètre, placer la lettre Z. Réunir les points P, Z par une oblique ponctuée, puis par une courbe s'écartant de 18 millimètres au milieu et au-dessous de l'oblique ponctuée.

Espace réservé aux plis P P'. — Du point P, vers A, porter le seizième du tour de poitrine plus 1 cent. et demi, placer la lettre P'. Renforcer la ligne P P'.

Epaulette du devant P' U. — Du point P', jusqu'à la rencontre de la ligne L M, porter vers la gauche la longueur de l'épaulette (troisième mesure) plus 2 cent. et demi, placer la lettre U.

Réunir les points P', U par une oblique ponctuée, puis par une courbe s'écartant d'un demi-centimètre au milieu et au-dessous de l'oblique ponctuée.

Entournure U Y' R. — Du point X, vers Y, porter le dixième du tour de poitrine moins un demi-centimètre, placer la lettre Y'.

Réunir les points U, Y' par une oblique ponctuée, puis par une courbe s'écartant de 3 millimètres au milieu et sur la droite de l'oblique ponctuée.

Réunir les points Y', R par une oblique ponctuée, puis par une courbe s'écartant de 2 centimètres au milieu et au-dessous de l'oblique ponctuée.

Dessous de bras R D. — Renforcer la ligne R D.

Remarque. — Le devant de la chemise se continue au-dessous de la ligne D C; on lui donne en longueur environ 10 à 12 centimètres de moins qu'au dos; on l'arrondit par le bas.

EMPIÈCEMENT

LIGNES DE CONSTRUCTION

Rectangle A B C D. — Tracer un rectangle A B C D ayant pour hauteur le dixième du tour de poitrine et pour largeur la longueur de l'épaulette du devant plus le dixième du tour de poitrine.

Ligne L M. — Du point A, vers D, compter 2 centimètres, placer la lettre L. Tracer la ligne L M, parallèle à A B.

CONTOURS DE L'EMPIÈCEMENT

Encolure I P. — Du point A, vers B, porter le dixième du tour de poitrine, placer la lettre P.

Du point A, vers D, porter la demi-longueur A D, placer la lettre I.

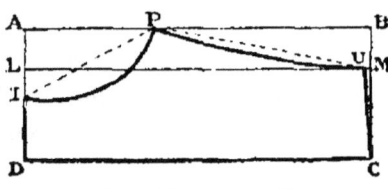

Fig. 57 (au 1/6). — Empiècement.

Réunir les points I, P par une oblique ponctuée, puis par une courbe s'écartant de 18 millimètres aux deux tiers et au-dessous de l'oblique ponctuée.

Epaulette P U. — Du point M, vers la gauche, compter un demi-centimètre, placer la lettre U. Réunir les points P, U par une oblique ponctuée, puis par une courbe s'écartant d'un demi-centimètre au milieu et au-dessous de l'oblique ponctuée.

Milieu du dos I D. — Renforcer la ligne I D.

Entournure U C. — Réunir les points U, C par une oblique.

Bord inférieur D C. — Renforcer la ligne D C.

COL RABATTU

LIGNES DE CONSTRUCTION

Rectangle A B C D. — Tracer un rectangle A B C D ayant pour hauteur 8 centimètres et pour largeur le demi-contour de l'encolure plus 2 cent. et demi.

Ligne L M. — Du point A, vers D, compter un centimètre. Tracer l'horizontale L M.

Ligne X Y. — Du point D, vers A, compter 2 centimètres, placer la lettre X. Tracer l'horizontale X Y.

Ligne X' Y'. — Du point X, vers D, compter un centimètre, placer la lettre X'. Tracer l'horizontale X' Y'.

Ligne P S. — Du point B, vers A, compter 11 centimètres (10 centimètres pour les mesures au-dessous de 80 centimètres de tour de poitrine). Tracer la verticale P S, parallèle à B C. A la rencontre de cette verticale avec la ligne L M, placer la lettre P'.

A la rencontre de cette verticale avec la ligne X' Y' placer la lettre S'.

CONTOURS DU COL

Devant du col Z O Y' C. — Du point B, vers A, compter 2 centimètres, placer la lettre Z.

Du point Y, vers X, compter 2 centimètres, placer la lettre O.

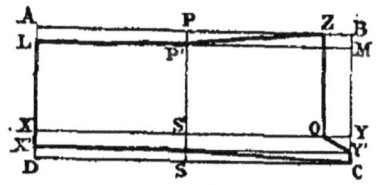

Fig. 58 (au 1/6). — Col de la chemise.

Réunir les points Z, O par une verticale; les points O et Y' par une oblique.

Renforcer la ligne Y' C.

Bord supérieur Z P' L. — Réunir les points Z, P' par une oblique pleine. Renforcer la ligne P' L.

Bord inférieur X' S' C. — Réunir les points S', C par une oblique. Renforcer la ligne X' S'.

Milieu du col L X'. — Renforcer la ligne L X'.

COL ROND

LIGNES DE CONSTRUCTION

Rectangle A B C D. — Tracer un rectangle A B C D ayant pour longueur le 1/5 du tour de poitrine plus 2 centimètres et pour largeur le 1/5 du tour de poitrine.

CONTOURS DU COL

Milieu du col par derrière A P. — Du point A, vers
10.

B, compter 7 centimètres, placer la lettre P. Renforcer la ligne A P.

Encolure P Z. — Du point C vers B, compter 4 cent., placer la lettre Z. Réunir les points P, Z par une oblique ponctuée, puis par une courbe s'écartant de 2 centimètres au milieu et à gauche de l'oblique ponctuée.

Bord inférieur A A′ S. — Du point A, vers D, compter

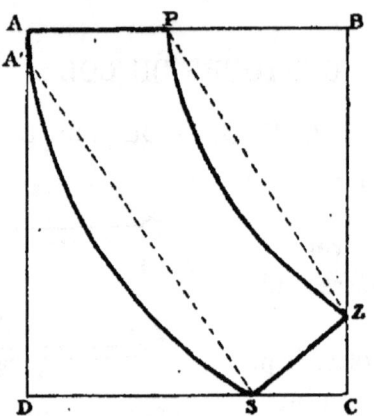

Fig. 59 (au 1/6). — Col rond.

1 cent. et demi, placer la lettre A′. Du point C, vers D, compter 5 centimètres, placer la lettre S. Réunir les points A′, S par une oblique ponctuée, puis par une courbe s'écartant de 2 centimètres au milieu et à gauche de l'oblique ponctuée.

Renforcer la ligne AA′ en la fondant avec la courbe A′ S au point A′.

Bord du devant S Z. — Réunir les points S, Z par une oblique pleine.

MANCHE

LIGNES DE CONSTRUCTION

Rectangle A B C D. — Tracer un rectangle A B C D ayant pour longueur la longueur du bras plus 5 centimètres, et pour largeur le quart du tour de poitrine plus 5 centimètres.

Ligne L M. — Du point A, vers D, porter le seizième du

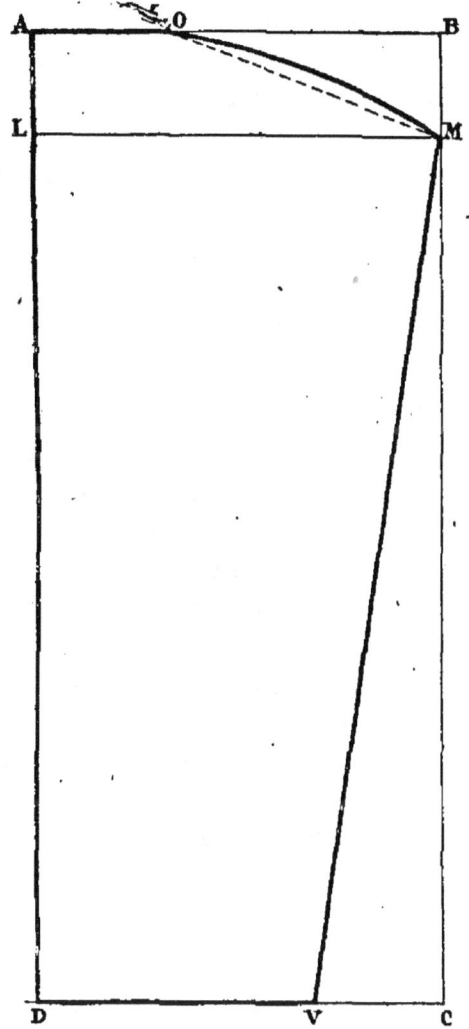

Fig. 60 (au 1/6). — Manche.

tour de poitrine plus un centimètre. Tracer l'horizontale L M.

CONTOURS DE LA MANCHE

Entournure A O M. — Du point A, vers B, porter le

tiers de la longueur A B, placer la lettre O. Réunir les points O, M par une oblique ponctuée, puis par une courbe s'écartant d'un centimètre au milieu et au-dessus de l'oblique ponctuée. Renforcer la ligne A O et la fondre avec O M.

Bord inférieur D V. — Du point C, vers D, porter le dixième du tour de poitrine, placer la lettre V. Renforcer la ligne D V.

Couture intérieure M V. — Réunir les points M, V par une oblique pleine.

Renforcer la ligne A D.

POIGNET

Rectangle A B C D. — Tracer un rectangle A B C D ayant pour hauteur 6 à 8 centimètres, selon la hauteur que l'on veut donner au poignet, et pour largeur la demi-grosseur de la main plus 2 centimètres.

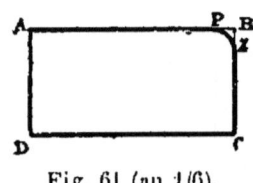

Fig. 61 (au 1/6).
Poignet.

Bord du poignet P Z. — Du point B, vers A, compter un centimètre, placer la lettre P. Du point B, vers C, compter un centimètre, placer la lettre Z.

Réunir les points P, Z par une courbe légèrement convexe.

Renforcer les lignes A P, A D, D C et Z C.

PLASTRON

Si l'on veut mettre un plastron à la chemise, ce qui n'est pas nécessaire pour les chemises de garçonnets, nous donnons le moyen d'en tracer le patron.

Le plastron est dessiné sur le patron du devant de la chemise.

Du point P, vers A, compter 4 centimètres, placer la lettre O.

Du point C, vers la gauche, compter 5 centimètres, placer

un point. Élever ce point verticalement d'un centimètre et placer la lettre S.

Tracer du point S, sur la droite, une horizontale de 5 centimètres de longueur, rejoignant par conséquent la ligne du rectangle.

Réunir les points O, S par une oblique ponctuée. Abaisser le point O d'un centimètre sur cette oblique, placer la lettre O'. Réunir O' et P par une oblique pleine.

Réunir O', S par une courbe écartée d'un cent. et demi au milieu et à gauche de l'oblique ponctuée.

ASSEMBLAGE DE LA CHEMISE

Le patron de la chemise de flanelle que nous donnons ici est fait sur les mesures suivantes :

1° **Longueur du devant :** 37.
2° **Tour de poitrine :** ... 80.
3° **Epaulette :** .... 11.
4° **Encolure :** .... 34.
5° **Grosseur de la main :** 22.

Le patron du dos représente la moitié du dos de la chemise, l'ampleur comprise : on place l'étoffe pliée sur la ligne A D et on donne pour longueur environ 5 fois la longueur A E.

Pour tailler le devant, on place le patron sur l'étoffe pliée double, la ligne Z C à 4 centimètres en dedans du pli, et l'on taille le devant 10 ou 12 centimètres plus court que le dos.

Le milieu de la chemise est à 12 millimètres du point Z ; il est indiqué par la ligne ponctuée sur laquelle doivent se placer les boutons, sur le devant côté droit, et les boutonnières, sur le devant côté gauche. On fend l'étoffe à l'endroit du pli, en donnant à cette fente, à partir de l'encolure, 2 centimètres de plus que la longueur du devant, soit, pour les mesures prises ici, une fente de 39 centimètres. On fait de chaque côté de cette fente deux ourlets à l'endroit appelés gorges, celui de droite rabattu sur l'endroit ayant 3 centimètres de large et piqué à l'endroit. Pour le côté gauche, un ourlet de 3 cent. et demi sur lequel on fait quatre piqûres ; deux à chaque bord, l'une à un millimètre du bord, l'autre à 4 ou 5 millimètres de la première.

Les boutonnières, au nombre de trois, se font verticalement au milieu de cette gorge de gauche ; la première commence à environ 8 centimètres de l'encolure et elles sont espacées toutes les trois de 7 centimètres.

On applique la gorge de gauche sur celle de droite, de façon qu'elle dépasse cette dernière de quelques millimètres; on la fixe au moyen de deux points d'arrêt horizontaux placés à 4 centimètres du bas, faits sur les deux piqûres du milieu et reliés entre eux par une piqûre horizontale.

Le bas de la fente est caché par une barrette horizontale, de 4 centimètres de longueur sur un centimètre de hauteur, piquée des 4 côtés, qui enferme en même temps les gorges et cache un pli creux destiné à employer l'ampleur du bas de la chemise. L'étoffe placée entre le point P et le point P' sert à former deux ou trois plis qui donnent de l'ampleur au devant.

On assemble, au moyen de coutures rabattues, les côtés dos et devant de la chemise, à partir du point R jusqu'à la moitié environ de la partie de derrière; à cet endroit, on place un gousset, sorte de petit fichu taillé en biais, ayant dans sa grande largeur environ 10 centimètres de longueur; la pointe du milieu se place à l'endroit où finit la couture. Les deux côtés se cousent sur l'espace de 2 centimètres à droite et à gauche, puis on rabat cette pointe à l'envers en l'appliquant sur la chemise au moyen de petits points de côté. A l'endroit de la fente, ce gousset forme une sorte de petite poche, qui empêche la chemise de se déchirer. On fait un ourlet tout autour des pans derrière et devant.

L'empièçement se taille 4 fois, deux dessus et deux dessous; les deux dessus se réunissent aux deux lettres I et D. La lettre D se place au milieu du pli du dos et l'on distribue l'ampleur du dos au moyen de fronces qui s'arrêtent au milieu de la ligne D C de l'empièçement. A partir de ce point, on pique l'empièçement jusqu'à l'entournure.

Le devant de l'empièçement se pique sur l'épaulette du devant, la lettre P et la lettre U de l'empièçement se confondant avec la lettre P et la lettre U du devant.

L'empièçement du dessous vient cacher tous les remplis, on le monte à points de côté en faisant attention de ne pas faire traverser les points. Le col se taille double en plaçant le pli de l'étoffe sur la ligne L X'. On fait au bord de ce col deux piqûres espacées de 3 à 4 millimètres; on le monte au moyen d'un poignet de 2 à 3 centimètres, piqué en haut et en bas. La doublure de ce poignet dissimule les coutures de la chemise et du col.

Les manches sont prises toutes les deux dans la largeur de l'étoffe. On se sert des pointes qui tombent en bas pour compléter la largeur du haut. Quand il s'agit d'habiller de jeunes garçons ayant 78 à 80 centimètres de tour de poitrine, on ne peut plus agir ainsi. Il faut alors placer le patron de la manche qu'on a taillée double, de façon que le pli ne soit plus au milieu de l'étoffe, mais que les deux manches se contrarient comme il est indiqué dans la figure 62.

Il reste à tailler deux pointes que l'on trouve dans le demi-lé de l'étoffe, encore tête-bêche.

Le reste s'emploie au col, à la barrette, à l'empiècement et au poignet; toutes ces pièces se taillent dans le droit fil de l'étoffe.

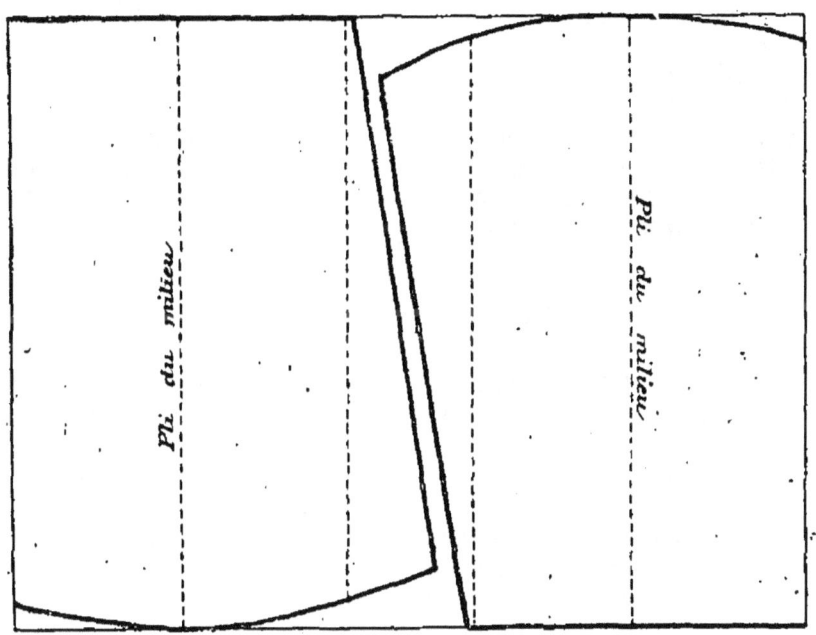

Fig. 62 (au 1/10). — Coupe des manches.

Le col montant se taille double et se monte sans barrette; si on le monte avec une barrette, on donnera à celle-ci 3 centimètres de hauteur et le col s'arrêtera à la ligne X O.

Les manches se cousent en coutures rabattues, se montent en plaçant la couture exactement aux deux points R de l'entournure; l'ampleur est distribuée en petites fronces dans tout l'espace de l'empiècement, la monture de ces manches en coutures rabattues ayant 6 millimètres environ de large.

Les poignets se taillent dans le droit fil de l'étoffe. On les fait doubles pour la chemise en flanelle, et avec une triplure pour la chemise en calicot.

On fait une fente de 12 centimètres environ au bas de la manche, couture intérieure, et on place 2 faux-ourlets; l'un, de 2 centimètres, posé à cheval et débordant pour la partie de la fente qui croise, par-dessus, côté des boutonnières; l'autre de 12 ou 15 millimètres, posé dessous comme un véritable faux-ourlet, côté des boutons.

Le faux-ourlet de dessus formant barrette se termine par des piqûres et des points d'arrêt, comme la gorge de la chemise.

On enferme la manche, légèrement froncée, dans le bord supérieur du poignet.

On place une boutonnière en bas et en haut du poignet et deux boutons correspondants après avoir piqué celui-ci tout autour.

On fait le col rond surtout pour les chemises de madapolam blanc ou à dessins de couleurs destinées aux jeunes garçons (de 6 à 12 ans). On le taille en étoffe double et, pour le rendre plus ferme, on y met une triplure. Il se monte à la chemise à l'aide d'un poignet de 2 centimètres de hauteur fermé par une boutonnière horizontale et un bouton.

ASSEMBLAGE DU PLASTRON

Si l'on veut faire le plastron à même la chemise, on taille le patron tel qu'il est placé dans le rectangle, sans s'occuper du plastron. On coupe ensuite le plastron de O' en S, en laissant 7 millimètres pour les rentrés; puis on place le point P sur le point P', la ligne P O' suivant l'épaulette et en laissant l'ampleur en trop en dessous de la chemise, de façon que les deux étoffes, dessus et dessous, soient placées l'une sur l'autre, chaîne sur chaîne, absolument dans le même sens.

Le rempli du plastron se rentre à l'intérieur et se fixe au moyen d'une piqûre. On coupe alors à l'envers toute l'étoffe en trop pour ne laisser que 4 ou 5 millimètres le long de cette piqûre. Ce rempli de l'envers est caché au moyen d'une doublure ayant exactement la même forme que le plastron. Au point S, on forme un pli creux pour utiliser l'ampleur, puis on place une barrette suivant l'horizontale bas du plastron. La croisure du plastron est la même que celle indiquée plus haut pour les gorges et les ourlets, ceux-ci n'ayant plus raison d'être quand on fait un plastron.

On pique le plastron d'abord à un millimètre du bord, ensuite à 3 ou 4 millimètres de la première piqûre.

On pratique des boutonnières verticales sur le côté gauche du plastron et l'on pose des boutons correspondants sur le côté droit; si l'on veut remplacer les boutons fixes par des boutons doubles en nacre ou en métal, nous conseillons de faire les boutonnières du côté droit non plus verticales mais horizontales, de façon que les boutons ne s'échappent pas.

La barrette est la même que celle que nous avons décrite pour la chemise à plis; seulement, pour cacher la doublure de ce plastron dans le bas, il faut mettre une seconde barrette à l'envers de la chemise.

Quand la chemise est en madapolam, on fait souvent le plastron, le col et les poignets en toile. Dans ce cas, on enferme entre le dessus et la doublure du plastron une étoffe lâche appelée *triplure,* qui prend facilement l'empois et donne de la raideur à la chemise.

Le plastron se termine au bas par deux rangs de piqûres et il enferme une patte que l'on taillera en s'inspirant du dessin (fig. 56). Cette patte, taillée double dans le sens de la chaîne, est doublée de même étoffe, piquée tout autour à un millimètre et à 3 millimètres et comporte 2 boutonnières qui s'attachent aux boutons du caleçon ou du pantalon, ce qui empêche le devant de la chemise de remonter.

QUATRIÈME PARTIE

TROUSSEAU

CHEMISE A COULISSE POUR FEMME
ET POUR FILLETTE

Les mesures à prendre pour tracer le patron de la chemise de femme sont les suivantes :

1° **Longueur du devant.** — De la couture d'épaule, encolure, au milieu du devant, ceinture.

2° **Longueur totale de la chemise.** — De la couture d'épaule, encolure, au bas de la chemise.

3° **Contour des épaules.** — On entoure les épaules avec le ruban métrique, que l'on réunit par devant sans serrer.

4° **Tour de poitrine.** — Passer le ruban métrique sous les bras et le réunir par devant sans serrer.

Prendre les divisions suivantes du tour de poitrine : 1/3, 1/8, 1/16.

LIGNES DE CONSTRUCTION

Rectangle A B C′ D′. — Tracer un rectangle A B C′ D′ ayant pour longueur la longueur totale de la chemise et pour largeur le 1/3 du tour de poitrine moins 2 centimètres.

Ligne D C. — Du point A, vers D′, porter la première longueur du devant, et tracer la ligne D C parallèle à A B.

Du point A, vers D, porter le 1/5 du tour de poitrine moins 1 centimètre et placer la lettre R.

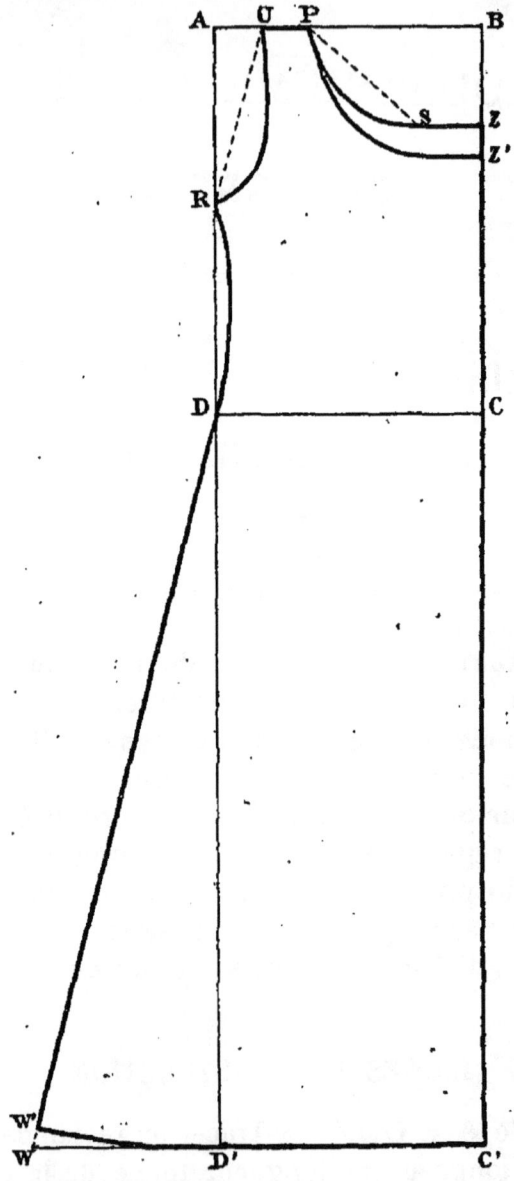

Fig. 63 (au 1/10). — Chemise à coulisse.

Epaulette U P. — Du point A, vers B, porter le 1/16 du tour de poitrine, placer la lettre U. Du point U, porter sur la droite 4 centimètres. Placer la lettre P. (La largeur de l'épaulette varie selon que l'on veut faire la chemise plus ou moins décolletée; on peut donner 5 ou 6 centimètres au lieu de 4.)

Encolure du dos P Z. — Du point B, vers C, porter le 1/8 du tour de poitrine plus 1 centimètre; placer la lettre Z. Du point Z tracer sur la gauche une horizontale de 7 centimètres, placer la lettre S. Réunir les points P, S par une oblique ponctuée, puis par une courbe s'écartant de 3 cent. et demi au milieu et à gauche de la ligne ponctuée et se fondant avec la ligne S Z au point S.

Encolure du devant P Z'. — Descendre verticalement le point Z de 3 centimètres, placer la lettre Z'. Reprendre la courbe P Z, la suivre d'abord l'espace de 5 ou 6 centimètres, puis s'en écarter graduellement pour rejoindre le point Z' en suivant parallèlement la ligne S Z pendant 7 centimètres.

Entournure U R. — Joindre U, R par une oblique ponctuée, puis par une courbe rentrée de 3 centimètres à droite et aux 2/3 de l'oblique ponctuée et s'arrondissant vers le point R.

Couture de côté R D W'. — Prolonger la ligne D' C' des 2/3 de sa longueur à gauche du point D'; placer la lettre W.

Réunir D, W par une oblique ponctuée. Remonter le point W de 2 centimètres sur cette oblique ponctuée et placer la lettre W'.

Réunir les points R, D par une courbe rentrée d'un centimètre et demi au milieu et à droite de la ligne R D.

Réunir D, W' par une oblique pleine se fondant avec la courbe précédente au point D.

Bord inférieur W' C'. — Réunir W' à C' par une courbe très légère se fondant avec la ligne D' C'.

MANCHE

LIGNES DE CONSTRUCTION ET POINTS DE REPÈRE

Rectangle A B C D. — Tracer un rectangle A B C D

ayant pour longueur le 1/5 du tour de poitrine plus 3 centimètres et pour largeur le 1/10 du tour de poitrine.

Porter 4 cent.

1° Du point A vers B, placer la lettre N.

2° Du point D vers A, placer la lettre V.

3° Du point C vers D, placer la lettre R.

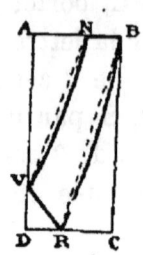

Fig. 64 (au 1/10). — Manche de la chemise.

CONTOURS DE LA MANCHE

Bord de la manche N V. — Joindre les points N, V par une oblique ponctuée, puis par une courbe rentrée d'un demi-centimètre au milieu et à droite de la ligne ponctuée.

Couture de la manche V R. — Réunir les points V R par une oblique pleine.

Entournure B R. — Joindre les points B, R par une oblique ponctuée, puis par une courbe s'écartant d'un centimètre à droite et au milieu de l'oblique ponctuée.

Renforcer la ligne N B.

MANCHE CROISÉE

LIGNES DE CONSTRUCTION ET POINTS DE REPÈRE

Fig. 65 (au 1/10). Manche croisée.

Rectangle A B C D. — Tracer un rectangle A B C D ayant pour longueur le 1/5 du tour de poitrine plus 5 centimètres et pour largeur le 1/16 du tour de poitrine plus 2 centimètres.

Du point D, vers A, compter 1 cent. et demi, placer la lettre V.

Du point C, vers B, porter le 1/16 du tour de poitrine, placer la lettre Y.

CONTOURS DE LA MANCHE CROISÉE

Bord de la manche A V. — Renforcer la ligne A V.

Couture de la manche V C. — Réunir les points V, C par une oblique pleine.

Entournure de la manche A, Y, C. — Réunir les points A, Y par une oblique ponctuée, puis par une courbe s'écartant d'un centimètre au milieu et à droite de l'oblique ponctuée.

Renforcer la ligne Y C en la fondant au point Y avec la courbe A Y.

COUPE ET ASSEMBLAGE DE LA CHEMISE

On plie l'étoffe de la chemise d'abord les deux lisières l'une contre l'autre, puis on la replie en deux dans le sens de la largeur. On place la ligne Z C sur le pli de l'étoffe, et pour tailler les deux encolures, qui ne sont pas semblables, on taille d'abord en prenant seulement deux doubles, l'encolure du dos, qui est la moins échancrée, puis on taille ensuite celle du devant.

On laisse 1 centimètre pour les coutures des lés dans les chemises de percale (1 cent. et demi dans les chemises de toile forte). On laisse 4 centimètres pour l'ourlet du bord et 7 à 8 millimètres pour le rabat des manches. On fait, à l'encolure, un ourlet d'un centimètre que l'on pique à l'endroit, ou bien l'on place un ruban de percale comme faux-ourlet. On place à l'intérieur de cette coulisse un lacet étroit qui ressort par deux œillets placés par devant.

Les deux manches se placent sur l'étoffe comme elles sont placées dans le rectangle. Dans la manche ordinaire, fig. 64, l'étoffe pliée double dans le sens de la trame suit la ligne N B ; la couture se fait le long du biais V R. Dans la manche croisée, fig. 65, le droit fil suit la ligne A V et la couture se fait le long du biais V C. La manche est montée d'abord à l'endroit, rabattue à l'envers et soutenue dans sa rondeur. Si l'on choisit la manche fig. 65, on la croise d'environ 2 cent. de chaque côté de l'épaulette à la lettre U. Cette croisure est cousue avec l'entournure. On fait une piqûre sur la chemise, tout autour de l'entournure.

L'étoffe employée pour les chemises de femme varie entre 80 et 90 centimètres de large. Pour compléter par le bas la largeur de la chemise, qui doit être de 1 m. 90 à 2 m. 10 (selon la largeur du tour de poitrine), on ajoute quatre pointes que l'on trouve dans les échancrures du haut. Ces pointes, que l'on réunit du côté de leur lisière à la lisière de la chemise au moyen d'un surjet, doivent être arrondies par le bas comme la chemise. On les joint ensuite par une couture rabattue qui se continue tout le long de la chemise jusqu'au point R.

CHEMISE A POIGNET

Le patron de la chemise à poignet diffère du précédent.

1° Dans la largeur du rectangle, qui a le 1/3 du tour de poitrine plus 3 centimètres.

2° Dans la couture du dessous de bras, qui se fait comme suit : prolonger sur la gauche la ligne C' D' de façon qu'elle ait pour longueur, à partir du point C', le demi-tour de poitrine plus 3 ou 4 centimètres, selon la longueur de la chemise ; placer la lettre W.

Dessous de bras R D. — Réunir R, D par une courbe rentrée de 2 centimètres au tiers et à droite de la ligne R D.

Faire la ligne D W'. — Comme la ligne D W' de la chemise à coulisse.

Cette chemise se taille et s'assemble comme la précédente, excepté l'encolure, qui diffère.

Au milieu de l'encolure, par devant, on fait une fente de 15 à 16 centimètres de longueur. La partie gauche de cette fente (côté droit de la chemise) est garnie d'une patte de 3 centimètres de largeur qui dépasse la fente d'un centimètre par le bas. Cette patte se place d'abord à l'endroit, se rabat à l'envers en dépassant la fente d'un cent. et demi. On la pique à l'endroit tout autour, à 7 millimètres environ de son contour, ce qui forme comme un petit pli se détachant sur la chemise. On place sur la fente droite (côté gauche de la chemise) une patte de la même largeur, dépassant la fente d'un cent. et demi et formant faux-ourlet à l'envers.

De chaque côté de l'ouverture de la chemise, on fait des fronces sur une longueur de 12 à 14 centimètres. On fait également par derrière 22 à 24 centimètres de fronces. La partie qui recouvre les épaules n'est pas froncée.

On taille le poignet en droit fil en lui donnant pour longueur la 3ᵉ mesure, *contour des épaules*, et pour largeur 3 centimètres qui se réduisent à 1 cent. et demi une fois le poignet replié sur lui-même.

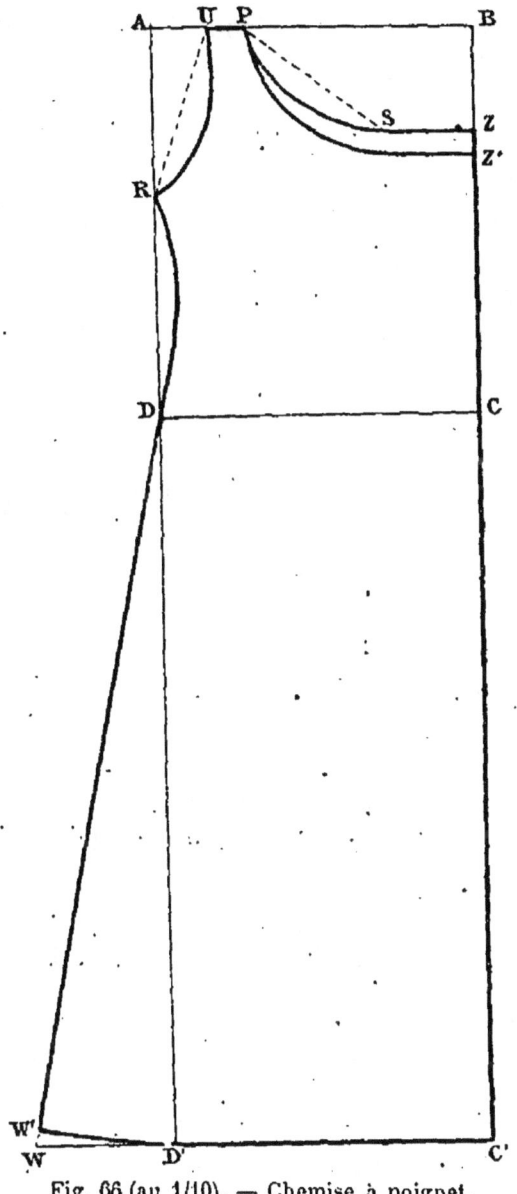

Fig. 66 (au 1/10). — Chemise à poignet.

On le plie en deux dans sa longueur et l'on attribue la moitié plus 3 centimètres à l'encolure du devant et la moitié

11.

moins 3 centimètres à l'encolure du dos. Exemple : pour un contour d'épaules de 106 centimètres, le devant d'une épaule à l'autre aura 56 centimètres, le dos 50 centimètres.

On place alors le poignet à l'endroit, on le rabat à l'envers et on le pique à l'endroit au milieu.

Lorsqu'on garnit la chemise d'une bande brodée, on diminue d'un centimètre la largeur du poignet et celle de la patte (côté droit).

La chemise est fermée par une boutonnière *horizontale* placée sur le poignet (côté droit), et par une boutonnière verticale placée au milieu de la patte piquée. Deux boutons répondent à ces boutonnières sur le côté gauche de la chemise.

PANTALON DE FEMME ET DE FILLETTE

Mesures à prendre :

1° **Longueur du côté**. — Du creux de la hanche au milieu du mollet.

2° **Tour de poitrine**. — Voir page 2.

3° **Tour de taille**. — Voir page 2.

Prendre les divisions suivantes du tour de poitrine : 1/2, 1/5, 1/10, 1/16.

LIGNE DE CONSTRUCTION ET POINTS DE REPÈRE

Rectangle A B C D. — Tracer un rectangle A B C D ayant pour longueur la longueur du côté augmentée du dixième du tour de poitrine, et pour largeur le demi-tour de poitrine.

Ligne X Y. — Du point A, vers D, porter le dixième du tour de poitrine ; placer la lettre X. Tracer la ligne X Y, parallèle à A B.

Du point X, vers Y, porter deux fois successivement le dixième du tour de poitrine ; placer les lettres V et S.

Du point X, vers D, porter le demi-tour de poitrine diminué du 1/16 et placer la lettre R.

Ligne L M. — Du point R, remonter vers X du dixième du tour de poitrine; placer la lettre L. Tracer une horizon-

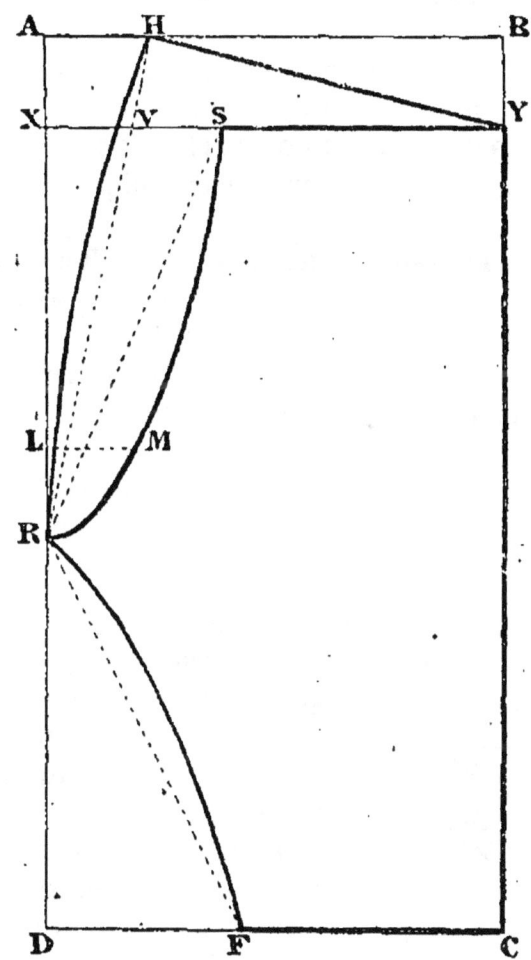

Fig. 67 (au 1/10). — Pantalon de femme.

tale L M ayant pour longueur le dixième du tour de poitrine.

Du point C, vers D, porter les 3/10 du tour de poitrine; placer la lettre F. Lorsque le tour de poitrine dépasse 90 centimètres, on ne doit pas dépasser 27 centimètres de C vers D.

CONTOURS DU PANTALON

Couture de milieu par derrière R H. — Placer la règle sur les points R, V et tracer une oblique ponctuée rejoignant le rectangle, ligne A B. Placer la lettre H à l'extrémité supérieure de cette ligne.

Réunir R, H par une courbe s'écartant d'un cent. et demi à gauche et au milieu de la ligne ponctuée.

Ceinture de derrière et ceinture de devant H Y S. — Joindre les points H, Y par une ligne oblique. Renforcer la ligne S Y.

Couture de milieu par devant S R. — Réunir S, R par une oblique ponctuée, puis par une courbe passant par le point M et s'arrondissant vers le point R.

Couture intérieure de la jambe R F. — Réunir R, F par une ligne ponctuée, puis par une courbe s'écartant de 2 centimètres à droite et au milieu de la ligne ponctuée.

Bord inférieur F C. — Renforcer la ligne F C.

CEINTURE DU PANTALON

Construire un rectangle A B C D ayant pour hauteur le 1/5 du tour de poitrine moins 1 centimètre, et pour largeur le tiers du tour de taille.

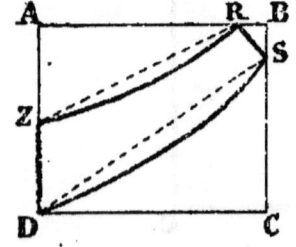

Fig. 68 (au 1/10). — Ceinture du pantalon.

Du point A, vers D, porter le 1/10 du tour de poitrine; placer la lettre Z.

Du point B, vers A, compter 3 centimètres; placer la lettre R.

Du point B, vers C, compter 3 centimètres; placer la lettre S.

Joindre les points Z, R par une oblique ponctuée, puis par une courbe s'écartant de près de 2 centimètres au milieu et au-dessous de l'oblique ponctuée.

Joindre R, S par une ligne oblique.

Réunir D, S par une ligne ponctuée, puis par une courbe

s'écartant de près de 2 centimètres au milieu et au-dessous de l'oblique ponctuée.

ASSEMBLAGE DU PANTALON

On taille séparément chaque jambe de pantalon en plaçant la ligne Y C du patron sur le pli de l'étoffe et en laissant au bas de la jambe l'étoffe nécessaire à l'ourlet et aux plis, si l'on veut en faire. On les réunit en faisant une couture rabattue sur la ligne R F. On pratique une fente de 26 à 28 centimètres environ et en droit fil à partir du point Y. On pose sous le bord de cette fente par devant un faux-ourlet d'un centimètre en ruban croisé. La fente de derrière se garnit d'une patte rapportée ayant 6 centimètres de large et 3 centimètres une fois repliée sur elle-même. Elle croise sur le devant et s'assujettit au moyen de piqûres sur trois côtés.

Le bas du pantalon ordinaire se termine par un ourlet de 6 centimètres surmonté de plusieurs petits plis (ces plis et cet ourlet ne sont pas compris dans le patron).

Pour faire le pantalon à poignet, on fronce le bas de la jambe, et on l'enferme entre deux bandes en droit fil de 40 à 42 centimètres de long sur 2 cent. et demi de large. Ce poignet est terminé par une bande de broderie ou par une dentelle légèrement froncée.

On assemble les deux jambes en réunissant les lettres S, S; R, R; H, H.

On taille la ceinture en plaçant l'étoffe double et en *droit fil* sur la ligne Z D; on la double en enfermant un liseré dans son extrémité supérieure (ligne Z R de la ceinture).

On monte le devant du pantalon dans cette ceinture en cousant chaque fronce séparément, et on place un bouton à chaque extrémité un peu au-dessous du point R.

Le derrière du pantalon s'enferme dans une ceinture en droit fil ayant 50 centimètres de longueur et 8 centimètres de largeur (4 centimètres une fois repliée sur elle-même). On fait au milieu de cette ceinture une coulisse de 25 à 30 centimètres de long et l'on place deux boutonnières à ses extrémités.

Il faut environ 2 mètres d'étoffe en 0 m. 80 de largeur.

PANTALON DE FILLETTE

Le pantalon de fillette se fait comme le pantalon de femme, avec cette seule différence qu'on obtient le point R en portant le demi-tour de poitrine à partir du point A, au lieu de le porter à partir du point X.

CAMISOLE DE FEMME

Les mesures à prendre sont les suivantes :

1° **Longueur du devant.** — Voir page 2.
2° **Largeur du dos.** — Voir page 2.
3° **Tour de poitrine.** — Voir page 2.
4° **Longueurs du bras.** — Voir page 2.

Prendre les divisions suivantes du tour de poitrine : 1/4; 1/5; 1/16.

TRACÉ DU DOS

LIGNES DE CONSTRUCTION

Rectangle A B C D. — Tracer un rectangle A B C D ayant pour longueur la longueur du devant plus la moitié de cette longueur et pour largeur le quart du tour de poitrine plus 3 centimètres.

Ligne E R. — Du point A, vers D, porter la moitié de la longueur du devant. Placer un point. De ce point tracer la ligne E R, parallèle à A B.

Ligne L M. — Du point A, vers D, porter le 1/16 du tour de poitrine moins 1 centimètre; tracer l'horizontale L M, parallèle à A B.

Ligne X Y. — Du point L, vers E, compter le 1/16 du tour de poitrine. Tracer la ligne X Y, parallèle à A B (lorsque le 1/16 du tour de poitrine dépasse 7 centimètres on néglige le surplus).

CONTOURS DU TRACÉ DU DOS

Milieu du dos A D. — Renforcer la ligne A D.

Encolure A P. — Du point A, vers B, porter le 1/16 du tour de poitrine plus 1/2 centimètre ; placer un point, remonter ce point d'un cent. et demi et placer la lettre P.

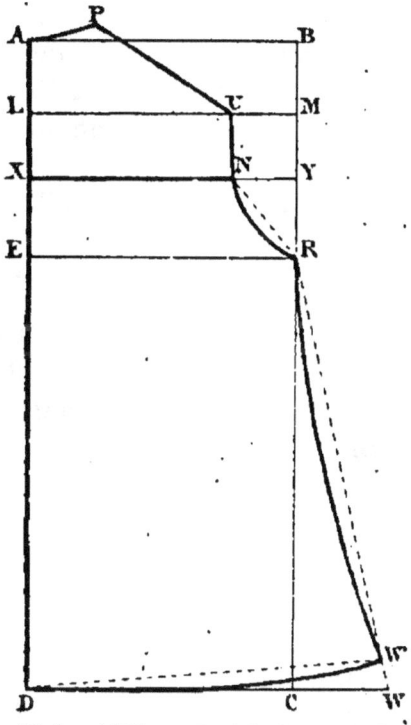

Fig. 69 (au 1/10). — Dos de la camisole.

Joindre les points A, P par une courbe légèrement concave, qui doit rester en dehors du rectangle.

Epaulette P U. — Du point L, vers M, porter la demi-largeur du dos plus 4 centimètres et placer la lettre U. Joindre les points P, U par une oblique pleine.

Entournure U N R. — Du point U, abaisser une perpendiculaire sur la ligne X Y. Placer la lettre N.

Réunir les points N, R par une oblique ponctuée, puis par une courbe s'écartant de 2 centimètres au milieu et à gauche de l'oblique ponctuée.

Dessous de bras R W'. — Tracer à droite du point C une horizontale ayant pour longueur le 1/10 du tour de poitrine, placer la lettre W.

Joindre les points R, W par une oblique ponctuée. Remonter sur cette oblique de 3 cent. et demi, placer la lettre W'. Réunir R, W' par une courbe s'écartant de 2 cent. 1/2 au milieu et à gauche de l'oblique ponctuée.

Bord inférieur D W'. — Joindre les points D, W' par une oblique ponctuée, puis par une courbe s'écartant d'un cent. et demi au milieu et au-dessous de l'oblique ponctuée.

TRACÉ DU DEVANT

LIGNES DE CONSTRUCTION

Rectangle A B C D. — Tracer un rectangle A B C D ayant pour longueur la longueur du devant plus la moitié de cette longueur, et pour largeur le quart du tour de poitrine plus 6 centimètres

Ligne R E. — Du point A, vers D, porter la moitié de la longueur du devant. Tracer la ligne R E parallèle à A B.

Ligne L M. — Du point A, vers D, porter le 1/16 du tour de poitrine moins 3 centimètres. Tracer la ligne L M, parallèle à A B.

Ligne X Y. — Du point R, vers A, porter le 1/16 du tour de poitrine; tracer la ligne X Y, parallèle à A B.

CONTOURS DU TRACÉ

Encolure P Z. — Du point B, vers A, porter le 1/16 du tour de poitrine plus 1 cent. et demi; placer la lettre P; du point B, vers C, porter le 1/16 du tour de poitrine plus 2 cent. et demi; placer la lettre Z. Réunir les points P, Z par une oblique ponctuée, puis par une courbe écartée de 2 centimètres au milieu et à gauche de l'oblique ponctuée.

Bord du devant Z C. — Renforcer la ligne Z C.

Epaulette P U. — Du point P porter vers la gauche la longueur de l'épaulette du dos, jusqu'à la rencontre de la ligne L M, placer la lettre U. Réunir les points P, U par une oblique pleine.

Entournure U Y' R'. — Du point Y, vers X, porter le 1/5 du tour de poitrine plus 2 centimètres; placer la lettre Y'.

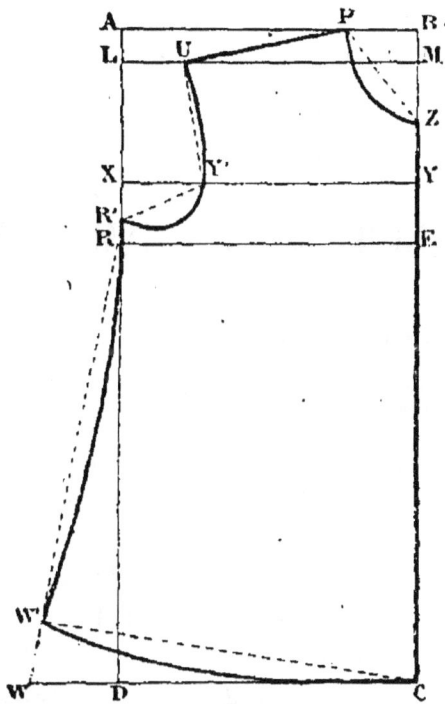

Fig. 70 (au 1/10). — Devant de la camisole.

Du point R, vers A, remonter d'un cent. et demi, placer la lettre R'.

Réunir les points U, Y' par une oblique ponctuée, puis par une courbe rentrée d'un demi-cent. au milieu et à droite de l'oblique ponctuée.

Réunir les points Y', R' par une oblique ponctuée, puis par une courbe s'écartant de 3 cent. et demi au milieu et au-dessous de l'oblique ponctuée.

Dessous de bras R'W'. — Tracer à gauche du point D une horizontale ayant pour longueur le 1/10 du tour de poitrine, placer la lettre W.

Réunir les points R', W par une oblique ponctuée.

Sur cette oblique, porter, en partant de R', la longueur R W du dos, placer la lettre W'.

Réunir R', W' par une courbe s'écartant d'un centimètre et demi au milieu et à droite de l'oblique ponctuée.

Bord inférieur W'C. — Réunir les points W', C par une oblique ponctuée, puis par une courbe s'écartant de 2 cent. et demi au milieu et au-dessous de l'oblique ponctuée.

MANCHE DE LA CAMISOLE

LIGNES DE CONSTRUCTION

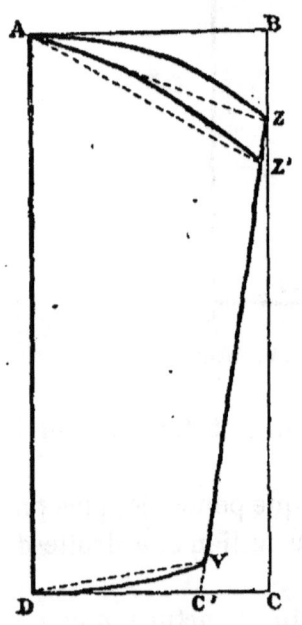

Fig. 71 (au 1/10). — Manche de la camisole.

Rectangle A B C D. — Tracer un rectangle A B C D ayant pour longueur la deuxième longueur du bras, et pour largeur le quart du tour de poitrine.

Couture de la manche Z V. — Du point B, vers C, porter le dixième du tour de poitrine, placer la lettre Z. Avancer le point C de 7 centimètres vers D, placer la lettre C'. Joindre C' et Z par une oblique ponctuée. Remonter le point C' de 3 centimètres sur cette oblique ponctuée et placer la lettre V. Renforcer la ligne Z V.

Entournures A Z A Z'. — Joindre A, Z par une ligne ponctuée, puis par une courbe s'écartant de 2 cent. et demi au milieu et au-dessus de l'oblique ponctuée.

Descendre le point Z de 4 centimètres sur la ligne Z V et placer la lettre Z'.

Réunir A, Z' par une oblique ponctuée, puis par une courbe s'écartant de 2 cent. et demi au milieu et au-dessus de l'oblique ponctuée.

Bord inférieur D V. — Joindre D et V par une oblique ponctuée. Réunir de nouveau ces deux points par une courbe s'écartant d'un demi-centimètre au milieu et au-dessous de l'oblique ponctuée.

La figure 71 représente la manche droite, le dessous étant plus long que le dessus.

AUTRE MANCHE

LIGNES DE CONSTRUCTION

Rectangle A B C D. — Tracer un rectangle A B C D ayant pour longueur la deuxième longueur du bras plus 6 centimètres et pour largeur le 1/5 du tour de poitrine plus 6 centimètres.

CONTOURS DE LA MANCHE

Couture de la manche Z V. — Du point B, vers C, compter 15 centimètres, placer la lettre Z. Du point C, vers B, compter 10 centimètres, placer la lettre V.

Réunir les points Z, V par une courbe rentrée de 4 centimètres au milieu et à gauche de la ligne Z V.

Dessus de l'entournure A O Z. — Du point A, vers B, compter 5 centimètres, placer la lettre O.

Réunir les points O, Z par une oblique ponctuée, puis par une courbe s'écartant de 3 centimètres au milieu et au-dessus de l'oblique ponctuée.

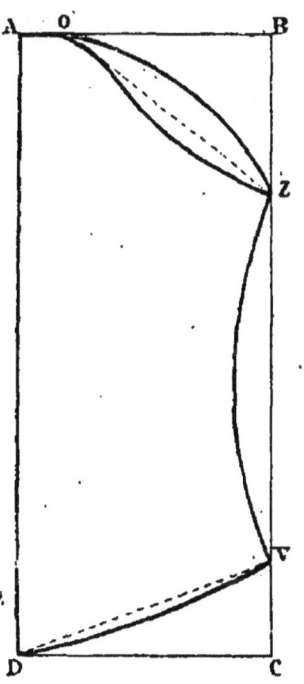

Fig. 72 (au 1/10). — Manche de la camisole ou de la chemise de nuit.

Dessous de l'entournure. — Réunir les points O, Z par une courbe suivant l'oblique ponctuée l'espace de 3 à 4 centimètres, puis s'en écartant de 2 centimètres aux 2/3 et au-dessous de l'oblique ponctuée.

Milieu de la manche A D. — Renforcer la ligne A D.

Bord inférieur de la manche D V. — Réunir les points D, V par une oblique ponctuée, puis par une courbe s'écartant d'un centimètre au milieu et au-dessous de l'oblique ponctuée.

ASSEMBLAGE

Cette manche, qui est plus bouffante que la précédente, s'assemble et se monte comme elle sauf en ce qui concerne les pinces du coude qui n'existe plus ici; on fronce le bas que l'on enferme dans un poignet fermé assez large pour y passer la main.

COL
LIGNES DE CONSTRUCTION

Rectangle A B C D. — Tracer un rectangle A B C D ayant pour hauteur 12 centimètres, et pour largeur le cinquième du tour de poitrine.

Encolure sans barrette I C. — Du point D, vers A, compter 3 centimètres, placer la lettre I. Réunir les points I, C par une oblique ponctuée, puis par une courbe s'écartant d'un centimètre au milieu et au-dessus de l'oblique ponctuée.

Encolure avec barrette I' C. — Prendre le milieu de A D, placer la lettre I'. Réunir le point I' au point C par une oblique ponctuée, puis par une courbe s'écartant d'un centimètre au milieu et au-dessous de l'oblique ponctuée.

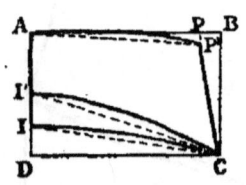

Fig. 73 (au 1/10). — Col de la chemise ou de la camisole.

Bord du col par devant P' C. — Compter 2 centimètres du point B' vers A, placer la lettre P. Réunir les points P, C par une oblique ponctuée. Compter sur cette oblique en partant de P un centimètre et demi, placer la lettre P'.

Renforcer la ligne P' C.

Bord inférieur A P'. — Réunir les points A, P' par une oblique ponctuée, puis par une courbe s'écartant de 7 à 8 millimètres au milieu et au-dessus de l'oblique ponctuée.

Milieu du col sans barrette A I. — Renforcer la ligne A I.

Milieu du col avec barrette A I'. — Renforcer la ligne A I'.

POIGNET

Tracer un rectangle A B C D ayant pour hauteur 9 cent. et pour largeur 15 cent.

Du point D, vers A, compter un demi-centimètre, placer la lettre D'.

Du point B, vers A, compter un centimètre, placer la lettre B'.

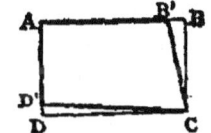

Fig. 74 (au 1/10). — Poignet.

Bord du poignet B' C. — Réunir B', C par une oblique.

Couture du poignet D' C. — Réunir D', C par une oblique.

Renforcer les lignes A D' et A B'.

ASSEMBLAGE DE LA CAMISOLE

Le dos de la camisole se taille double et d'une seule pièce en plaçant la ligne A D sur le pli de l'étoffe, dont on a rapproché les deux lisières.

Le devant se taille comme le devant d'un corsage. On laisse 4 centimètres sur le bord de droite pour un ourlet qui se rabat à l'endroit en formant une sorte de patte, que l'on pique des deux côtés à 6 millimètres du bord.

C'est sur cet ourlet que l'on place les boutonnières *verticales* (au contraire des boutonnières de robe, qui se font horizontales), excepté la boutonnière du haut, qui est horizontale.

Avant de tailler les devants, on y fait habituellement des plis plus ou moins profonds, qui commencent à 1 cent. et demi des ourlets du bord et se prolongent sur une largeur de 10 à 11 centimètres et sur une longueur de 20 centimètres environ.

L'ourlet et les plis terminés, on taille les devants en laissant 1 cent. et demi pour les coutures d'épaules, 7 à 8 millimètres pour les coutures des dessous de bras et 3 centimètres pour l'ourlet du bord inférieur.

Les coutures d'épaules se rabattent le devant sur le dos.

La manche s'assemble en réunissant les points L et Y.

Le dessus de la manche est plus court que le dessous ; aussi fait-on à celui-ci des fronces sur un espace de 3 à 4 centimètres, à la moitié environ de la ligne Y V. Ces fronces sont destinées à donner de l'aisance au coude.

On fixe la manche à l'entournure en plaçant le point A de la manche à 2 centimètres au dessous de la lettre U du dos ; on la coud en couture rabattue ayant 7 millimètres de large environ. Si la manche est un peu plus large que l'entournure, on y fait un petit pli sous le bras.

La camisole se garnit de broderies ou d'un col et de manchettes en toile.

Le col se taille double en plaçant la ligne A I sur la trame de l'étoffe. Si l'on monte le col avec une barrette on le taille le long des lignes A I' C.

Le col ou la barrette s'attache par un bouton et une boutonnière horizontale.

CHEMISE DE NUIT

Pour la prise des mesures, les divisions à calculer et le tracé de la chemise de nuit, se reporter au tracé de la camisole, page 86.

Empiècement A, P, U, N, X. — L'empiècement est déterminé par les points A, P, U, N, X ; voir le tracé du dos de la camisole, fig. 69.

ASSEMBLAGE

La chemise se fait sur le patron de la camisole, que l'on prolonge en suivant la direction des lignes de dessous de bras en leur donnant la longueur que l'on désire.

On taille d'abord l'empiècement A, P, U, N, X. Il se taille deux fois, en plaçant le pli de l'étoffe le long de la ligne A X. Voir le patron du dos de la camisole, fig. 69.

Le dos de la chemise se taille ensuite en partant des points X, N en plaçant les deux lisières superposées sur la droite du patron de façon à laisser toute l'ampleur de l'étoffe au dos de la chemise. On ne taille à ce lé que l'entournure N R et le dessous de bras, si l'étoffe a 1 m. 20 de large. Si l'étoffe n'a que 80 à 90 centimètres, on place deux pointes, une de chaque côté. La chemise doit avoir environ 2 m. 20 de large par le bas. Supposons une étoffe de 90 centimètres : il faudra deux pointes de 20 centimètres pour compléter l'ampleur.

Pour tailler le devant, on place l'étoffe pliée double sur la ligne B C. On taille le haut, puis on laisse au bas toute la largeur de l'étoffe qui a habituellement 90 centimètres si la chemise est faite en calicot, 1 m. 10 si elle est faite en percale.

On complète par des pointes le bas.

Il est très important de commencer l'assemblage par le haut de la chemise. On commence par assembler les points N de la chemise avec les points N de l'empiècement.

On laisse de chaque côté, à partir du point N de l'empiècement, 6 à 7 centimètres de plat, c'est-à-dire sans fronces. L'empiècement est piqué sur la chemise.

Toute l'ampleur est ensuite distribuée en fronces à la poucette sur le reste de l'empiècement.

Ces fronces seront cachées à l'envers par la doublure de l'empiècement, qui se coud à petits points sans faire traverser.

Pour assembler le devant, on fend l'étoffe en droit fil à partir du point Z sur un espace de 45 à 50 centimètres.

De chaque côté de cette fente on place une barrette.

Du côté du devant droit, on pose à l'endroit, une barrette rapportée dépassant la fente de 3 centimètres pour la croisure de la chemise. Elle a pour longueur, la longueur de la fente plus un centimètre. On pique cette barrette à 6 millimètres de ses deux bords, puis en bas à 6 millimètres ; on fait à 2 centimètres au-dessous une seconde piqûre, une fois la barrette croisée. On fait ordinairement sur cette barrette 4 boutonnières verticales, dont la première est à 7 ou 8 centimètres de l'encolure et les autres distantes de 7 centimètres.

La sous-barrette du devant gauche est un simple faux-ourlet de 2 centimètres de large exécuté à points de côté et sur lequel on place les boutons.

De chaque côté de ces barrettes, on fait des plis, soit des plis couchés, soit des plis creux. On donne aux trois premiers plis la longueur de la barrette, on en fait deux autres plus courts ayant 20 ou 22 centimètres. Ces plis occupent l'encolure et le 1/4 de l'épaulette, à partir du point P.

On place alors le patron du devant ; on taille l'encolure et l'entournure ; on assemble le point P de l'encolure avec le point P de l'empiècement.

L'empiècement se pique sur l'épaulette du devant et ce n'est qu'après cette couture faite, qu'on place la doublure de l'empiècement qui vient cacher tous les rentrés.

On monte alors le col soit avec une barrette double de 2 centimètres de large par derrière et un cent. et demi par devant, soit sans barrette si l'on a choisi le patron du col sans barrette. Le col ou la barrette s'attache par un bouton et une boutonnière horizontale.

On peut aussi remplacer le col par un petit volant montant brodé ou plissé, qui se prolonge en jabot le long du devant droit.

L'encolure terminée par un col ou par une garniture, on passe à l'assemblage du corps de la chemise, en réunissant au moyen de coutures rabattues les points R W, etc., jusqu'au bas de la chemise.

On arrondit le bas que l'on termine par un ourlet de 3 centimètres de hauteur.

On assemble et on monte les manches comme celles de la camisole (voir page 195).

GILET DE FLANELLE POUR FEMME

Pour tailler le gilet de flanelle décolleté pour femme, on peut employer le patron de la chemise à coulisse en faisant une pince pour ajuster davantage le devant et en coupant le patron de la longueur que l'on désire donner au gilet.

Pour le gilet de flanelle montant, on peut se servir du patron de camisole, que l'on fera sans coutures sous les bras en supprimant les deux pointes des dessous de bras et en réunissant R C du dos avec R' D du devant. Si l'on veut ajuster le devant on y fait une pince. On fait le gilet de flanelle moins long que la camisole.

Les manches courtes du gilet de flanelle se font comme celles de la chemise; les manches longues comme celle de la camisole, mais plus étroites; on peut aussi faire la manche du corsage ordinaire, page 22.

CORSAGE DE DESSOUS
OU CACHE-CORSET AVEC UN PETIT-COTÉ

MESURES A PRENDRE

Les mesures nécessaires à l'exécution du corsage de dessous avec un petit-côté sont les mêmes que celles du corsage à basques à un petit-côté et à pinces semblables (voir page 2).

Nota. — *Le tour de taille étant pris sur le corsage devra être diminué d'un centimètre.*

DIVISIONS A CALCULER

Tour de poitrine : 1/2 ; 1/5 ; 1/10 ; 1/20.
Tour de taille : 1/6.
Demi-tour des hanches : 1/6.

DOS ET PETIT-COTÉ DU CACHE-CORSET

LIGNES DE CONSTRUCTION

Rectangle A B C' D'. — Tracer un rectangle A B C' D' ayant pour longueur la longueur du dos plus la longueur que l'on veut donner à la basque (10 à 12 cent. environ), et pour largeur la demi-largeur du dos plus le vingtième du tour de poitrine et plus 8 centimètres destinés au développement de la basque. Des points A et B, vers D' et C', porter la longueur du dos, placer les lettres D et C. Tracer la ligne D C, parallèle à A B.

Ligne E R. — Du point A, sur la ligne A D, porter la moitié de la longueur de cette ligne, placer la lettre E. De ce point tracer la ligne E R, parallèle à A B.

Ligne L M. — Du point A, vers D, porter le seizième du tour de poitrine plus un centimètre, placer la lettre L. De ce point tracer la ligne L M, parallèle à A B.

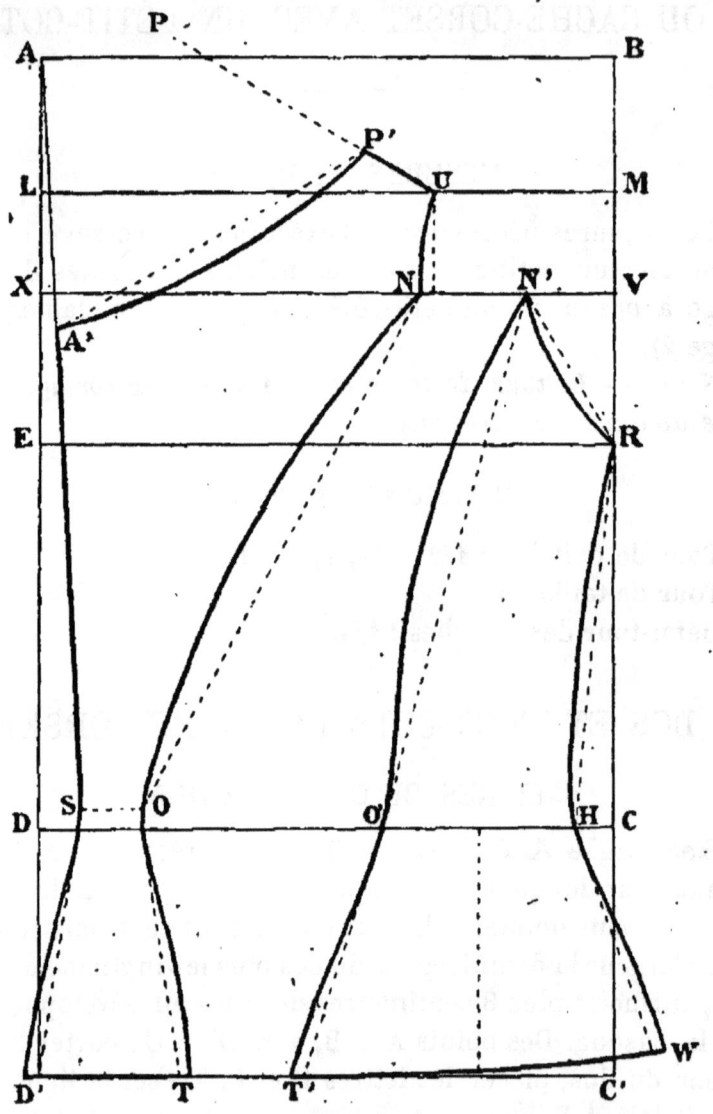

Fig. 75 (au 1/5). — Dos et petit-côté du cache-corset.

Ligne X Y. — Du point L, vers E, compter 5 centimètres, placer la lettre X. De ce point tracer la ligne X Y, parallèle à A B.

CONTOURS DU TRACÉ DU DOS

Milieu du dos A' S. — Du point D, vers C, compter 2 centimètres, placer un point. Élever ce point d'un centimètre et placer la lettre S. Réunir les points A, S par une oblique.

Sur cette oblique, à un demi-centimètre au-dessous de la ligne X Y, placer la lettre A'. Renforcer l'oblique A' S.

Décolleté de l'encolure A' P'. — Du point A, vers B, porter le seizième du tour de poitrine plus un centimètre, placer un point. Élever ce point d'un centimètre, placer la lettre P.

De l'oblique milieu du dos, sur la ligne L M, porter la demi-largeur du dos plus trois centimètres; placer la lettre U.

Réunir les points P, U par une oblique ponctuée. Du point U, sur cette oblique ponctuée, remonter de 4 centimètres et placer la lettre P'.

Réunir les points A', P' par une oblique ponctuée, puis par une courbe écartée d'un cent. et demi au milieu et au-dessous de l'oblique ponctuée.

Epaulette P' U. — Renforcer l'oblique P' U.

Entournure U N. — Du point U, abaisser une perpendiculaire ponctuée sur la ligne X Y, placer un point. Rentrer ce point d'un demi-centimètre vers la gauche et placer la lettre N.

Joindre les points U, N par une courbe écartée d'un demi-centimètre sur la gauche et au milieu de la ligne ponctuée.

Ligne de taille S O. — Tracer à droite du point S une horizontale ponctuée ayant pour longueur 3 centimètres (3 cent. et demi à partir de 65 centimètres de tour de taille et 4 centimètres à partir de 75 centimètres), placer la lettre O.

Réunir les points S, O par une horizontale ponctuée.

Courbure du dos N O. — Joindre les points N, O par une oblique ponctuée, puis par une courbe s'écartant de 2 centimètres au milieu et à gauche de l'oblique ponctuée.

Basque S D' T O. — Réunir les points S, D' par une

oblique ponctuée, puis par une courbe s'écartant d'un demi-centimètre au milieu et à gauche de l'oblique ponctuée et à gauche du point D'. Cette courbe doit se fondre avec l'oblique milieu du dos au point S.

Du point D', vers C', porter le sixième du demi-tour des hanches moins 2 centimètres, placer la lettre T. Réunir les points O, T par une oblique ponctuée, puis par une courbe s'écartant d'un demi-centimètre au milieu et à droite de l'oblique ponctuée et à droite du point T.

Renforcer la ligne D' T.

PETIT-COTÉ

Entournure N' R. — Du point Y, vers X, compter le vingtième du tour de poitrine, placer la lettre N'. Réunir N' à R par une oblique ponctuée, puis par une courbe rentrée d'un demi-centimètre au milieu et au-dessous de l'oblique ponctuée.

Dessous de bras R H. — Avancer le point C de 2 centimètres sur la ligne C D (un centimètre pour les mesures au-dessous de 80 centimètres de tour de poitrine), placer la lettre H.

Réunir R, H par une oblique ponctuée, puis par une courbe écartée d'un demi-centimètre sur la gauche et au milieu de l'oblique ponctuée.

Ligne de taille O' H. — Du point H, porter sur la gauche le sixième du tour de taille, placer la lettre O'.

Courbure N' O'. — Réunir les points N', O' par une oblique ponctuée, puis par une courbe s'écartant de 2 centimètres au milieu et sur la gauche de l'oblique ponctuée.

Basque O' T' W H. — Prendre le milieu de la ligne O' H, placer un point. De ce point, abaisser une perpendiculaire ponctuée sur la ligne D' C'. Compter à gauche de cette perpendiculaire le sixième du demi-tour des hanches; placer la lettre T'.

Compter à droite de cette perpendiculaire le sixième du

demi-tour des hanches, placer un point; élever ce point d'un centimètre, placer la lettre W.

Joindre les points O', T' par une oblique ponctuée, puis par une courbe s'écartant d'un demi-centimètre au milieu et à gauche de l'oblique ponctuée et à gauche du point T'.

Joindre les points H, W par une oblique ponctuée, puis par une courbe s'écartant d'un demi-centimètre au milieu et à droite de l'oblique ponctuée et à droite du point W.

Réunir les points T', W par une courbe légère qui doit suivre la ligne du rectangle jusqu'à la perpendiculaire ponctuée.

DEVANT DU CACHE-CORSET

LIGNES DE CONSTRUCTION

Rectangle A B C' D'. — Tracer un rectangle A B C' D' ayant pour longueur la longueur du devant plus la longueur que l'on veut donner à la basque, et pour largeur le demi-tour de poitrine diminué de la demi-largeur du dos et du vingtième du tour de poitrine.

Des points A et B, vers D' et C', porter la longueur du devant, placer un point; de ce point tracer la ligne D C, parallèle à A B.

Ligne R E. — Du point A, vers D, porter la moitié de la longueur A D, placer la lettre R. De ce point tracer la ligne R E, parallèle à A B.

Ligne L M. — Du point A, vers D, porter le seizième du tour de poitrine moins 3 centimètres; placer la lettre L; de ce point tracer la ligne L M, parallèle à A B.

Ligne X Y. — Du point R, vers A, porter le seizième du tour de poitrine, placer la lettre X. Tracer la ligne X Y, parallèle à A B.

CONTOURS DU TRACÉ DU DEVANT.

Encolure P' Z. — Du point B, vers A, porter le seizième du tour de poitrine plus un centimètre, placer la lettre P.

Du point P, jusqu'à la rencontre de la ligne L M, porter sur la gauche la longueur P U du dos, placer la lettre U.

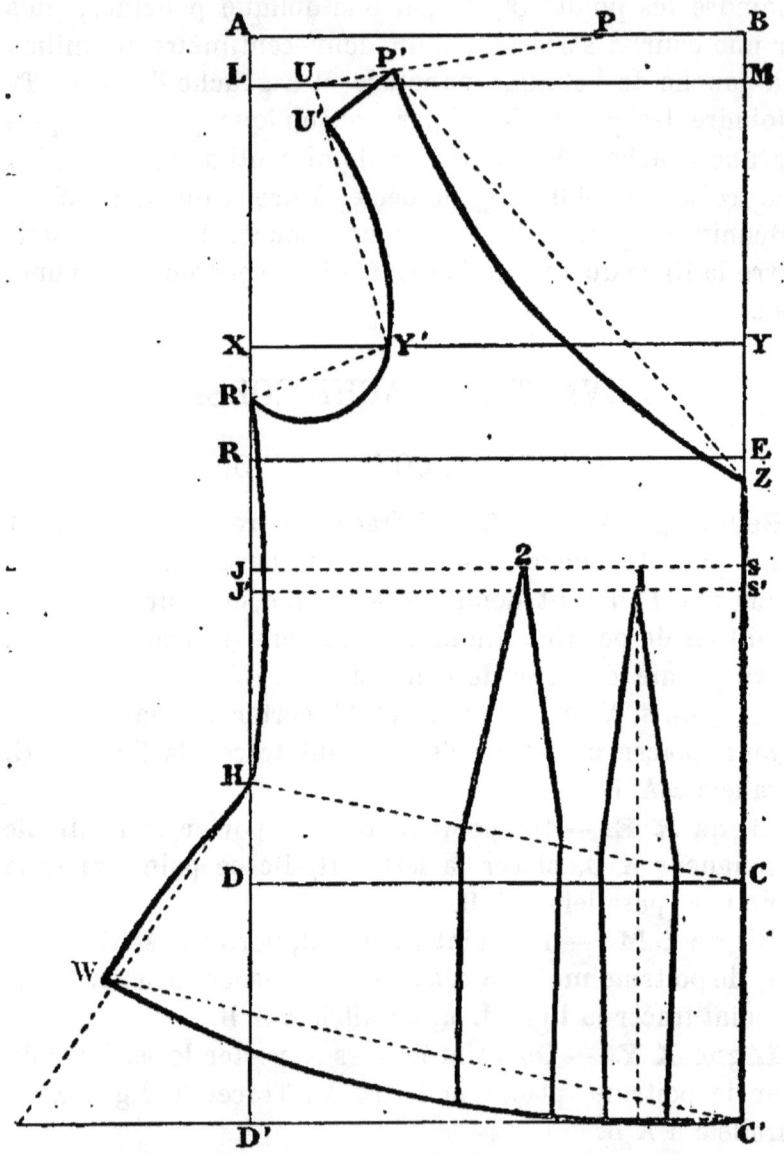

Fig. 76 (au 1/5). — Devant du cache-corset avec un petit-côté.

Joindre les points U et P par une oblique ponctuée. Du point U, sur cette oblique ponctuée, compter 4 centimètres, placer la lettre P'.

Du point E, vers C, compter 2 centimètres, placer la lettre Z. Réunir les points P', Z par une oblique ponctuée, puis par une courbe écartée de 2 cent. et demi au milieu et sur la gauche de l'oblique ponctuée.

Bord du devant Z C'. — Renforcer la ligne Z C'.

Epaulette P' U'. — Du point Y, vers X, porter le cinquième du tour de poitrine, placer la lettre Y'. Réunir U, Y' par une oblique ponctuée.

Du point U, sur cette oblique, descendre de 2 centimètres, placer la lettre U'. Joindre les points P', U' par une oblique.

Entournure U' Y' R'. — Réunir U', Y' par une courbe s'écartant d'un centimètre à droite et au milieu de l'oblique ponctuée.

Remonter le point R de 3 centimètres vers A et placer la lettre R'.

Réunir les points Y', R' par une oblique ponctuée, puis par une courbe s'écartant de 2 centimètres au milieu et au-dessous de l'oblique ponctuée.

Dessous de bras R' H. — Du point R', sur la ligne A D, porter la longueur R H du petit-côté, placer la lettre H. Réunir les points R', H par une courbe rentrée d'un demi-centimètre au milieu et à droite de la ligne R' H.

Ligne de taille H C. — Réunir les points H, C par une oblique ponctuée.

TRACÉ DES PINCES

Voir le tracé des pinces inégales du corsage à basques à deux petits-côtés, page 63, avec la modification suivante.

Pour le cache-corset, donner à la première pince 4 centimètres seulement de profondeur, au lieu de 5, sur la ligne de taille, et 3 centimètres, au lieu de 4, sur la ligne D' C'.

Basque H W C'. — Prolonger le rectangle à gauche du point D' de manière à lui donner pour largeur, à partir du point C', les trois sixièmes du demi-tour des hanches plus la longueur comprise sur la ligne de taille entre les deux lignes extrêmes des pinces (c'est-à-dire la profondeur des pinces plus 2 centimètres), placer un point ; réunir ce point au point H par une oblique ponctuée.

Du point H, sur cette oblique, porter la longueur H W du petit-côté, placer la lettre W.

Réunir H, W par une courbe s'écartant d'un demi-centimètre au milieu et à gauche de l'oblique ponctuée et à gauche du point W.

Réunir les points W, C' par une oblique ponctuée, puis par une courbe s'écartant de 2 centimètres au milieu et au-dessous de l'oblique ponctuée, pour venir se fondre avec la ligne du rectangle environ aux deux tiers de la longueur D' C'.

MANCHE

Voir pour la manche les figures 64 ou 65.

ASSEMBLAGE (voir page 212).

CACHE-CORSET AVEC DEUX PETITS-COTÉS

MESURES A PRENDRE

Les mesures nécessaires à l'exécution du corsage de dessous à deux petits-côtés et les divisions à calculer sont les mêmes que celles du corsage montant à deux petits-côtés et à pinces inégales (voir page 55).

Nota. — *Le tour de taille, pris sur le corsage, devra être diminué d'un centimètre.*

Il est inutile de prendre le douzième *du tour de poitrine pour le tracé du cache-corset.*

TRACÉ DU DOS ET DES DEUX PETITS-COTÉS
LIGNES DE CONSTRUCTION.

Rectangle A B C' D'. — Tracer un rectangle A B C' D' ayant pour longueur la longueur du dos plus la que l'on veut donner à la basque (10 à 12 cent. environ), et pour largeur la demi-largeur du dos plus le seizième du tour de poitrine (attribué aux deux petits-côtés) et plus 14 centimètres pour le développement de la basque.

Du point A, vers D', porter la longueur du dos, placer la lettre D. De ce point tracer une horizontale D C, parallèle à A B.

Ligne E R. — Du point D, vers A, porter la longueur du dessous de bras, placer la lettre E. Tracer la ligne E R, parallèle à A B.

Ligne L M. — Du point A, vers D, porter le seizième du tour de poitrine, placer la lettre L. Tracer la ligne L M, parallèle à A B. (Lorsque le 1/16 du tour de poitrine dépasse 6 centimètres on néglige le surplus.)

Ligne X Y. — Du point L, vers E, compter 5 centimètres (4 centimètres seulement quand la longueur du dessous de bras est supérieure à la demi-longueur du dos). Tracer la ligne X Y, parallèle à A B.

Ligne X' Y'. — Prendre le milieu de la distance X E et tracer la ligne X' Y', parallèle à X Y.

CONTOURS DU TRACÉ DU DOS

Milieu du dos A' S. — Du point D, vers C, avancer de 2 centimètres, placer un point. Élever ce point d'un centimètre et placer la lettre S. Réunir les points A, S par une oblique. Sur cette oblique, à un demi-centimètre au-dessous de la ligne X' Y', placer la lettre A'. Renforcer l'oblique A' S.

Encolure A' P'. — Du point A, vers B, porter le seizième du tour de poitrine, placer un point. Élever ce point d'un centimètre et placer la lettre P.

De l'oblique milieu du dos, sur la ligne L M, porter la demi-largeur du dos plus un centimètre et placer la lettre U.

Réunir les points P, U par une oblique ponctuée. Du point U, sur cette oblique ponctuée, remonter de 3 centimètres, placer la lettre P'. Réunir les points A', P' par une oblique ponctuée, puis par une courbe écartée de 2 centimètres environ au milieu et au-dessous de l'oblique ponctuée.

Epaulette P′ U. — Renforcer l'oblique P′ U, qui forme la petite épaulette du corsage de dessous.

Entournure U N. — Du point U, abaisser une perpendiculaire ponctuée sur la ligne X Y. Placer un point. Rentrer ce point d'un demi-centimètre vers la gauche et placer la lettre N. Joindre les points U, N par une courbe écartée d'un demi-centimètre au milieu et à gauche de la ligne ponctuée.

Ligne de taille S O. — Tracer à droite du point S une horizontale ponctuée ayant pour longueur 3 centimètres (3 cent. et demi à partir de 65 cent. de tour de taille et 4 cent. à partir de 75 cent.), placer la lettre O.

Courbure du dos N O. — Joindre les points N, O par une oblique ponctuée, puis par une courbe s'écartant de 2 centimètres au milieu et à gauche de l'oblique ponctuée.

Basque S D′ T O. — Réunir les points S, D′ par une oblique ponctuée, puis par une courbe s'écartant d'un demi-centimètre au milieu et à gauche de l'oblique ponctuée et à gauche du point D′.

Du point D′, vers C′, porter le sixième du demi-tour des hanches moins 2 centimètres, placer la lettre T. Joindre les points O, T par une oblique ponctuée, puis par une courbe s'écartant d'un demi-centimètre au milieu et à droite de l'oblique ponctuée et à droite du point T.

Renforcer la ligne D′ T.

PETIT-COTÉ DU DEVANT

Entournure I R. — Du point Y′, vers X′, compter le seizième du tour de poitrine moins 2 centimètres, placer la lettre I. Réunir I, R par une oblique ponctuée, puis par une courbe rentrée d'un demi-centimètre au milieu et à gauche de l'oblique ponctuée.

Dessous de bras R H. — Avancer le point C d'un centimètre sur la ligne C D, placer la lettre H. Réunir R, H par une oblique ponctuée, puis par une courbe écartée d'un demi-centimètre au milieu et à gauche de l'oblique ponctuée.

Ligne de taille J H. — Du point H, porter sur la gauche le dixième du tour de taille, placer la lettre J.

Courbure du petit-côté I J. — Joindre les points I, J

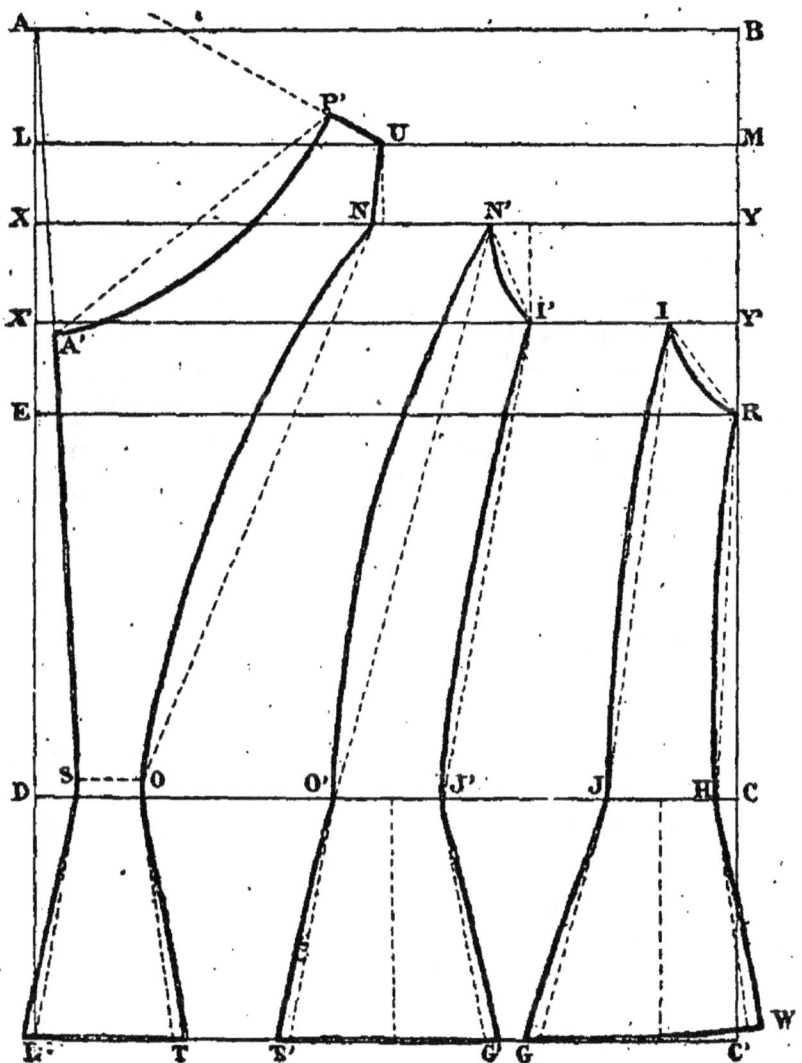

Fig. 77 (au 1/5). — Dos et petits-côtés du cache-corset.

par une oblique ponctuée, puis par une courbe s'écartant d'un demi-centimètre sur la gauche et au milieu de l'oblique ponctuée.

Basque J G W H. — Prendre le milieu de la ligne J H, placer un point; de ce point abaisser une perpendiculaire ponctuée sur la ligne D' C'.

Compter à gauche de cette perpendiculaire le douzième du demi-tour des hanches plus 2 centimètres, placer la lettre G.

Compter à droite de cette perpendiculaire le douzième du demi-tour des hanches, placer un point. Élever ce point d'un centimètre, placer la lettre W.

Joindre les points J, G par une oblique ponctuée, puis par une courbe s'écartant d'un demi-centimètre au milieu et à gauche de l'oblique ponctuée et à gauche du point G.

Joindre les points H, W par une oblique ponctuée, puis par une courbe s'écartant d'un demi-centimètre au milieu et à droite de l'oblique ponctuée et à droite du point W.

Réunir le point W au point G par une courbe légère, qui doit suivre la ligne du rectangle jusqu'à la perpendiculaire ponctuée.

PETIT-COTÉ DU DOS

Entournure N' I'. — Compter 6 centimètres à droite du point N, placer la lettre N'. Du point N', vers Y, compter 2 centimètres, placer un point. De ce point abaisser une perpendiculaire ponctuée sur la ligne X' Y' et placer la lettre I'. Réunir N' et I' par une oblique ponctuée, puis par une courbe s'écartant d'un demi-centimètre au milieu et à gauche de l'oblique ponctuée.

Courbure du petit-côté N' O'. — Compter 10 centimètres du point O vers C, placer la lettre O'.

Réunir N', O' par une oblique ponctuée, puis par une courbe écartée de 2 centimètres au milieu et à gauche de l'oblique ponctuée.

Ligne de taille O' J'. — Du point O' compter à droite le dixième du tour de taille, placer la lettre J'.

Courbure inférieure I' J'. — Réunir I', J' par une oblique ponctuée, puis par une courbe écartée d'un demi-centimètre au milieu et à gauche de l'oblique ponctuée.

Basque O′ T′ G′ J′. — Prendre le milieu de la ligne O′ J′, placer un point. De ce point abaisser une perpendiculaire ponctuée sur la ligne D′ C′.

Compter à gauche de cette perpendiculaire le douzième du demi-tour des hanches plus un centimètre, placer la lettre T′.

Compter à droite de cette perpendiculaire le douzième du demi-tour des hanches, placer la lettre G′.

Réunir les points O′, T′ par une oblique ponctuée, puis par une courbe s'écartant d'un demi-centimètre au milieu et à gauche de l'oblique ponctuée et à gauche du point T′. Réunir les points J′, G′ par une oblique ponctuée, puis par une courbe s'écartant d'un demi-centimètre au milieu et à droite de l'oblique ponctuée et à droite du point G′.

Renforcer la ligne T′ G′.

DEVANT DU CACHE-CORSET

LIGNES DE CONSTRUCTION

Rectangle A B C′ D′. — Tracer un rectangle A B C′ D′, ayant pour longueur la longueur du devant plus la longueur que l'on veut donner à la basque (10 à 12 cent. environ) et pour largeur le demi-tour de poitrine diminué de la demi-largeur du dos et du seizième du tour de poitrine.

Du point A, vers D′, porter la longueur du devant, placer la lettre D; de ce point tracer la ligne D C, parallèle à A B.

Ligne R E. — Additionner la longueur du dessous de bras avec la demi-différence entre la longueur du dos et la longueur du devant; porter le total obtenu du point D vers A et placer la lettre R. Tracer la ligne R E, parallèle à A B.

Ligne L M. — Du point A, vers D, porter le seizième du tour de poitrine moins 3 centimètres, placer la lettre L. Tracer la ligne L M, parallèle à A B.

Ligne X Y. — Du point R, vers A, porter le seizième du tour de poitrine, placer la lettre X. Tracer la ligne X Y, parallèle à A B.

13

CONTOURS DU TRACÉ DU DEVANT

Encolure P' Z. — Du point B, vers A, porter le seizième du tour de poitrine plus un centimètre, placer la lettre P. Du point P jusqu'à la rencontre de la ligne L M, porter vers la gauche la longueur P U du dos moins un centimètre, placer la lettre U. Joindre les points U et P par une oblique ponctuée. Du point U, sur cette oblique ponctuée, compter 3 centimètres, placer un point. Élever ce point de 7 millimètres, placer la lettre P'.

Du point E, vers C, compter 3 centimètres, placer la lettre Z.

Réunir P', Z par une oblique ponctuée, puis par une courbe s'écartant de 2 centimètres au milieu et à gauche de l'oblique ponctuée.

Epaulette P' U. — Joindre les points P', U par une oblique pleine qui forme l'épaulette du devant.

Entournure U Y' R'. — Du point Y, vers X, porter le cinquième du tour de poitrine (moins un centimètre pour les mesures au-dessous de 90 centimètres de tour de poitrine), placer la lettre Y'.

Remonter le point R de 2 centimètres vers A, placer la lettre R'.

Réunir les points U, Y' et Y', R' par des obliques ponctuées, puis par des courbes s'écartant de 12 à 15 millimètres au milieu et à droite des obliques ponctuées.

Dessous de bras R' H. — Du point R', sur la ligne A D, porter la longueur R H du petit-côté, placer la lettre H. Réunir R', H par une courbe rentrée d'un demi-centimètre au milieu et à droite de la ligne R' H.

Ligne de taille H C. — Réunir les points H, C par une oblique ponctuée.

Pinces. — Voir le tracé des pinces inégales du corsage à basques avec deux petits-côtés, page 63, en donnant à la première pince 4 centimètres seulement de profondeur sur la ligne de taille, et 3 centimètres sur la ligne D' C'.

Basque H W C'. — Prolonger le rectangle à gauche du point D' de manière à lui donner pour largeur, à partir du

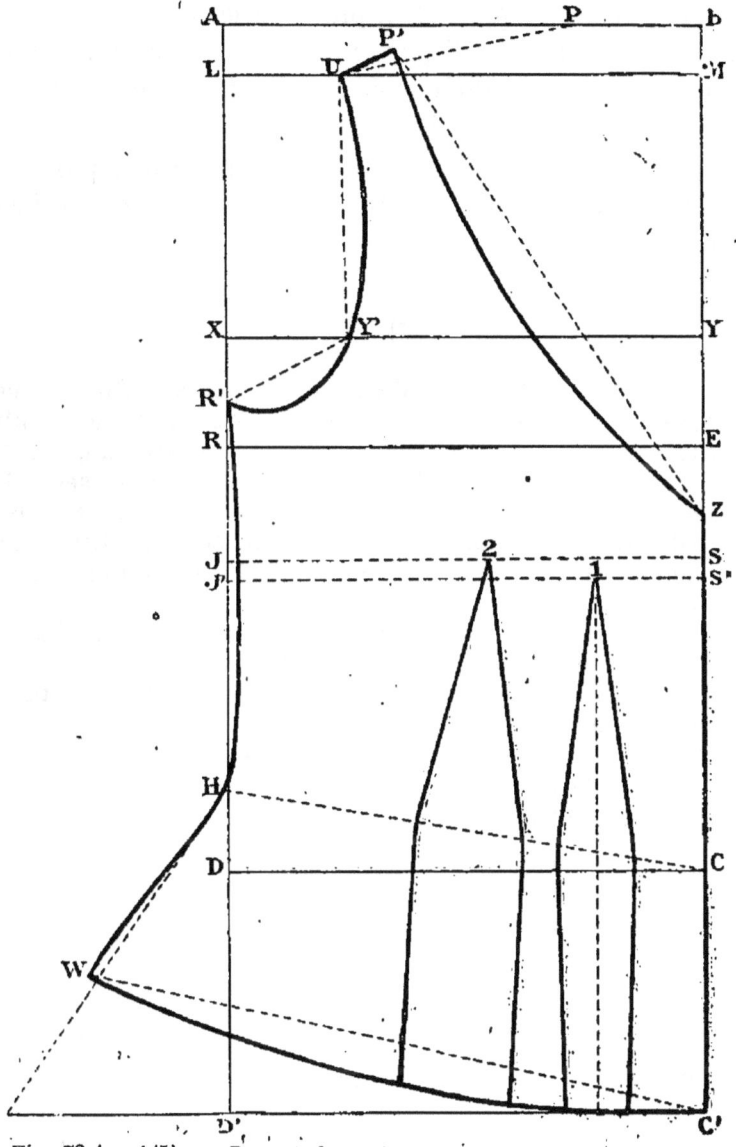

Fig. 78 (au 1/5). — Devant du cache-corset avec deux petits-côtés.

point C', les trois sixièmes du demi-tour des hanches plus la longueur comprise sur la ligne de taille entre les deux lignes extrêmes des pinces (c'est-à-dire la profondeur des pinces plus

2 centimètres), placer un point. Réunir ce point au point H par une oblique ponctuée. Du point H, sur cette oblique, porter la longueur H W du petit-côté, placer la lettre W.

Réunir les points H, W par une courbe s'écartant d'un demi-centimètre au milieu et à gauche de l'oblique ponctuée et à gauche du point W.

Réunir les points W, C' par une oblique ponctuée, puis par une courbe s'écartant de 2 centimètres au milieu et au-dessous de l'oblique ponctuée.

ASSEMBLAGE

Le cache-corset se fait en calicot où en percale. On le coud de diverses manières : 1° en coutures piquées ou à points arrière, les rentrés surfilés finement; 2° en coutures anglaises, c'est-à-dire couture étroite d'abord à l'endroit, puis seconde couture à l'envers au point de piqûre et enfermant les remplis. Le bas est terminé par un ourlet d'un cent. environ. Les deux ourlets du devant, destinés aux boutons et aux boutonnières, ont 2 cent. 1/2 de large.

On termine l'encolure et le bord de la manche par une dentelle ou par une broderie étroite fixée à l'aide d'un point d'épine. Ce point d'épine sert en même temps à limiter l'espace réservé à une coulisse fine.

Pour faire la manche, on se reporte à l'une des manches de la chemise, fig. 64 et 65. On peut encore supprimer la manche et garnir directement l'encolure.

CEINTURE DE JUPON

MESURE A PRENDRE

Tour de taille : Entourer la taille avec le ruban métrique.

Rectangle A B C D. — Tracer un rectangle A B C D ayant pour hauteur le tiers du tour de taille plus 4 centimètres et pour largeur le tiers du tour de taille plus un cent.

Réunir les points A, C par une oblique ponctuée.

Milieu de la ceinture par devant Z D. — Du point A,

vers D, porter le tiers du tour de taille moins 2 centimètres, placer la lettre Z. Renforcer la ligne Z D.

Ligne R S. — Du point A, vers B, porter le tiers du tour de taille moins 6 centimètres, placer la lettre R. Du point B, vers C, descendre d'un centimètre, placer la lettre S. Réunir les points R, S par une oblique pleine [1].

Bord supérieur R O Z. — Du point A, sur l'oblique A C, porter la longueur A R plus un centimètre, placer la lettre O.

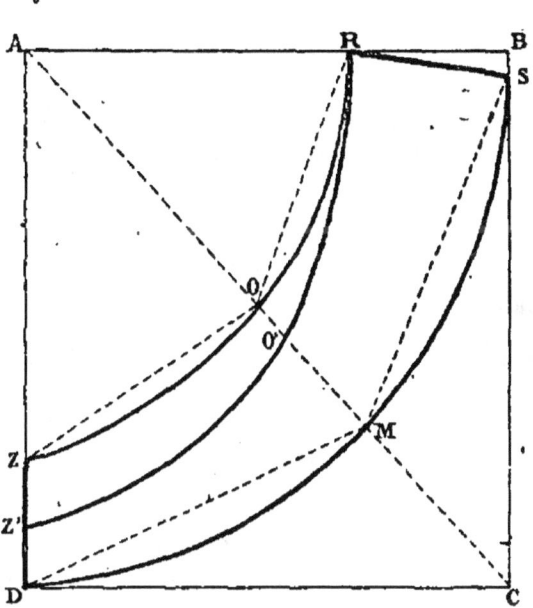

Fig. 79 (au 1/5). — Ceinture de jupon.

Réunir les points R, O et O, Z par des obliques ponctuées, puis par des courbes s'écartant d'un centimètre au milieu et à droite des obliques.

Bord inférieur S M D. — Du point O, sur la ligne A C, porter la longueur R S, placer la lettre M. Réunir les points S, M et M, D par des obliques ponctuées, puis par des courbes

---

[1]. Si l'on veut faire cette ceinture plus haute, il suffit d'augmenter le rectangle de 2 ou 3 centimètres en longueur et en largeur; tout le tracé reste le même, mais à l'essayage de la ceinture on est souvent obligé de faire une petite pince du point O au point M.

s'écartant d'un cent. et demi au milieu et à droite des obliques ponctuées.

Si l'on veut que la ceinture passe sous l'agrafe du corset, le bord supérieur s'échancre de la façon suivante :

Du point Z, vers D, compter 3 centimètres, placer la lettre Z'.

Du point O, vers M, compter 2 centimètres, placer la lettre O'.

Tracer une courbe Z' O' R, suivant presque parallèlement la ligne Z O, puis s'en rapprochant pour rejoindre le point R.

ASSEMBLAGE

Le jupon de dessous se fait comme la jupe dont nous avons donné la description page 90 ; sa largeur varie entre 2 m. 20 et 2 m. 50 ; on lui donne la longueur que l'on désire en le tenant plus long derrière que devant, surtout si la ceinture est agrafée sous le corset.

La ceinture que nous donnons ici se fait de deux manières : ou très échancrée, comme l'indique la ligne R O' Z' et se plaçant sous l'agrafe du corset, ou moins échancrée, comme l'indique la ligne R O Z. Dans ce dernier cas, on place une boutonnière verticale au point Z.

Cette ceinture se taille double, le droit fil suivant la ligne Z D ou Z' D. On la double, et on enferme entre l'étoffe et la doublure un liseré contenant une ganse.

Cette ceinture s'arrête un peu au delà des hanches, elle est continuée derrière par une ceinture en droit fil ayant pour hauteur la longueur R S et pour longueur 75 à 80 centimètres.

Cette autre ceinture s'assemble à la première à la ligne R S et se double comme la ceinture du devant. On fait une coulisse destinée à enfermer un ruban de fil qui sort par des œillets placés au point R.

La jupe doit, par devant, être échancrée, d'après l'échancrure même de la ceinture du point D au point Z ; on l'enferme entre l'étoffe et la doublure de la ceinture, la doublure cachant les remplis.

Pour cela, on place, endroit sur endroit, le milieu de la ceinture par devant avec le milieu du jupon ; de même par derrière.

On fait 2 ou 3 plis par derrière, des fronces sur tout le reste de la largeur. On assemble le tout au moyen d'un point arrière et on rabat la doublure sans faire traverser.

CINQUIÈME PARTIE
LAYETTE & VÊTEMENTS D'ENFANTS

DE LA LAYETTE

La plupart des objets d'une layette doivent être faits sans les mesures de l'enfant auquel on les destine. On fait donc ces vêtements sur des mesures graduées, qui se rapportent à trois âges ou à trois grandeurs : le premier âge, de la naissance à 2 ou 3 mois; le deuxième âge, de 2 à 6 ou 8 mois; le troisième âge, de 6 ou 8 mois jusqu'au moment où l'on cesse de mettre l'enfant en brassière.

On habille le nouveau-né avec trois brassières superposées :

1º La **chemise-brassière**, qui se fait en toile fine ou en batiste;

2º La brassière de flanelle ou de finette, qui se place entre les deux autres;

3º La brassière de dessus, que l'on fait en piqué non doublé, en basin ou en brillanté doublés de percale ou d'une étoffe de coton croisée.

Les coutures des deux premières, chemise-brassière, brassière de finette ou de flanelle, se font très plates et à l'endroit, de façon à ne pas blesser la peau si tendre du nouveau-né. On pique les ourlets et les coutures rabattues de la chemise-brassière. On remplace ces piqûres par un point de chausson pour la brassière de flanelle et pour celle de finette.

TABLEAU

DES

DIMENSIONS DES BRASSIÈRES

ET DES BÉGUINS POUR LES TROIS AGES

DIMENSIONS DES RECTANGLES		1er AGE	2e AGE	3e AGE
		cent.	cent.	cent.
Chemise-brassière et brassière de dessous.	Longueur...	21	23	25
	Largeur....	24	26	28
Manche	Longueur..	17	18	19
	Largeur....	10	10,5	11
Brassière de dessus...	Longueur..	22	24	26
	Largeur....	25	27	29
Manche	Longueur...	18	19	20
	Largeur....	10,5	11	11,5
Col	Longueur...	15	16	17
	Largeur....	10	10,5	11
Brassière décolletée..	Longueur...	»	24	26
	Largeur....	»	27	29
Manche	Hauteur....	»	4	4,5
	Largeur....	»	10,5	11
Béguin. { Pièce de côté.	Hauteur....	11	12	13
	Largeur....	9,2	10	10,8
Pièce de milieu.	Hauteur....	20	21	22
	Largeur....	4	4,2	4,4

Comme ces trois brassières sont destinées à entrer l'une dans l'autre sans faire de plis, il faut que leurs grandeurs respectives soient calculées très exactement. On taillera la brassière de dessous et la chemise-brassière sur les dimensions qui leur sont attribuées dans le tableau ci-contre; la chemise-brassière, semblable à la brassière de dessous, entrera facilement dans cette dernière, parce qu'elle est en étoffe fine et que ses coutures n'ont presque aucune épaisseur. Les dimensions indiquées pour la brassière de dessus sont calculées pour que cette dernière recouvre parfaitement les deux autres.

BRASSIÈRE SANS COL

CHEMISE-BRASSIÈRE

Le tracé ci-dessous s'applique à la fois à la chemise-brassière, à la brassière de dessous et à la brassière de dessus, selon qu'on se sert de l'une ou de l'autre des dimensions indiquées dans le tableau, page 216.

Avant de construire le rectangle qui doit contenir la moitié de la brassière, calculer et inscrire les divisions suivantes de la longueur indiquée :

1/2 ; 1/5 ; 1/10.

LIGNES DE CONSTRUCTION

Rectangle A B C D. — Construire un rectangle A B C D ayant l'une des trois dimensions indiquées ci-dessus.

Ligne L M. — Du point A, vers D, porter le dixième de la longueur totale et tracer l'horizontale L M.

Ligne X Y. — Du point A, vers D, porter la demi-longueur totale moins un demi-centimètre et tracer l'horizontale X Y.

Rectangle du dos A F K D. — Du point B, vers A, porter la demi-longueur totale, tracer la verticale F K. Cette ligne partage le rectangle en deux rectangles inégaux dont le premier A F K D, destiné au dos de la brassière, a 3 centimètres de plus que le second, destiné au devant.

A la jonction de la ligne F K avec la ligne L M, placer la lettre S.

A la jonction de la ligne F K avec la ligne X Y, placer la lettre R.

CONTOURS DE LA BRASSIÈRE

Encolure du dos I P. — Du point A, vers B, porter le cinquième de la longueur totale, plus 3 centimètres ; placer la lettre P.

Du point L, vers A, compter un demi-centimètre, placer la lettre I. Réunir les points I, P par une oblique ponctuée, puis par une courbe rentrée d'un demi-centimètre au milieu et au-dessous de l'oblique ponctuée.

Encolure du devant P′ Z. — Du point B, vers A, porter le cinquième de la longueur totale, placer un point ; abaisser ce point d'un demi-centimètre, placer la lettre P′.

Abaisser le point M d'un demi-centimètre vers C et placer la lettre Z.

Réunir les points P′, Z par une oblique ponctuée, puis par une courbe rentrée d'un demi-centimètre au milieu et au-dessous de l'oblique ponctuée.

Epaulettes du dos et du devant P U, P′ U′. — Réunir le point S au point P et au point P′ par des obliques ponctuées. Du point S, vers P, compter 17 millimètres et placer la lettre U. Renforcer la ligne P U, épaulette du dos. Mesurer la longueur P U, la porter du point P′ vers S, placer la lettre U′. Renforcer la ligne U′ P′, épaulette du devant.

Entournure du dos U R. — Réunir les points U, R par une oblique ponctuée, puis par une courbe s'écartant de

14 millimètres environ aux deux tiers et à gauche de l'oblique ponctuée et s'arrondissant vers le point R.

Entournure du devant U' R. — Réunir les points U',R par une oblique ponctuée, puis par une courbe s'écartant de 15 millimètres environ aux deux tiers et à droite de

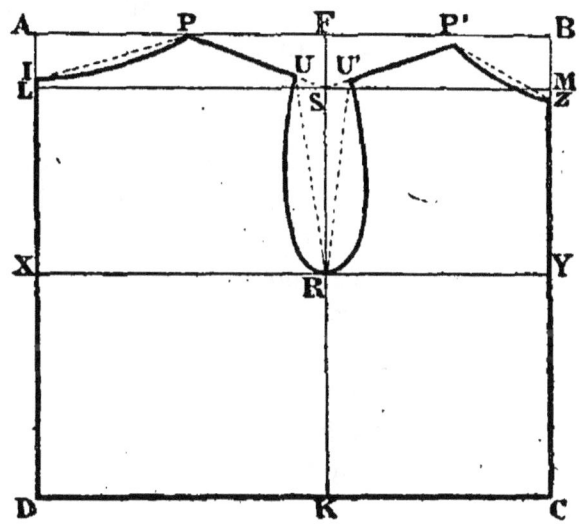

Fig. 80 (au 1/5). — Brassière sans col.

l'oblique ponctuée et s'arrondissant vers le point R. (Voir la figure 80.)

Milieu du dos I D. — Renforcer la ligne I D.
Bord inférieur D C. — Renforcer la ligne D C.
Milieu du devant Z C. — Renforcer la ligne Z C.

MANCHE DE LA BRASSIÈRE

LIGNES DE CONSTRUCTION ET POINTS DE REPÈRE

Tracer un rectangle A B C D ayant l'une des trois dimensions indiquées au tableau, page 216 :

Prendre le cinquième de la longueur A B, le porter : de B vers C, placer la lettre R ;

De C vers D, placer un point. Remonter ce point d'un demi-centimètre et marquer la lettre V.

CONTOURS DE LA MANCHE

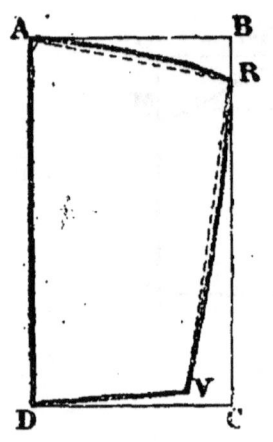

Fig. 81 (au 1/5). — Manche de la brassière.

Entournure AR. — Réunir les points A, R par une oblique ponctuée, puis par une courbe s'écartant de 7 millimètres au milieu et au-dessus de l'oblique ponctuée.

Couture de la manche R V. — Réunir les points R, V par une oblique ponctuée, puis par une courbe s'écartant de 2 à 3 millimètres au tiers et à droite de l'oblique ponctuée, pour la rejoindre aux deux tiers de sa longueur et la suivre jusqu'au point V.

Bord inférieur D V. — Réunir le point D au point V par une oblique.

Renforcer la ligne A D.

COUPE ET ASSEMBLAGE DE LA BRASSIÈRE

En général, la toile fine et le piqué dont on se sert pour faire les chemises-brassières et les brassières de dessus, ont 0 m. 80 de large. On trouve dans la largeur la brassière et une manche, soit 4 brassières et 4 manches dans un mètre. Pour trouver les 4 autres manches, on prend encore 0 m. 20 d'étoffe, et l'on obtient 4 brassières complètes dans 1 m. 20.

On taille la brassière sur l'étoffe double, en plaçant la ligne Z C sur le pli de l'étoffe en droit fil. On coud les épaulettes en réunissant les points P, P'; U, U'. Le contour de la brassière se termine par un ourlet d'un centimètre environ. Dans les brassières en flanelle, on fait cet ourlet à l'endroit, au point de flanelle ou point de chausson.

Les brassières en brillanté se doublent de calicot léger ou de percale, ce qui supprime tout ourlet. Les brassières en étoffe épaisse, comme le piqué pelucheux et la finette, se bordent tout autour au lieu de s'ourler.

Le dos de la brassière, ainsi que celui de la chemise, doit croiser de plusieurs centimètres; cette précaution est motivée par la conformation du nouveau-né et par sa croissance rapide, qui oblige très promptement à augmenter la largeur du petit vêtement qui l'habille. On place une bride et un bouton de lingerie à l'encolure, la bride au point I. A 7 ou 8 centimètres au-dessous, on place deux rubans de percale ; puis deux autres encore à la même distance. On coud la manche de la brassière de piqué avec des coutures rabattues au point de chausson et sans *rentrer* l'étoffe. Le bouton et les rubans du côté gauche sont d'abord placés à 3 centimètres du bord, puis on les avance vers le bord à mesure que l'enfant grossit, ce qui permet par conséquent d'élargir la brassière à volonté. Dans les étoffes plus minces les coutures se rabattent au point de piqûre, mais elles doivent toujours être aussi *plates* que possible, pour ne pas blesser l'enfant.

Les entournures sont proportionnellement fort larges, ce qui permet d'habiller le nouveau-né sans trop de difficulté. On y fixe la manche en plaçant le point A de la manche au point U de l'entournure et le point R de la manche au point R de l'entournure.

On garnit l'encolure, ainsi que le bord de la manche, d'une petite broderie, que l'on fixe à l'aide du point d'épine, ou de tout autre point de fantaisie.

CHEMISE-BRASSIÈRE

On taille la chemise-brassière sur le même patron que la brassière.

On la fait en toile fine ou en batiste. Les coutures des épaules, ainsi que celles des entournures, se rabattent à l'endroit au point de piqûre. Les ourlets se piquent également à l'endroit. Si l'on veut éviter le travail que donnent les piqûres, on doit renoncer à faire ces diverses coutures *à l'endroit* et les faire à l'envers au point de côté, mais toujours aussi plates que possible.

On pique l'encolure et le bord des manches, et on les garnit d'une fine dentelle.

On ne place ni boutons ni cordons pour fermer la chemise par derrière. Elle se trouve maintenue par la brassière de dessus. On peut y placer une petite coulisse à l'encolure ; mais en général on supprime cette coulisse, comme tout ce qui peut serrer l'enfant ou le blesser.

BRASSIÈRE AVEC COL

Cette brassière diffère de la précédente en ce que l'encolure doit être moins montante. Le tracé doit être d'une précision parfaite si l'on veut que le col s'ajuste exactement avec l'encolure.

Divisions à prendre :
1/2; 1/4; 1/5; 1/10 de la longueur du rectangle.

LIGNES DE CONSTRUCTION ET POINTS DE REPÈRE

Rectangle A B C D. — Tracer un rectangle A B C D, ayant l'une des trois dimensions indiquées.

Ligne L M. — Du point A, vers D, porter le dixième de la longueur totale et tracer la ligne L M, parallèle à A B.

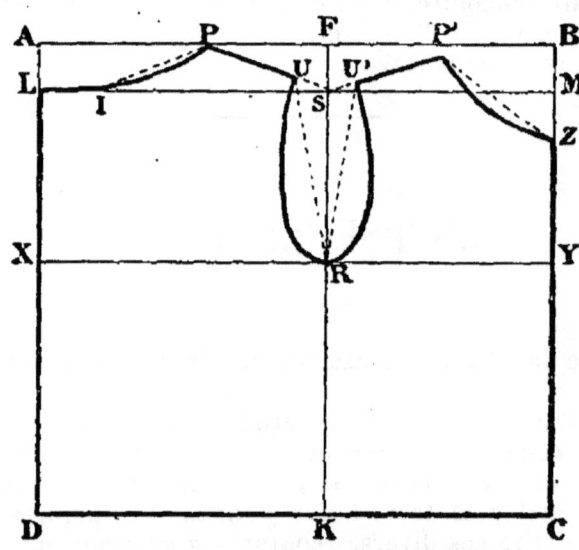

Fig. 82 (au 1/5). — Brassière avec col.

Ligne X Y. — Du point A, vers D, porter la demi-longueur totale moins un demi-centimètre. Tracer la ligne X Y, parallèle à A B.

Rectangle du dos A F K D. — Du point B, vers A, porter la demi-longueur totale ; tracer la ligne F K, parallèle à B C. Cette ligne partage le rectangle en deux parties inégales dont la première, A F K D, destinée au dos de la brassière, a 3 centimètres de plus que la seconde, destinée au devant.

A la jonction des lignes F K et L M, placer la lettre S.

A la jonction des lignes F K et X Y, placer la lettre R.

CONTOURS DE LA BRASSIÈRE

Encolure du dos I P. — Du point A, vers B, porter le cinquième de la longueur totale plus 4 centimètres, placer la lettre P. Du point L, vers S, compter 3 centimètres, placer la lettre I. Réunir les points I, P par une oblique ponctuée, puis par une courbe rentrée de 4 millimètres au milieu et au-dessous de l'oblique ponctuée. Fondre la ligne L I P, qui forme l'encolure du dos.

Encolure du devant P'Z. — Du point B, vers A, porter le cinquième de la longueur totale plus un centimètre, placer un point ; abaisser ce point d'un demi-cent., placer la lettre P'.

Du point B, vers C, porter le cinquième de la longueur totale, placer la lettre Z. Réunir P', Z par une oblique ponctuée, puis par une courbe rentrée de 7 millimètres au milieu et au-dessous de l'oblique ponctuée.

Epaulettes du dos et du devant P U, P' U'. — Joindre le point S au point P et au point P' par des obliques ponctuées. Du point S, vers P, compter 17 millimètres et placer la lettre U.

Renforcer la ligne PU, épaulette du dos.

Mesurer la longueur P U, la porter du point P' vers S, placer la lettre U'. Renforcer la ligne U' P', épaulette du devant.

Entournure du dos U R. — Réunir les points U, R par une oblique ponctuée, puis par une courbe s'écartant de 14 millimètres environ, aux deux tiers et à gauche de l'oblique ponctuée et s'arrondissant vers le point R.

Entournure du devant U' R. — Réunir les points U', R par une oblique ponctuée, puis par une courbe s'écartant de 15 millimètres environ aux deux tiers et à droite de l'oblique ponctuée et s'arrondissant vers le point R.

Milieu du dos L D. — Renforcer la ligne L D.

Bord inférieur D C. — Renforcer la ligne D C.

Milieu du devant Z C. — Renforcer la ligne Z C.

COL DE LA BRASSIÈRE

LIGNES DE CONSTRUCTION ET POINTS DE REPÈRE

Rectangle A B C D. — Tracer un rectangle A B C D ayant l'une des trois dimensions indiquées dans le tableau, page 216.

Ligne E R. — Du point A, vers D, porter la moitié de la longueur A D et tracer l'horizontale E R.

Ligne F K. — Prendre le milieu de la ligne A B moins un demi-centimètre et tracer une verticale F K.

A la jonction de la ligne E R avec la ligne F K placer la lettre O.

Du point C, vers B, porter le cinquième de la longueur totale, placer la lettre Z.

Remonter le point R d'un centimètre vers B, placer la lettre R'.

CONTOURS DU COL

Milieu du col par derrière F I. — Joindre F, R' par une oblique ponctuée. Du point F, sur cette oblique, porter le cinquième de la longueur totale plus un demi-centimètre, placer la lettre I. Renforcer la ligne I F.

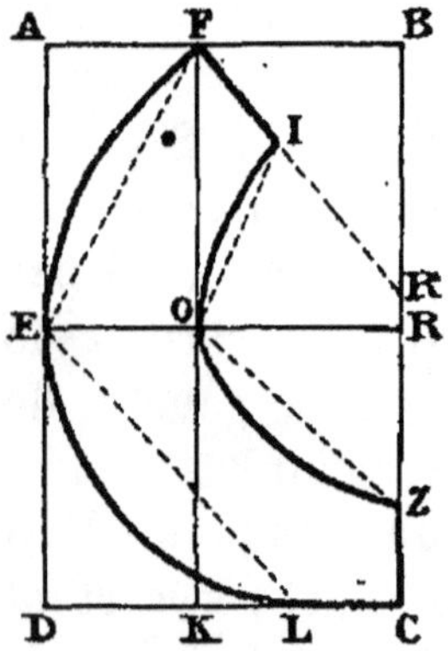

Fig. 83 (au 1/5). — Col de la brassière.

Encolure I O Z. — Réunir le point O au point I et au point Z par des obliques ponctuées. Joindre I, O par une courbe écartée de 4 à 5 millimètres au milieu et à gauche de l'oblique ponctuée.

Réunir O, Z par une courbe écartée de près de 12 millimètres au tiers et à gauche de l'oblique ponctuée.

Bord du col F E L C. — Du point C, vers D, porter le cinquième de la longueur totale, placer la lettre L.

Joindre F, E par une oblique ponctuée, puis par une courbe écartée d'environ 12 millimètres au milieu et à gauche de l'oblique ponctuée.

Joindre F et L par une oblique ponctuée, puis par une courbe écartée de 2 centimètres au tiers et à gauche de l'oblique ponctuée, et se fondant au point L avec la ligne L C.

Milieu du col par devant Z C. — Renforcer la ligne Z C. Renforcer la ligne L C.

AUTRE COL

Si l'on veut faire le col avec bords arrondis par devant, comme l'indique la figure 84, suivre le tracé du col ordinaire, page 224, jusqu'au paragraphe **Bord du col**, puis continuer comme suit :

Bord du col F E L Z. — Du point K, vers F, porter le cinquième de la longueur totale moins un centimètre, placer la lettre L.

Joindre F, E par une oblique ponctuée, puis par une courbe écartée d'environ 12 millimètres au milieu et à gauche de l'oblique ponctuée.

Joindre E, L par une oblique ponctuée, puis par une courbe écartée d'un centimètre au milieu et à gauche de l'oblique ponctuée.

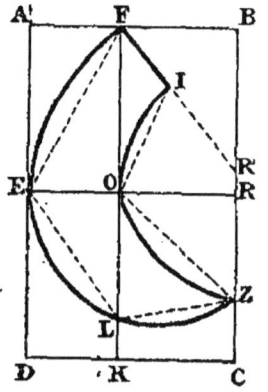

Fig. 84 (au 1/5). — Col avec bords arrondis.

Joindre L, Z par une oblique ponctuée, puis par une courbe s'écartant d'un demi-centimètre au milieu et au-dessus de l'oblique ponctuée.

Reprendre et fondre les courbes F E L Z.

MANCHE

La manche de la brassière avec col se fait comme la précédente; toutefois on y ajoute un revers dont nous donnons la description.

REVERS DE LA MANCHE

La manche dessinée (voir page 220), du point D, vers A, porter le cinquième de la longueur A D plus un centimètre, placer la lettre D'.

Du point V, vers R, porter le cinquième de la longueur A D, placer la lettre V'.

Réunir D' et V' par une oblique ponctuée, puis par une

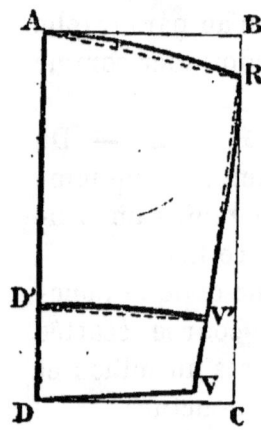

Fig. 85 (au 1/5). — Manche avec revers.

courbe s'écartant de 3 millimètres au milieu et au-dessus de l'oblique ponctuée.

ASSEMBLAGE

La brassière avec col se fait généralement en piqué fin. Elle s'assemble comme la précédente en réunissant les points U, U'; P, P', et pour la manche les points R et R, V et V, au moyen de coutures que l'on ouvre et que l'on arrête, en traversant très légèrement, à l'aide d'un petit point de chausson. Les manches se montent à point arrière et se rabattent également au point de chausson, mais, autant que possible, sans traverser. Pour le premier et le deuxième âge, on place le point A de la manche au point U de l'épaulette ; pour le troisième âge, on place ce point A à 2 ou 3 centimètres au-dessous du point U, pour faciliter les mouvements du bras de l'enfant.

On fait tout autour de la brassière un ourlet d'un centimètre à 1 cent. et demi au point de côté si le piqué est sec, au point de chausson si le piqué est pelucheux. Dans ce dernier cas on peut encore border la brassière ou bien l'ourler. Pour terminer l'ourlet à l'angle D, on coupe l'étoffe en biais à partir de l'angle jusqu'au bord de l'ourlet, pour ne pas faire de gros remplis, et on l'arrête avec quelques points de côté.

La garniture se compose en général d'une broderie étroite et fine, qui tourne autour du col et qui borde les manches. Ou le col est tout d'une pièce et on le taille en plaçant la ligne Z C sur l'étoffe pliée dans le sens de la chaîne, ou bien il est en deux morceaux, et dans ce cas on place la ligne F L dans le sens de la chaîne. Il y a plusieurs manières de placer la broderie. On peut la coudre, en la faisant un peu soutenir, endroit contre endroit, puis la rabattre à l'envers ; ou bien, ce qui est mieux encore, on fait un rempli d'un demi-centimètre tout autour du col ; on entoure le col à l'endroit d'un point de fantaisie. On place, à partir du point F, sur ce rempli, la broderie, légèrement froncée ; sur le point de bâti, on fixe à l'aide d'un point arrière un fin biais de nansouck que l'on rabat, toujours à l'envers, et qui enferme les coutures. Ce biais suit également la ligne F l, qui, à cet endroit-là, ne doit pas avoir de garniture. La bande brodée doit avoir pour longueur une fois et demie la longueur du col. Pour monter le col, on place le point I du col sur le point I de la brassière, le point Z du col sur le point Z de la brassière.

On le monte à l'aide d'un biais dans lequel on enferme une ganse très fine.

La manche se garnit soit à l'aide d'un petit revers que l'on taille dans l'espace D, D', V' et V et que l'on garnit comme le col, soit en plaçant la broderie directement sur la manche, le feston remontant comme un revers. On ouvre alors la couture, de V à V', et l'on place un petit bouton de lingerie et une bride pour fermer cette fente, qui a l'avantage de faciliter l'entrée des manches.

La brassière se ferme à l'aide de brides ou de boutonnières ; les deux bords du col, qui doivent arriver juste l'un près de l'autre, se ferment à l'aide d'un bouton et d'une boutonnière ou mieux d'une bride.

Pour la brassière avec col, on prend 0 m. 90 à 1 mètre de broderie, selon la taille de la brassière :

0 m. 60 environ pour le col ;
0 m. 34 pour les manches.

CHEMISE-BRASSIÈRE DÉCOLLETÉE

Cette chemise-brassière décolletée ne se fait pas pour des nouveau-nés; on la met aux enfants à partir de 8 à 10 mois, lorsqu'il fait très chaud. On la fait en batiste. L'encolure est remplacée par une sorte de berthe qui retombe sur la robe de l'enfant; cette dernière, dans ce cas, doit avoir un corsage très court, dans le genre de notre robe cache-lange sans manches.

Prendre les divisions suivantes de la longueur totale :
1/2; 1/10.

LIGNES DE CONSTRUCTION

Rectangle A B C D. — Tracer un rectangle A B C D ayant l'une des deux dimensions attribuées à la brassière décolletée. (Voir le tableau, page 216.)

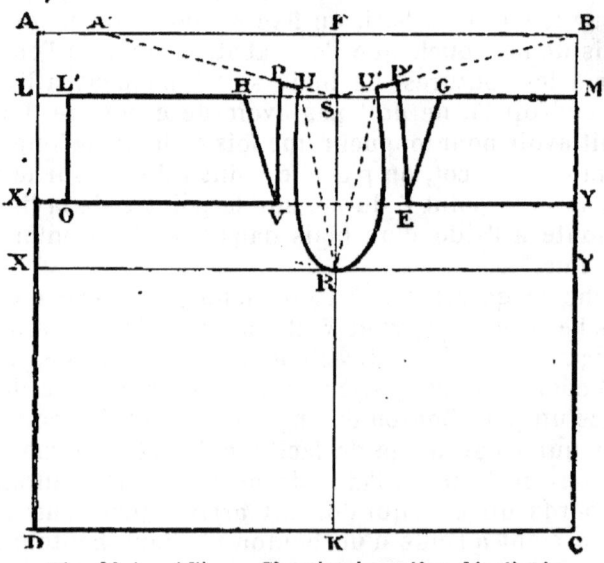

Fig. 86 (au 1/5). — Chemise-brassière décolletée.

Ligne L M. — Du point A, vers D, porter le dixième de la longueur totale plus un demi-centimètre. Tracer l'horizontale L M.

Ligne X Y. — Du point A, vers D, porter la demi-longueur totale moins un demi-centimètre. Tracer l'horizontale X Y.

Ligne X′ Y′. — Remonter le point X de 3 centimètres vers A. Tracer l'horizontale ponctuée X′ Y′.

Rectangle du dos A F K D. — Du point B, vers A, porter la demi-longueur totale, tracer la verticale F K. Cette ligne partage le rectangle en deux rectangles inégaux dont le premier, A F K D, destiné au dos de la brassière, a 3 centimètres de plus que le second, destiné au devant.

A la jonction de la ligne F K avec la ligne L M, placer la lettre S.

A la jonction de la ligne F K avec la ligne X Y placer la lettre R.

CONTOURS DE LA BRASSIÈRE

Dos de la brassière L′ O X′ D. — Compter 1 cent. et demi à la droite :

1° Du point L, placer la lettre L′,
2° Du point X′, placer la lettre O.

Réunir les points L′, O par une verticale.
Renforcer la ligne X′ D.

Epaulette de dos P U. — Du point A, vers B, compter 3 centimètres, placer la lettre A′ ; réunir le point S au point A′ et au point B par des obliques ponctuées. Du point S, vers A′, compter 17 millimètres, placer la lettre U. De ce point remonter d'un centimètre vers A′ et placer la lettre P. Renforcer la ligne P U, qui forme la petite épaulette du dos.

Epaulette du devant P′ U′. — Du point S, vers B, compter également 17 millimètres, placer la lettre U′. Du point U′, vers B, compter 1 cent., placer la lettre P′, épaulette du devant.

Entournure du dos U R. — Réunir les points U, R par une oblique ponctuée, puis par une courbe s'écartant de 14 millimètres environ aux deux tiers et à gauche de l'oblique ponctuée et s'arrondissant vers le point R.

Entournure du devant U′ R. — Réunir les points U′, R par une oblique ponctuée, puis par une courbe s'écartant de 15 millimètres environ aux deux tiers et à droite de l'oblique ponctuée et s'arrondissant vers le point R.

Bretelle du dos P V. — Du point P, tracer une ligne pleine qui suive parallèlement l'entournure jusqu'à la rencontre de la ligne X′ Y′. A ce point placer la lettre V.

Berthe retombant sur le dos de la brassière L′ H V O. — Du point L, sur la ligne L M, porter la longueur X′ V moins 2 cent. et demi, placer la lettre H. Renforcer la ligne L′ H.

Réunir H, V par une oblique pleine.

Renforcer la ligne X′ V.

Bretelle du devant P′ E. — Du point P′, tracer une ligne pleine qui suive parallèlement l'entournure jusqu'à la rencontre de la ligne X′ Y′; à ce point placer la lettre E.

Berthe retombant sur le devant G M Y′ E. — Du point M, vers L, porter la longueur E Y′ moins un cent. et demi, placer la lettre G. Renforcer G M et Y′ E.

Réunir E, G par une oblique pleine.

Renforcer les lignes E Y, D C et C M.

MANCHE

Rectangle A B C D. — Tracer un rectangle A B C D ayant l'une des deux dimensions indiquées au tableau page 216.

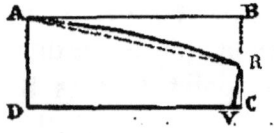

Fig. 87 (au 1/5).

Du point B, vers C, porter le cinquième de la longueur A B, placer la lettre R.

Avancer le point C de 3 millimètres vers D, placer la lettre V.

Entournure A R. — Réunir les points A, R par une oblique ponctuée, puis par une courbe s'écartant d'un demi-centimètre au milieu et au-dessus de l'oblique ponctuée.

Couture R V. — Réunir R, V par une oblique pleine. Renforcer les lignes A D et D V.

PATTE FORMANT ÉPAULETTE SUR LA MANCHE

Rectangle A B C D. — Tracer un rectangle A B C D ayant pour hauteur 3 centimètres et pour largeur la longueur H V de la brassière.

Joindre les points D et B par une oblique pleine.

Renforcer les lignes D C et B C.

Fig. 88 (au 1/5). — Patte formant épaulette.

Le triangle D C B figure la petite épaulette qui vient se placer sur la manche. On place la ligne B C sur l'étoffe double et en droit fil. Le point C vient s'attacher au point P de l'épaulette une fois celle-ci cousue. Le point D vient s'ajuster avec le point E.

ASSEMBLAGE

Cette chemise-brassière se fait en batiste. On la taille comme la brassière ordinaire, en laissant tout autour un centimètre à un cent. et demi pour faire les ourlets, sauf aux points P V et P' E, pour lesquels l'étoffe se taille juste au patron, sur les lignes P V et P' E.

On laisse un demi-centimètre à l'entournure et à l'épaulette. On assemble les épaulettes en joignant les points P, P'; U et U'.

La patte formant épaulette retombante se taille double en plaçant la ligne B C sur le pli de l'étoffe double et en droit fil; elle se garnit le long du biais D B comme le reste de la brassière. On la compose d'entre-deux reliés par des points de fantaisie.

Pour la placer, une fois l'encolure rentrée de 2 ou 3 millimètres, on met le point C de la patte sous cette encolure au point P. Le reste de la patte suit des deux côtés de ce point.

Le point D vient par conséquent toucher le point V à l'endroit où finit la garniture de la berthe.

On cache les remplis à l'intérieur par un petit biais posé à l'envers.

On place de même les deux berthes du dos et du devant. Ces

berthes peuvent être faites en étoffe semblable à celle de la brassière, ou bien composées d'entre-deux brodés et rattachés les uns aux autres par des points de fantaisie.

On garnit tout le tour de la berthe et de la patte, ainsi que le bord des manches, d'une fine dentelle.

La manche courte se monte comme la manche de la brassière ordinaire.

BÉGUIN OU BONNET A TROIS PIÈCES

Le béguin se compose de deux pièces de côté semblables et d'une pièce de milieu.

PIÈCE DE COTÉ

Dimensions du rectangle. — Pour construire le rectangle, consulter le tableau des dimensions, page 216.

Lignes de construction et points de repère. — Construire un rectangle A B C D ayant l'une des dimensions indiquées ci-dessus. Du milieu de la ligne A D tracer une ligne E R, parallèle à A B.

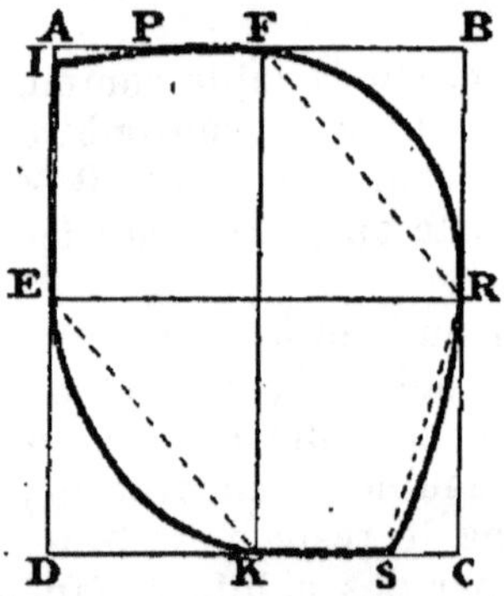

Du milieu de la ligne A B tracer une ligne F K, parallèle à B C.

Du point A descendre de 4 millimètres vers D; placer la lettre I.

Du point A, sur la ligne A F, porter le tiers de la longueur de cette ligne; placer la lettre P.

Fig. 89 (au 1/4). — Pièce de côté.

Du point C, vers D, porter de même le tiers de la longueur A F et placer la lettre S.

Joindre E, K; F, R et R, S par des obliques ponctuées.

Couture supérieure de la pièce de côté. — Joindre les points I, F par une courbe qui passe par le point P et longe la ligne P F.

Réunir les points F, R par une courbe s'écartant d'un cent. et demi à droite et au milieu de l'oblique ponctuée.

Joindre les points R, S par une courbe s'écartant de 3 millimètres à droite et au milieu de l'oblique ponctuée.

Bord de la pièce de côté. — Renforcer la ligne I E. Joindre E, K par une courbe s'écartant d'un cent. et demi à gauche et au milieu de l'oblique ponctuée.

Renforcer la ligne K S.

PIÈCE DE MILIEU

Dimensions du rectangle. — Consulter le tableau, page 216.

Les deux côtés de cette pièce de milieu étant symétriques, nous n'en traçons que la moitié.

Lignes de construction et points de repère. — Construire un rectangle A B C D ayant l'une des dimensions indiquées ci-dessus.

Partager ce rectangle dans sa longueur en deux parties égales au moyen de la ligne X Y, parallèle à A B.

Prendre le tiers de la longueur D C, le porter de D vers C, placer un point. Élever ce point de 2 millimètres et placer la lettre S.

Du point A, vers B, porter ce même tiers, moins 2 millimètres; placer un point. Descendre ce point de 2 millimètres et placer la lettre I.

Couture de côté. — Joindre I, X et X, S par des obliques ponctuées, puis par des courbes s'écartant de 2 millimètres sur la gauche et au milieu des obliques ponctuées.

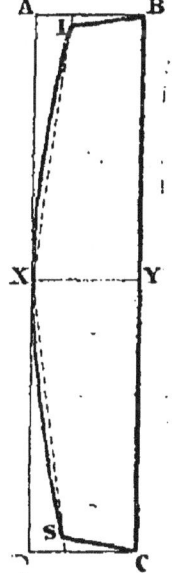

Fig. 90 (au 1/4). — Béguin. Pièce de milieu.

Bord de devant. — Réunir les points I, B par une ligne oblique.

Bord de derrière. — Réunir les points S, C par une ligne oblique.

Ligne de milieu. — Renforcer la ligne B C.

ASSEMBLAGE DU BÉGUIN

On taille les deux pièces de côté sur l'étoffe double en plaçant la ligne I E sur le droit fil et en laissant 6 à 7 millimètres pour les coutures.

La pièce de milieu dont nous donnons la moitié se taille également sur l'étoffe double et *en biais*; la ligne B C se place sur le pli de l'étoffe.

On assemble le béguin en réunissant les points I, J; S, S au moyen de coutures rabattues, si le béguin est en étoffe fine, et de coutures ouvertes, si le béguin est en piqué. Dans ce cas, les coutures sont arrêtées des deux côtés avec un point de chausson. On place la deuxième pièce de côté de la même façon et de l'autre côté de la pièce de milieu.

Comme le béguin est destiné à être placé sous un bonnet, on le fait en toile fine ou en batiste. On fait tout autour un ourlet de 4 à 5 millimètres, que l'on pique à l'endroit, ou que l'on festonne. On peut aussi l'orner d'une dentelle étroite et fine. On ne met pas de brides au béguin.

Le bonnet à trois pièces se taille sur le même patron que le béguin qu'il recouvre; on le fait en piqué ou en brillanté; on en festonne le contour ou on l'orne d'une petite broderie, que l'on rabat à l'envers en y enfermant une coulisse étroite nouée par derrière à la lettre S. On place par devant deux petites brides en percale.

BONNET ROND

PASSÉ DU BONNET

LIGNES DE CONSTRUCTION

Rectangle A B C D. — Tracer un rectangle A B C D ayant pour longueur 15 centimètres et pour largeur 12 cent. et demi.

Ligne L M. — Du point A, vers D, descendre de 4 centimètres, tracer l'horizontale L M.

Ligne B' C'. — Du point B, vers A, rentrer de 2 cent. et demi, tracer la verticale B' C'.

A la jonction de la ligne B' C' et de la ligne L M, placer la lettre M'.

CONTOURS DE LA PASSE

Avancer le point D de 18 millimètres sur la droite, placer la lettre D'. Réunir les points L, D' par une oblique ponctuée.

Remonter le point D' de 2 centimètres sur cette ligne ponctuée et placer la lettre E.

Devant de la passe A L E. — Suivre la ligne A L; s'écarter graduellement jusqu'à 3 millimètres au milieu et à gauche de la ligne L E et rejoindre le point E.

Couture de la passe E S. — Avancer le point C d'un cent. et demi sur la gauche et placer la lettre S; joindre E, S par une oblique ponctuée, puis par une courbe s'écartant de 3 millimètres au milieu et au-dessus de l'oblique ponctuée.

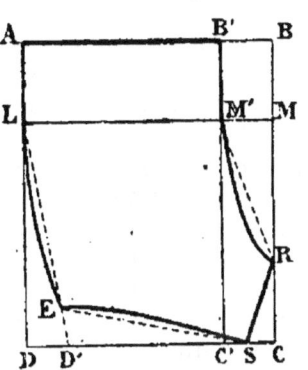

Fig. 91 (au 1/5). — Passe du bonnet.

Derrière de la passe B' M' R. — Remonter le point C de 4 centimètres et placer la lettre R. Joindre les points M', R par une oblique ponctuée, puis par une courbe s'écartant d'un centimètre aux deux tiers et à gauche de M' R et s'arrondissant vers le point R. (Voir le dessin.)

Renforcer B' M' et fondre les deux lignes au point M'.

Couture de la passe par derrière R S. — Réunir les points R, S par une oblique pleine.

Renforcer A B'.

FOND DU BONNET

Tracer une circonférence de 6 cent. 6 de diamètre. A défaut de compas, on peut tracer une série de rayons de 3 cent. 3 et les joindre par des courbes légères.

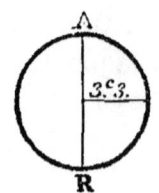

Fig. 92 (au 1/5). — Fond du bonnet.

ASSEMBLAGE

Ce bonnet, qui se compose d'une passe et d'un fond, se fait en étoffe légère. On le compose souvent à l'aide d'entre-deux placés en long ou en travers, suivant le bord de la passe et séparés par des petites bandes de mousseline brodées rattachées aux entre-deux par des petits points de fantaisie. Dans ce cas, on taille le patron de la passe tout entier et on faufile dessus les entre-deux pour leur donner la forme de la passe. On peut encore faire une bande composée d'entre-deux en travers, de la hauteur de la ligne A B et non A B', et que l'on coupe ensuite d'après le patron.

Le fond se taille soit en mousseline, soit, comme la passe, en entre-deux disposés cette fois en biais. On ferme la passe au moyen d'une couture rabattue ou d'une couture en surjet rouleautée à la ligne R S. La ligne A B' représente le milieu de la passe.

Si l'on veut faire un bonnet uni, on place la ligne A B' sur le pli de l'étoffe en droit fil.

On fronce ensuite la ligne R B' dans toute sa longueur et on dispose sur ces fronces le fond du bonnet, en faisant coïncider les points B' R de la passe avec les points B' R du fond.

La partie de la passe qui s'adapte au fond, à 2 ou 3 centimètres du point R, sera à peine froncée.

Les fronces seront distribuées également entre le reste de la passe ; l'essentiel est que les points B' R de la passe correspondent bien aux points B' R du fond. Les fronces sont fixées au bonnet, à l'endroit et le rempli est ensuite caché par une petite bande en biais qui, une fois repliée, ne doit avoir que 3 ou 4 millimètres de largeur.

On fixe cette bande à l'aide d'un point d'épine. On place deux ou trois petites ruches froncées, garnies d'une étroite dentelle, sur le bord de la passe et une seule petite ruche par derrière. Cette petite ruche se place à l'aide de fronces en rouleauté.

On peut mettre des brides en fin ruban de percale, mais il est préférable de les faire en percale taillée en droit fil sur 2 centimètres de large et terminée tout autour par un petit ourlet de 2 millimètres.

Le bas se fait arrondi ou pointu ou carré, à volonté.

BONNET FRONCE

Ce bonnet diffère du premier en ce que la passe est plus large et qu'on la fronce à l'aide de 3 coulisses.

PASSE DU BONNET FRONCÉ

LIGNES DE CONSTRUCTION

Rectangle A B C D. — Tracer un rectangle A B C D ayant pour longueur 20 centimètres et pour largeur 11 centim. 5.

Ligne L M. — Du point A, descendre de 12 cent. et demi, tracer l'horizontale L M.

Ligne B' M'. — A un centimètre à gauche du point B, tracer la verticale B' M' qui s'arrête à la ligne L M.

CONTOURS DE LA PASSE

Devant et côté de la passe A E S. — Du point L descendre de 2 centimètres, marquer la lettre E.

Renforcer la ligne A E.

Du point C, vers D, compter 3 centimètres et placer la lettre S.

Réunir les points E, S par une oblique ponctuée, puis par une courbe écartée d'un cent. et demi au milieu et au-dessous de l'oblique ponctuée et se fondant au point E avec la ligne A E.

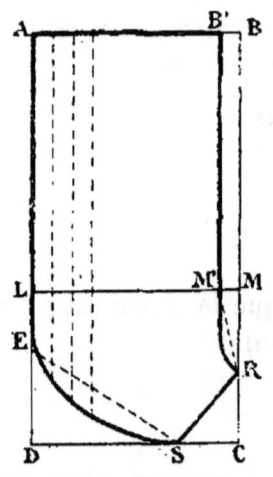

Fig. 93 (au 1/5). — Passe du bonnet froncé.

Couture de la passe par derrière S R. — Remonter le point C de 3 cent. et demi et marquer la lettre R. Réunir les points S, R par une oblique pleine.

Derrière de la passe B' M' R. — Réunir M', R par une oblique ponctuée, puis par une courbe écartée d'un centimètre aux deux tiers et à gauche de l'oblique ponctuée et se fondant au point M' avec la ligne B' M'.

Milieu de la passe A B'. — Renforcer la ligne A B'.

FOND DU BONNET

Tracer une circonférence de 6 cent. 6 de diamètre (voir pour cette circonférence la figure 92).

A défaut de compas, on peut tracer une série de rayons de 3 cent. 3 et les joindre par des courbes légères.

ASSEMBLAGE

Ce bonnet se fait en brillanté, en mousseline, en nansouk ; on l'assemble comme le bonnet précédent, en ayant soin de laisser l'espace M' R de la passe presque sans fronces et de distribuer les fronces également dans le reste de la passe ; on place trois petits entre-deux appelés trou-trou à un cent. 1/2 du bord et distants entré eux d'un cent. 1/2 ; on fait passer par les petits trous des coulisses en ruban étroit, blanc ou de couleur, qu'on fixe au bord du bonnet entre le point E et le point S et qui ressortent au milieu, à l'endroit, sur la ligne A B. C'est là qu'on attache ces petits rubans en fronçant le bonnet à volonté.

Lorsqu'on fait le bonnet avec une étoffe plus épaisse, brillanté, basin, on place non plus à l'endroit, mais à l'envers, des petites coulisses en lacet très étroit et l'on fait sur la ligne A B, des œillets par lesquels sortent les lacets qui remplacent les rubans cités plus haut. On festonne le bord A E S du bonnet.

Du point E au point S, on place une nouvelle coulisse à un centimètre environ du bord et deux lacets fixés au point E à l'envers et ressortant à l'endroit par deux œillets placés à 2 ou 3 millimètres du point S.

On met de petites brides au point E.

Ce petit bonnet a une forme originale et sied très bien aux enfants.

BAVETTE ORDINAIRE

LIGNES DE CONSTRUCTION ET POINTS DE REPÈRE

Tracer un rectangle A B C D ayant pour longueur 25 centimètres et pour largeur 8 centimètres.

A 8 centimètres, de A vers D, tracer une ligne O X, parallèle à A B.

Du point O, vers D, compter 4 cent. 2 et tracer la ligne E R, parallèle à A B. Du point E, prendre le tiers de la ligne E R et placer la lettre Z.

Tracer des obliques de O en B et de O en R.
Compter 4 cent. 2 :
1° Du point O vers A : placer la lettre I;

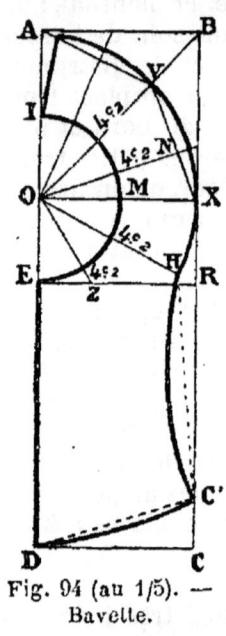

Fig. 94 (au 1/5). — Bavette.

2° Du point O vers B : inscrire 4 cent. 2;

3° Du point O vers X : placer la lettre M;

4° Du point O vers R : inscrire 4 cent. 2;

5° Du point O vers Z : inscrire 4 cent. 2.

Du point O, vers B, compter 8 centimètres et placer la lettre V. Du point O, vers R, compter également 8 centimètres et placer la lettre H.

Joindre les points A, V et V, X par des obliques.

Au milieu de la ligne A V placer la lettre S.

Au milieu de la ligne V X placer la lettre N.

Placer la règle sur les points O, S, compter et inscrire, à partir du point O, 4 cent. 2 et 8 centimètres.

Placer la règle sur les points O, N, et inscrire de même 4 cent. 2 et 8 centimètres.

Placer la règle sur les points O, Z et inscrire 4 cent. 2.

Avancer le point A de 7 millimètres vers B et placer la lettre A'.

CONTOURS DE LA BAVETTE

Joindre I et A' par une ligne oblique qui indique la fermeture de la bavette par derrière.

Tracer un premier arc de cercle du point I au point E passant par tous les points marqués 4 cent. 2 et par le point M.

Tracer un second arc de cercle du point A' au point H

passant par les points marqués 8 centimètres et par les points V, X.

Il serait facile d'éviter toutes ces opérations au moyen d'un compas, dont on placerait l'une des pointes au point O et auquel on donnerait un écartement de 4 cent. 2 pour le premier arc de cercle et de 8 centimètres pour le second.

Remonter le point C de 2 cent. et demi vers B; placer la lettre C'. Joindre H et C' par une oblique ponctuée, puis par une courbe rentrée d'un centimètre sur la gauche et au milieu de l'oblique ponctuée.

Joindre D et C' par une oblique ponctuée, puis par une courbe s'écartant d'un demi-centimètre au milieu et au-dessous de l'oblique ponctuée.

Renforcer la ligne E D.

BAVETTE A PANS COUPÉS

Pour tracer le patron de la bavette à pans coupés, suivre le tracé de la bavette ordinaire jusqu'à la page 241, paragraphe : il serait facile d'éviter, etc., compris; puis continuer de la manière suivante :

Du point D, vers C, compter 3 cent. et demi, placer la lettre D'.

Du point C, vers B, compter 3 cent. et demi, placer un point; avancer ce point d'un demi-centimètre vers la gauche, placer la lettre C'.

Renforcer les lignes E D; D D'.

Réunir D', C' par une oblique pleine. Joindre H, C' par une oblique ponctuée, puis par une courbe écartée d'un centimètre sur la gauche et au milieu de l'oblique ponctuée.

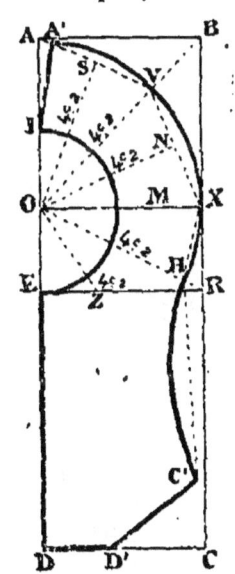

Fig. 95 (au 1/5). — Bavette à pans coupés.

BAVETTE RONDE

Pour tracer le patron de la bavette ronde, suivre le tracé de la bavette ordinaire jusqu'à la page 241, paragraphe : il serait facile d'éviter, etc., compris; puis continuer de la manière suivante :

Du point C, vers B, compter 4 cent. 2, placer un point. Avancer ce point d'un centimètre sur la gauche, placer la lettre T.

Réunir les points T, H par une oblique ponctuée, puis par une courbe écartée d'un demi-centimètre au milieu et à gauche de l'oblique ponctuée.

Réunir D, T par une oblique ponctuée, puis par une courbe écartée de 2 centimètres au milieu et au-dessous de l'oblique ponctuée. Arrondir l'angle T.

Renforcer la ligne ED.

ASSEMBLAGE

La bavette se fait ordinairement en piqué doublé de percale, ou mieux d'une finette légère. On taille la bavette, dessus et doublure, sur l'étoffe double avec le patron, qui n'en représente que la moitié. On place la ligne E D sur le pli de l'étoffe et en droit fil, en laissant 5 à 6 millimètres pour les remplis. On rentre le rempli à l'aide d'un bâti destiné à être enlevé, la bavette terminée; on place la garniture, en général une bande brodée, ayant pour longueur une fois et demie le contour de la bavette d'un point A' à l'autre, en la fronçant légèrement, surtout aux tournants du patron et aux angles. On fixe cette broderie à l'aide d'un point de fantaisie qui garnit tout le tour de la bavette et le tour de l'encolure.

Puis on bâtit la doublure bien à plat sur l'envers de la bavette et on la fixe tout autour à l'aide d'un point de côté, fait à cheval de droite à gauche, en plaçant l'étoffe comme pour un surjet. L'encolure, ainsi que l'espace A' I, se termine par un petit biais

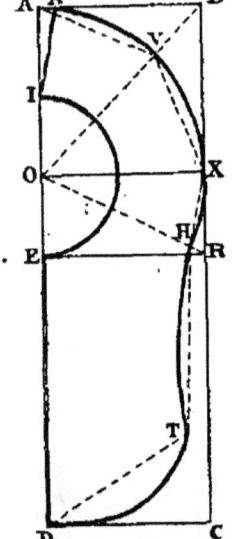

Fig. 96 (au 1/5). — Bavette ronde.

de percale, dans lequel on a enfermé une ganse très mince presque un gros fil, et qui forme un tout petit liséré. On rabat ce biais à l'intérieur et on place, pour fermer la bavette, deux brides et deux boutons de lingerie aux points A' et I.

BAVETTE

AVEC PATTES ATTACHÉES PAR DERRIÈRE

LIGNES DE CONSTRUCTION ET POINTS DE REPÈRE

Tracer un rectangle A B C D ayant pour longueur 24 centimètres et pour largeur 8 cent. et demi.

Du point A, vers D, compter 8 cent. 5, tracer la ligne O X, parallèle à A B.

Du point O, vers D, compter 4 cent. 2, et tracer la ligne E R, parallèle à A B.

Du point E, vers R, marquer le tiers de la ligne E R et placer la lettre Z.

Tracer des obliques de O en B et de O en R.

Compter 4 cent. 2 :

1° Du point O vers A : placer la lettre I ;
2° Du point O vers B : inscrire 4 cent. 2 ;
3° Du point O vers X : placer la lettre M ;
4° Du point O vers Z : inscrire 4 cent. 2.

Du point O, sur la ligne O B, compter 8 cent. 5 et placer la lettre V.

Du point O, sur la ligne O R, compter 8 cent. 5 et placer la lettre H.

Joindre les points A, V et V, X par des obliques.

Au milieu de la ligne A V placer la lettre S.

Au milieu de la ligne V X placer la lettre N.

Placer la règle sur les points O, S, compter et inscrire, à partir de O, 4 cent. 2 et 8 cent. 5.

Placer la règle sur les points O, N, compter et inscrire, à partir de O, 4 cent. 2 et 8 cent. 5.

Avancer le point A de 7 millim. vers B et placer la lettre A'.

CONTOURS DE LA BAVETTE

Joindre I et A′ par une oblique qui indique la fermeture de la bavette.

Tracer un premier arc de cercle du point I au point E, passant par tous les points 4 cent. 2 et par le point M.

Tracer un second arc de cercle du point A′ au point H, passant par les points marqués 8 cent. 5 et par les points V, X.

On peut tracer ces deux arcs de cercle au compas, en pre-

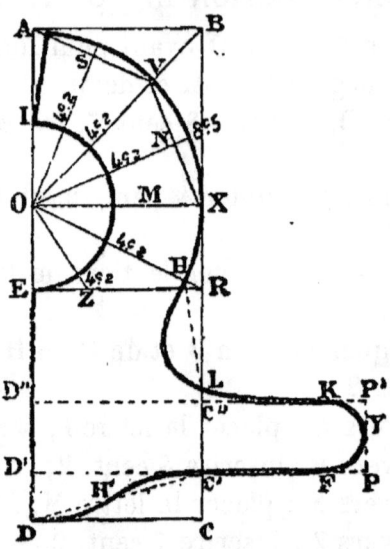

Fig. 97 (au 1/5). — Bavette à pattes.

nant O pour centre et en donnant une ouverture de compas de 4 cent. 2 pour le premier arc de cercle et de 8 cent. 5 pour le second.

Remonter le point D de 2 cent. 1/2 vers A et placer la lettre D′.

Tracer une horizontale ponctuée D′ C′. Prolonger cette horizontale de 8 cent. 5 à droite du point C′, placer la lettre P′.

Remonter le point D′ de 3 cent. 1/2 et tracer une horizontale ponctuée D″ P′, ayant la même longueur que sa parallèle D′ P. A la rencontre de cette ligne avec la ligne B C. placer la lettre C″.

Remonter le point C″ de 8 millimètres vers B et placer la lettre L.

Réunir H, L par une ligne ponctuée, puis par une courbe rentrée de près d'un cent. 1/2 au milieu et à gauche de l'oblique ponctuée.

Du point P′, vers D″, avancer de 17 millimètres et placer la lettre K.

Du point P′, vers P, descendre d'un cent. et demi et placer la lettre Y.

Du point P, vers C′, avancer de 17 millimètres et placer la lettre F.

Du point L tracer une courbe qui commence à suivre la ligne C″ P′ à partir d'un cent. et demi du rectangle et longe cette ligne jusqu'au point K.

Tracer une courbe convexe passant par les points K, Y, F, voir la figure 98.

Renforcer la ligne C′ F.

Joindre D et C′ par une oblique ponctuée.

Placer la lettre H′ au milieu de cette oblique ponctuée.

Réunir D et H′ par une courbe s'écartant d'un demi-centimètre au milieu et au-dessous de la ligne ponctuée.

Réunir H′ et C′ par une courbe s'écartant d'un demi-centimètre au milieu et au-dessus de l'oblique ponctuée.

Reprendre les courbes D H′ C′ pour éviter une cassure au point H′.

ASSEMBLAGE DE LA BAVETTE AVEC PATTES

Cette bavette a l'avantage de se fixer par derrière à la taille de l'enfant au moyen des deux pattes, que l'on termine par des rubans de percale. On peut faire passer ces rubans dans deux petites bouclettes de même ruban que l'on fixe à l'envers aux points A′, c'est-à-dire derrière le col.

On la taille et on la coud comme la précédente.

On la garnit d'une broderie ou d'une dentelle que l'on peut arrêter aux points C″ et C′ ou faire contourner la patte.

COUCHE-CULOTTE.

POUR LES 1er ET 2e AGES

Tracer un rectangle A B C D ayant les dimensions suivantes :

1er âge. — Longueur du rectangle : 41 centimètres.
Largeur du rectangle : 31 centimètres.
2e âge. — Longueur du rectangle : 44 centimètres.
Largeur du rectangle : 33 centimètres.

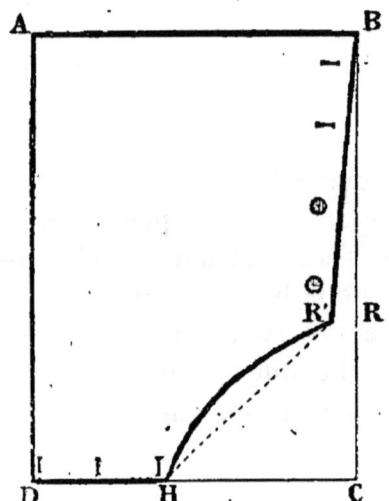

Fig. 98 (au 1/10). — Couche-culotte.

Du point D, vers C, compter la moitié de la longueur DC moins 3 centimètres, placer la lettre H.

Du point C, vers B, compter 16 centimètres, placer la lettre R. Rentrer le point R de 2 cent. et demi horizontalement et sur la gauche, placer la lettre R'.

Joindre B, R' par une oblique pleine.

Joindre R' H par une oblique ponctuée, puis par une courbe rentrée de 2 cent. et demi au milieu et à gauche de l'oblique ponctuée.

Renforcer les lignes A B, A D et D H.

ASSEMBLAGE DE LA COUCHE-CULOTTE

On taille la couche-culotte en flanelle blanche, sur l'étoffe double pliée en biais, en laissant un centimètre d'étoffe tout autour du patron. Ce patron, qui indique la moitié de la couche-culotte, doit être placé la ligne A D sur le pli de l'étoffe, qui représente le biais parfait ou diagonale du carré.

On borde tout le contour de la couche-culotte avec un ruban

de coton de 3 centimètres de large. Ce bord est destiné à soutenir la flanelle à son envers. On n'en voit qu'un demi-centimètre à l'endroit.

On coud deux boutons sur le bord de devant de droite, et l'on fait deux boutonnières au-dessus de ces deux boutons aux endroits indiqués (fig. 98).

On fait sur le bord de devant de gauche deux boutonnières répondant aux deux boutons de droite, et l'on place deux boutons en face des boutonnières. Puis on fait cinq boutonnières sur le bord inférieur, dont l'une, au-dessus du point D, est exactement sur le pli du milieu.

On monte la couche-culotte en l'enfermant dans une ceinture taillée en droit fil et ayant 58 centimètres de long sur 12 centimètres de large. Cette ceinture, repliée sur elle-même et une fois les coutures rentrées, n'a plus que 5 centimètres. Elle est fermée par devant au moyen de 2 boutons et de 2 boutonnières. On y place par derrière une coulisse longue de 20 centimètres.

COUCHE-CULOTTE A POINTE

POUR LES 2º ET 3º AGES

Tracer un rectangle A B C D ayant pour longueur 55 centimètres et pour largeur 40 centimètres.

De B, vers A, compter 11 centimètres, placer la lettre F. Tracer une verticale FG, parallèle à BC.

Du point F, vers B, compter 2 cent. et demi, placer la lettre H.

Du point F, vers G, compter 31 centimètres, placer la lettre S.

Du point B, vers C, compter 16 centimètres, placer la lettre J. Réunir les points J, H et J, S par des obliques pleines.

Du point S au point D tracer une oblique ponctuée. Au milieu de cette ligne ponctuée placer la lettre R.

Réunir D, R par une courbe s'écartant d'un centimètre au milieu et à gauche de l'oblique ponctuée.

Réunir R,S par une oblique ponctuée, puis par une courbe

écartée de 5 cent. et demi au milieu et à gauche de l'oblique ponctuée.

Renforcer les lignes AH et AD.

ASSEMBLAGE DE LA COUCHE-CULOTTE A POINTE

Cette couche-culotte se place sur l'étoffe comme la précédente, c'est-à-dire la ligne A D sur le pli de l'étoffe pliée en biais. On rentre l'étoffe aux lignes R D, S J et J H, et l'on pose à l'envers un faux-ourlet en ruban croisé de 2 centimètres de large.

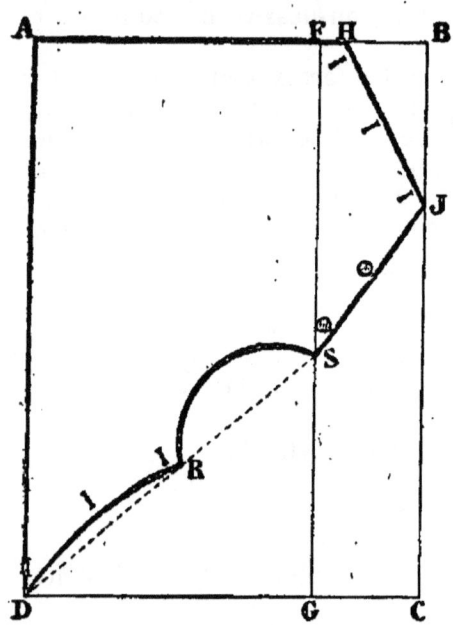

Fig. 99 (au 1/10). — Couche-culotte à pointe.

Sur cet ourlet, du côté droit, se placent 3 boutonnières et 2 boutons pour la partie supérieure; sur le côté gauche, 5 boutons, dont 3 boutons correspondant à 3 boutonnières, et les 2 autres destinés à attacher la pointe de la culotte.

Cette pointe, R D R, une fois déployée, a 5 boutonnières. Celle du milieu, située au point D, vient s'attacher au bouton central répondant à la boutonnière J.

La partie concave placée entre les points R S peut se festonner ou se garnir d'une petite broderie.

On enferme le haut de la couche-culotte dans une ceinture en droit fil de 58 à 60 centimètres de longueur, que l'on taille double pour qu'elle ait 5 centimètres de large une fois repliée, ou que l'on taille simple et que l'on double de calicot en droit fil, ce qui la rend plus ferme. On fait dans le haut de cette ceinture une coulisse longue de 30 centimètres; les rubans de cette coulisse sortent par des œillets placés chacun à 12 centimètres du milieu de la ceinture. Cette ceinture se ferme par devant à l'aide de 2 boutons et de 2 boutonnières.

Si l'on veut faire cette couche-culotte un peu plus petite, au lieu de laisser un centimètre pour les rentrés, on la taille juste au patron.

ROBE LONGUE

POUR LE 1er AGE

LIGNES DE CONSTRUCTION ET POINTS DE REPÈRE

Rectangle A B C D. — Tracer un rectangle A B C D ayant pour longueur 18 centimètres et pour largeur 32 centimètres.

Ligne E R. — Du point A, vers D, compter 10 centimètres et demi et tracer l'horizontale E R.

Ligne L M. — Du point A, vers D, compter ? centimètres et demi et tracer l'horizontale L M.

Ligne X Y. — Du point A, vers D, compter 5 centimètres et demi et tracer l'horizontale X Y.

Ligne F K. — Du point A, vers B, compter 12 centimètres, tracer la verticale F K.

A la jonction de la ligne F K avec L M, placer la lettre U.
A la jonction de la ligne F K avec X Y, placer la lettre H.
A la jonction de la ligne F K avec E R, placer la lettre V.

CONTOURS DE LA ROBE LONGUE

Encolure P X. — Du point F, vers A, compter un centimètre et demi, placer la lettre P. Réunir les points P, X par une oblique ponctuée, puis par une courbe s'écartant d'un demi-centimètre au milieu et au-dessous de l'oblique ponctuée.

Epaulette du devant P U. — Remonter le point U d'un demi-centimètre vers F, placer la lettre U'. Joindre P, U' par une oblique pleine.

Epaulette du dos U P'. — Du point U, vers M, avancer de 2 centimètres, placer la lettre P'.

Renforcer la ligne U P'.

Entournures du devant et du dos U',Y',V,U. — Avancer le point V de 2 centimètres vers E, placer la lettre V'.

Avancer le point H de 3 centimètres vers X, placer la lettre Y′.

Réunir U′, Y′ par une oblique ponctuée, puis par une courbe s'écartant de 4 millimètres sur la gauche et au milieu de l'oblique ponctuée. Réunir Y′, V′ par une oblique ponctuée, puis par une courbe s'écartant d'un centimètre sur la gauche et au milieu de l'oblique ponctuée et restant arrondie vers le point V′.

Réunir les points U, V′ par une oblique ponctuée, puis par

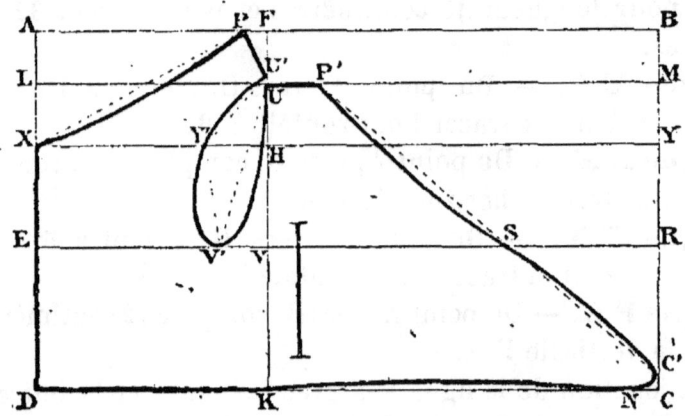

Fig. 100 (au 1/5). — Robe longue.

une courbe s'écartant de 8 millimètres à droite et aux deux tiers de l'oblique ponctuée et s'arrondissant au point V′.

Bord extérieur et croisure du dos P′, S, C′, N. — Remonter le point C d'un centimètre, placer la lettre C′. A un centimètre à gauche du point C, placer la lettre N.

Réunir P′, C′ par une oblique ponctuée. A la jonction de cette oblique avec la ligne E R placer la lettre S. Réunir P′, S par une courbe s'écartant de 2 ou 3 millimètres au milieu et à gauche de la ligne P′ S.

Joindre S, C′ par une courbe s'écartant de 5 millimètres au milieu et au-dessus de l'oblique ponctuée, et s'arrondissant au point C′.

Pour joindre le point N, consulter le dessin.

Bord inférieur D K N. — Réunir K, N par une courbe

légère s'écartant de 4 millimètres au milieu et au-dessus de la ligne N K. Renforcer la ligne D K.

Milieu du devant X D. — Renforcer la ligne X D. A un centimètre et demi de la ligne F K, vers la droite, placer une boutonnière longue de 7 centimètres, distante d'un centimètre et demi du bord du rectangle et destinée à croiser la robe.

MANCHE DE LA ROBE LONGUE

Tracer un rectangle A B C D ayant pour longueur 9 centimètres et pour largeur 10 centimètres.

De B, vers C, compter 2 centimètres, placer la lettre V.

De C, vers D, compter 1 centimètre, placer la lettre R.

Entournure AV. — Joindre le point A au point V par une oblique ponctuée, puis par une courbe s'écartant de 3 ou 4 millimètres au milieu et au-dessus de l'oblique ponctuée.

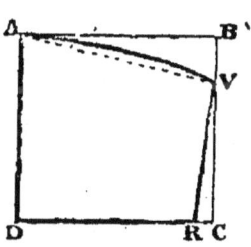

Fig. 101 (au 1/5). — Manche courte.

Couture de la manche V R. — Réunir V, R par une oblique pleine.

Renforcer les lignes A D et D R.

ASSEMBLAGE DE LA ROBE LONGUE

Cette robe, qui sert de cache-lange, se compose d'un corsage et d'une jupe; elle se fait habituellement en brillanté ou en piqué fin. Le corsage se taille d'une seule pièce, en plaçant la ligne X D sur le pli de l'étoffe double pliée dans le sens de la chaîne. On le double en nansouk ou en calicot fin et on le garnit, autour de l'encolure et des manches, avec une petite broderie dont on cache les remplis en rabattant la doublure sur l'étoffe.

Les manches sont taillées en biais; on les monte au corsage en enfermant dans la couture un liséré qui rend l'entournure plus solide.

Au bas du corsage, le long de la ligne K D, on place également un liséré sur lequel on monte la jupe, que l'on a précédemment froncée. Cette jupe arrive jusqu'au milieu de la distance K N, c'est-à-dire à 8 centimètres en arrière environ de la grande boutonnière destinée à croiser le corsage. Pour faire cette boutonnière, on rentre l'étoffe et on la coud à la doublure au moyen d'un point de côté dissimulé, puis on consolide la boutonnière au moyen de deux points d'arrêt.

Au point N se placent des rubans de percale destinés à attacher le corsage.

La jupe, à laquelle on donne 75 à 78 centimètres de longueur, est composée d'un lé et demi, l'étoffe ayant 0 m. 90 de large. Il faut que cette jupe ait environ 1 m. 35 d'ampleur; elle reste ouverte par derrière et se garnit par conséquent de trois côtés. Tout autour, on fait un ourlet large de 3 centimètres, au bord duquel on place, au moyen d'un rouleauté, une broderie semblable à celle du corsage.

En ne faisant qu'un seul cache-lange, on perd de l'étoffe, car le corsage ne peut être pris dans le demi-lé qui tombe de la jupe; mais si l'on fait deux cache-lange avec la même étoffe, tout est utilisé. On emploie dans ce cas 2 m. 80 pour faire les deux cache-lange, 3 hauteurs à 0 m. 80 pour la jupe et 0 m. 40 dans toute la largeur pour les deux corsages avec leurs manches.

On peut calculer pour la garniture :
3 m. 30 pour la jupe;
0 m. 50 pour l'encolure, la broderie s'arrêtant au point S;
0 m. 40 pour les deux manches;
Ce qui fait environ 4 m. 30 par cache-lange.

Dans le modèle dont nous donnons la description, la broderie se pose sans fronces, excepté aux deux coins, où l'on doit donner l'ampleur suffisante pour que la garniture ne tende pas.

On fait également ce cache-lange en flanelle. Dans ce cas, on peut le festonner tout autour.

ROBE CACHE-LANGE SANS MANCHES

POUR LE 1ᵉʳ AGE

LIGNES DE CONSTRUCTION

Rectangle A B C D. — Tracer un rectangle A B C D ayant pour hauteur 9 centimètres et pour largeur 33 centimètres.

Ligne F K. — Du point A, vers B, compter 12 centimètres; tracer la verticale F K.

CONTOURS DU CACHE-LANGE

Milieu du devant A D. — Renforcer la ligne A D.
Bord supérieur du devant A P. — Du point F, vers A,

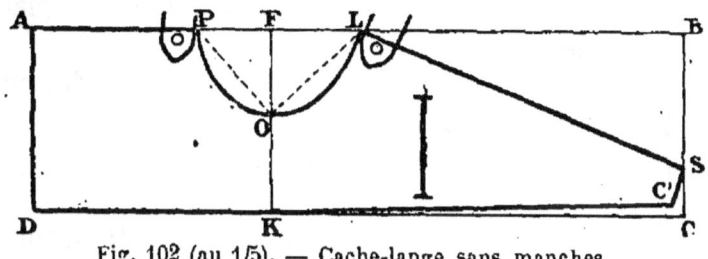

Fig. 102 (au 1/5). — Cache-lange sans manches.

compter 3 cent. et demi, placer la lettre P. Renforcer la ligne AP.

Entournure P O L. — Du point F, vers K, descendre de 4 centimètres, placer la lettre O. Du point F, vers B, compter 4 cent. et demi, placer la lettre L.

Réunir les points P,O et O,L par des obliques ponctuées, puis par des courbes s'écartant d'un centimètre au milieu et au-dessous des obliques ponctuées.

Bord extérieur et croisure du dos L S C'. — Du point C, vers B, remonter de 2 cent. et demi, placer la lettre S.

Réunir les points L,S par une oblique pleine.

Du point C, vers D, compter un demi-centimètre, placer un point; remonter ce point d'un demi-centimètre, placer la lettre C'. Réunir les points S,C' par une oblique pleine.

Bord inférieur D C'. — Réunir les points D,C' par une oblique pleine.

Indiquer la place de la boutonnière à 7 cent. et demi du point K, vers C. Cette boutonnière est éloignée d'un demi-centimètre du bord et a une longueur de 5 centimètres. Nous figurons, à titre de renseignement, la place des épaulettes, mais on n'est pas obligé de les dessiner sur le patron.

15.

BRETELLE FORMANT ÉPAULETTE

Tracer un rectangle A B C D ayant pour longueur 14 cent. et demi et pour largeur 2 cent. et demi.

Des points A et B, vers D et C, compter 1 centimètre, placer les lettres L et M.

Prendre le milieu de la ligne A B, placer la lettre O.

Réunir les points O, L et O, M par des obliques pleines.

Des points C et D, vers A et B, compter 1 centimètre, placer les lettres L' et M'.

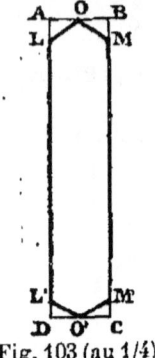

Fig. 103 (au 1/4). — Bretelle.

Prendre le milieu de la ligne D C, placer la lettre O'.

Réunir les points O', L' et O', M' par des obliques pleines.
Renforcer les lignes L·L' et M M'.

ASSEMBLAGE

Ce cache-lange se fait en piqué, en brillanté, ou en flanelle.

Nous ne donnons que le corsage (par moitié), sorte de ceinture que l'on croise plus ou moins à volonté, en entrant la patte de droite dans la longue boutonnière pratiquée dans la patte de gauche et en serrant plus ou moins les rubans de percale qui terminent les pattes à leurs extrémités.

On taille ce corsage en plaçant la ligne A D sur le pli de l'étoffe et en droit fil.

On taille deux épaulettes en droit fil, sur le patron donné. On festonne ces épaulettes, si la robe longue est en flanelle, on les garnit d'une broderie haute d'un centimètre, si cette robe longue est en brillanté ou en piqué. Nous indiquons sur le tracé la place et la direction des épaulettes. On peut les fixer à l'une de leurs extrémités, et à l'autre, pratiquer une boutonnière qui s'attache à un bouton placé sur le cache-lange.

Le petit corsage du cache-lange se garnit seulement par devant, à partir du point P, d'une broderie semblable à celle des épaulettes; on ne garnit pas la patte de derrière, mais on l'orne, ainsi que l'entournure, le devant et les épaulettes, d'un point d'épine. On donne à la jupe 70 à 72 centimètres de hauteur et un mètre environ d'ampleur. On la garnit tout autour d'un liséré et d'une broderie haute de 3 à 4 centimètres que l'on soutient seulement aux deux angles. Le rempli de cette broderie est caché par un faux-ourlet de percale ayant 4 centimètres de large. Cette jupe se monte à plat pendant un espace de 20 centimètres; on fait ensuite 6 plis plats, dirigés de devant en arrière. La jupe doit arriver à 7 centimètres au delà de la boutonnière; il reste par conséquent 5 centimètres sans broderie à partir du point C'.

Lorsqu'on fait cette robe en flanelle, il est préférable de la festonner tout autour de la jupe et du corsage, au lieu de la garnir de broderie. On double la ceinture en flanelle pareille au-dessus.

Avec trois hauteurs de l'étoffe employée, on fait deux cache-lange : un lé entier pour chaque jupe, un demi-lé sur lequel on prend les 11 centimètres nécessaires aux corsages, soit 2 m. 20, remplis compris, pour les deux robes longues.

Les épaulettes et le devant du corsage emploient un mètre de broderie étroite et la jupe, 2 m. 80 à 3 mètres de broderie large.

CORSET D'ENFANT

LIGNES DE CONSTRUCTION

Rectangle A B C' D'. — Tracer un rectangle A B C' D' ayant pour hauteur 18 centimètres et pour largeur 26 centimètres. Du point D', vers A, remonter de 3 centimètres, placer un point, tracer la ligne D C parallèle à D' C'.

Ligne L M. — Du point A, descendre de 12 millimètres, tracer l'horizontale L M parallèle à A B.

Ligne X Y. — Du point L, descendre de 4 cent. et demi, tracer l'horizontale X Y parallèle à A B.

Ligne F K. — Du point A, vers B, compter 13 centimètres, placer un point, de ce point tracer la verticale FK parallèle à A D'.

A la jonction de la ligne F K avec la ligne X Y, placer la

lettre R; à la jonction de la ligne F K avec la ligne D C, placer la lettre H.

A 3 cent. et demi au-dessus du point H, placer un point

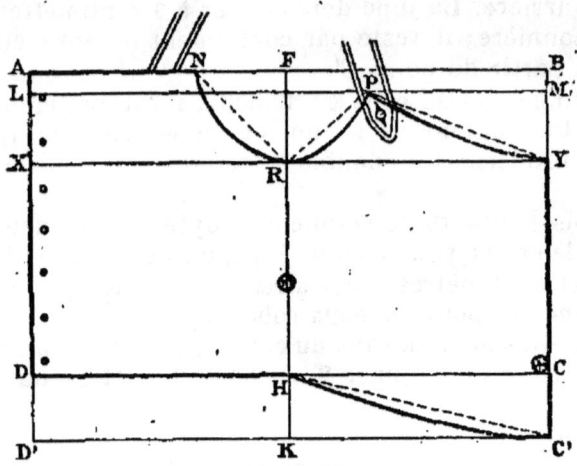

Fig. 104 (au 1/5). — Corset d'enfant.

qui indique la place qu'occupera le bouton de côté. Le bouton du milieu se place au-dessus du point C.

CONTOURS DU CORSET

Entournures N R P. — Du point F, vers A, compter 5 centimètres, placer la lettre N; du point F, vers B, compter 4 centimètres, placer un point, descendre ce point sur la ligne L M, placer la lettre P.

Réunir les points N, R par une oblique ponctuée, puis par une courbe s'écartant d'un centimètre au milieu et à gauche de l'oblique ponctuée.

Réunir les points P, R par une oblique ponctuée, puis par une courbe s'écartant de 7 millimètres au milieu et à gauche de l'oblique ponctuée.

Ligne P Y. — Réunir les points P, Y par une oblique ponctuée, puis par une courbe s'écartant d'un demi-centimètre au milieu et au-dessous de l'oblique ponctuée.

Milieu du corset par devant Y C'. — Renforcer la ligne Y C'.

Bord inférieur du corset D H C′. — Réunir H, C′ par une oblique ponctuée, puis par une courbe s'écartant d'un demi-centimètre au milieu et au-dessous de la ligne ponctuée.

Renforcer la ligne D H et la fondre au point H avec la ligne H C′.

Milieu du corset par derrière A D. — Renforcer la ligne A D.

Renforcer la ligne A N.

ASSEMBLAGE

Ce corset se fait en coutil croisé et se double en calicot.

On taille une bande de coutil de 18 centimètres de haut et ayant la largeur du coutil, c'est-à-dire 80 centimètres ; on forme des plis se dirigeant par derrière ; on laisse le long de la lisière un espace de 2 centimètres sans plis, puis on fait six plis de près d'un demi-centimètre de profondeur avec un écart d'un centimètre entre chacun d'eux. Ces plis doivent arriver un peu plus loin que le point N. On laisse ensuite un espace sans plis jusqu'au point R. On place le patron sur ce dos du corset et on le taille en laissant un demi-centimètre pour les coutures RH et AD ; on taille juste au patron le bord inférieur et l'entournure.

Pour le devant, on laisse un espace de 2 centimètres sans plis ; ce qui fait 4 centimètres en tout ; et l'on forme sept plis de chaque côté, ayant même profondeur et même distance que ceux du dos, se dirigeant par derrière comme ces derniers.

On place alors le patron, la ligne Z C sur le pli de l'étoffe, qu'on taille juste au patron sauf à la ligne RH, où on laisse un demi-centimètre pour les rentrés.

Si les dimensions ont été bien prises et les plis bien formés, il doit rester environ 3 centimètres sans plis par devant et un peu plus de 4 centimètres sous le bras par derrière.

On réunit la ligne du dessous de bras jusqu'à 3 centimètres du point H au moyen d'une couture couchée le devant sur le dos.

Cette couture et tous ces plis sont piqués à la machine à un millimètre du bord avec la doublure qu'on a taillée juste sur le corset, une fois les plis formés.

On fait un petit rempli d'un demi-centimètre, au-dessous du bouton de côté, au coutil et à la doublure, ce qui forme une petite fente qui permet au corset de s'étendre un peu.

On borde le corset tout autour avec un ruban croisé posé à cheval et piqué sauf par derrière, à l'ouverture, où les deux étoffes sont rentrées et piquées.

On place six ou sept œillets à droite et à gauche du bord par derrière ; le premier œillet à un centimètre du bord et tous les autres distants de 2 centimètres.

On pose 3 gros boutons aux places indiquées dans le tracé. On taille deux pattes en droit fil mesurant 21 centimètres de long, 2 cent. et demi de large à l'une de leurs extrémités et 2 centimètres à l'autre ; cette dernière terminée en pointe ; on borde les pattes tout autour, comme le corset, mais on ne les double pas. Nous avons indiqué sur le tracé du patron la manière de placer ces épaulettes ; par derrière elles se placent à l'envers du corset, par devant à l'endroit ; là on place sur le corset un bouton qui se fixe à la boutonnière de la patte.

CHEMISE POUR ENFANT DE 3 A 4 ANS

MESURES A PRENDRE

Les mesures nécessaires à l'exécution de ce patron sont les suivantes :

1º Longueur totale du devant ; qui se prend de la couture d'épaule, encolure, au bas de la chemise.

2º Tour de poitrine.

Les mesures prises pour le tracé que nous donnons ici sont :

   1º Longueur totale du devant. 54
   2º Tour de poitrine. 60

Prendre les divisions suivantes du tour de poitrine :
    1/3 ; 1/5 ; 1/8 ; 1/16.

LIGNES DE CONSTRUCTION

Rectangle ABCD. — Tracer un rectangle ABCD ayant pour longueur la longueur totale du devant et pour largeur le 1/3 du tour de poitrine moins 2 centimètres.

CONTOURS DE LA CHEMISE

Epaulette U P. — Du point A, vers B, porter le 1/16 du tour de poitrine, placer la lettre U; du point U, vers B, compter 2 cent. et demi, placer la lettre P. Renforcer la ligne U P.

Encolure du dos PZ. — Du point B, vers D, compter le 1/8 du tour de poitrine, placer la lettre Z.

Réunir les points P, Z par une oblique ponctuée, puis par une courbe s'écartant de 3 centimètres au milieu et au-dessous de l'oblique ponctuée. Cette courbe doit devenir une ligne horizontale à 3 centimètres du point Z.

Encolure du devant P Z'. — Du point Z, descendre d'un cent. et demi, placer la lettre Z'.

Réunir les points P, Z' par une courbe suivant la première courbe pendant 1 ou 2 centimètres, puis s'en écartant peu à peu pour rejoindre le point Z'. Cette courbe devient une horizontale à 2 centimètres de Z'.

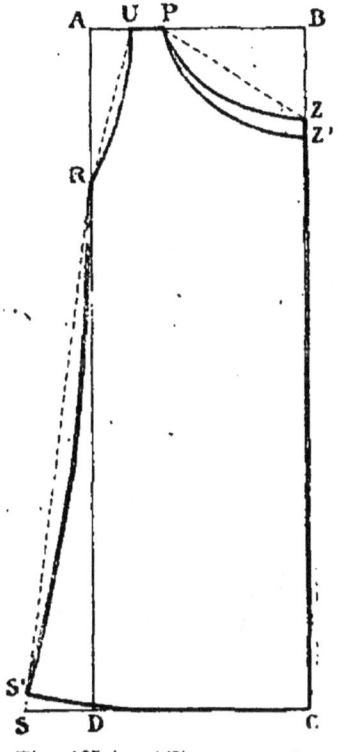

Fig. 105 (au 1/8). — Chemise d'enfant.

Entournure U R. — Du point A, vers D, compter le 1/5 du tour de poitrine, placer la lettre R.

Réunir les points U, R par une oblique ponctuée, puis par une courbe s'écartant d'un centimètre au milieu et sur la droite de l'oblique.

Couture de côté R S'. — Du point D, sur la gauche, tracer une horizontale ayant le 1/3 de la longueur D C, placer la lettre S.

Réunir les points R, S par une oblique ponctuée; du point S, vers R, remonter de 2 centimètres, placer la lettre S'.

Réunir les points R, S' par une courbe s'écartant d'un cent. et demi au milieu et à droite de l'oblique ponctuée.

Bord inférieur S'C. — Réunir les points S', C par une courbe légère qui suit la ligne D C à un ou deux centimètres du point D.

MANCHE DE LA CHEMISE

LIGNES DE CONSTRUCTION

Rectangle A B C D. — Tracer un rectangle A B C D ayant pour longueur le 1/5 plus le 1/16 du tour de poitrine et pour largeur le 1/16 du tour de poitrine.

CONTOURS DE LA MANCHE

Dessous de la manche VC. — Du point D, vers A, remonter d'un centimètre, placer la lettre V. Réunir les points V, C par une oblique pleine.

Entournure A Y C. — Du point C, vers A, remonter du 1/16 du tour de poitrine, placer la lettre Y. Réunir les points A, Y par une oblique ponctuée, puis par une courbe s'écartant d'environ un centimètre au milieu et à droite de l'oblique. Renforcer la ligne Y C en la fondant avec la courbe A Y au point Y.

Fig. 106 (au 1/8). — Manche.

Bas de la manche A V. — Renforcer la ligne A V.

ASSEMBLAGE

Cette chemise se fait en percale ou en calicot très fin.

On emploie pour la faire un morceau d'étoffe ayant 1 mèt. 12 de longueur et 0 mèt. 50 de largeur.

On plie cette étoffe en deux : 1° dans le sens de la longueur; 2° dans le sens de la largeur.

On place la ligne Z C sur le pli en droit fil, puis on taille la chemise en laissant 2 centimètres pour l'ourlet du bas et un demi-centimètre pour toutes les coutures.

On fait attention en coupant l'encolure de commencer par l'encolure du dos, et à tailler ensuite l'encolure du devant, la chemise une fois dédoublée.

On peut festonner l'encolure ou la garnir d'une petite broderie, ou tout simplement l'ourler en plaçant comme fauxourlet un biais ou un ruban de percale qui forme en même temps coulisse.

Les coutures de la chemise s'assemblent en coutures rabattues.

La manche se place sur l'étoffe comme elle est placée dans le rectangle, la ligne VA sur la trame de l'étoffe ; elle s'assemble aux points V, C en couture rabattue, et se monte en plaçant le point C au point R de la chemise ; on la soutient légèrement sur l'entournure et on la croise environ d'un cent. et demi de chaque côté du point U.

Cette manche se garnit comme le haut de la chemise.

On peut faire tout autour de l'encolure un petit point d'épine très fin.

CHEMISE D'UNE SEULE PIÈCE

POUR ENFANT DE QUATRE A SIX ANS

MESURES A PRENDRE

Prendre les mêmes mesures et les mêmes divisions que pour la chemise précédente, voir page 258.

LIGNES DE CONSTRUCTION

Rectangle ABCD. — Tracer un rectangle ABCD ayant pour longueur la longueur que l'on veut donner à la chemise et pour largeur le tiers du tour de poitrine plus 4 centimètres.

Ligne R E. — Du point A, vers D, porter le quart du tour de poitrine, et tracer la ligne RE parallèle à AB.

Ligne X Y. — Du point A, vers D, compter 10 centimètres, et tracer la ligne X Y parallèle à AB.

CONTOURS DE LA CHEMISE

Encolure du dos PZ. — Du point A, vers B, compter 11 centimètres, placer la lettre P. Du point B, vers C, porter le huitième du tour de poitrine, placer la lettre Z. Réunir les points P, Z par une oblique ponctuée, puis par une courbe s'écartant de 3 centimètres au milieu et au-dessous de l'oblique ponctuée. Cette courbe devient une horizontale à 3 centimètres du point Z.

Encolure du devant P Z. — Du point Z descendre d'un cent. et demi, placer la lettre Z'. Réunir les points P, Z' par une courbe suivant la courbe du dos l'espace de 3 à 4 centimètres et s'en écartant ensuite pour rejoindre le point Z'; elle doit devenir une horizontale à 2 centimètres du point Z'.

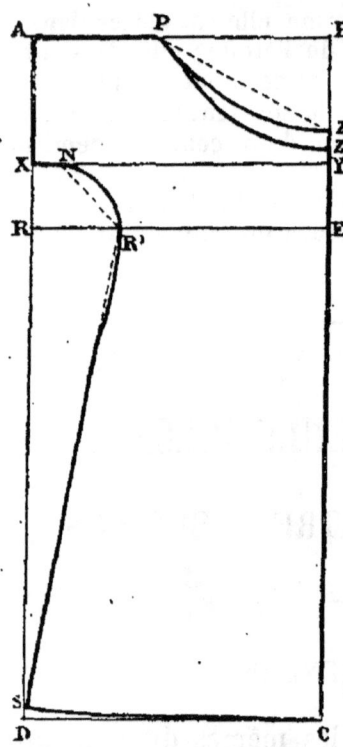

Fig. 107 (au 1/8). — Chemise d'une seule pièce.

Epaulette et manche P A X N R.' — Du point R, vers E, compter 7 cent. et demi, placer la lettre R'. Du point X, vers Y, compter 3 centimètres, placer la lettre N.

Réunir les points N, R' par une oblique ponctuée, puis par une courbe s'écartant d'un centimètre au milieu et à droite de l'oblique ponctuée; cette courbe doit se fondre avec la ligne N X.

Renforcer les lignes P A, A X, X N.

Couture du côté R' S. — Du point D, vers E, remonter d'un centimètre, placer la lettre S. Réunir les points R', S par une oblique ponctuée, puis par une courbe s'écartant d'un demi-centimètre à 4 centimètres du point R' et rejoignant l'oblique à 12 centimètres pour la suivre jusqu'au point S.

Bord inférieur S C. — Réunir les points S, C par une courbe légère qui devient une horizontale au milieu de la ligne D C.

ASSEMBLAGE

L'assemblage de cette chemise se fait comme celui de la précédente, sauf en ce qui concerne la manche, qui, dans ce patron, fait partie de la chemise même.

PANTALON A JARRETIÈRE POUR ENFANT

			DIMENSIONS DU RECTANGLE.	
			Longueur.	Largeur.
1re grandeur :	Enfant	de 2 à 3 ans..	40 c.	30 c.
2e »	»	de 3 à 4 ans..	44	33
3e »	»	de 4 à 6 ans..	48	36

DIVISIONS A PRENDRE

1/4, 1/5 de la longueur du rectangle.

LIGNES DE CONSTRUCTION

Rectangle A B C D. — Tracer un rectangle A B C D, ayant l'une des trois dimensions indiquées ci-dessus.

CONTOURS DU PANTALON

Couture du milieu par derrière R H. — Porter le 1/4 de la longueur AD : 1° du point D vers A, placer la lettre R;

2° du point A vers B, placer la lettre H. Réunir les points R, H par une oblique ponctuée, puis par une courbe s'écartant de 2 centimètres au milieu et à gauche de l'oblique ponctuée.

Ceinture de derrière HY. — Du point B, vers C, porter le 1/5 de la longueur A D, placer la lettre Y. Réunir les points H, Y par une oblique pleine.

Couture de milieu par devant S R. — Du point H, sur l'oblique ponctuée H R, compter 3 centimètres, placer la lettre S. Réunir les points S, R par une courbe s'écartant d'un centimètre au milieu et à droite de l'oblique.

Ceinture du devant S Y. — Réunir les points S, Y par une oblique ponctuée, puis par une courbe s'écartant d'environ 1 centimètre au milieu et au-dessous de l'oblique.

Couture intérieure de la jambe R F. — Du point D, vers C, compter le 1/4 de la longueur A D, placer la lettre F. Réunir les points R, F par une oblique ponctuée, puis par une courbe s'écartant d'environ un centimètre au milieu et à droite de l'oblique ponctuée.

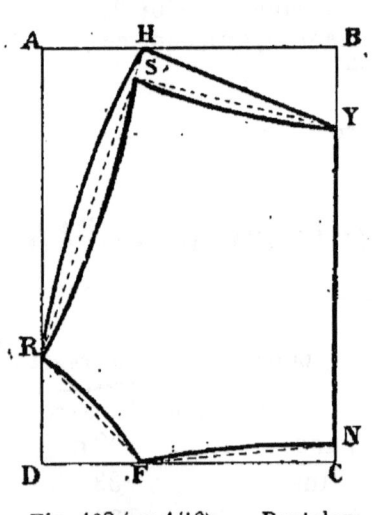

Fig. 108 (au 1/10). — Pantalon à jarretière.

Bord inférieur F N. — Du point C, vers B, compter 2 centimètres, placer la lettre N. Réunir les points F, N par une oblique ponctuée, puis par une courbe s'écartant d'un centimètre au milieu et au-dessus de l'oblique ponctuée.

Renforcer la ligne Y N.

ASSEMBLAGE

On assemble ce pantalon comme le pantalon de femme ; seulement la ceinture de devant est une bande en droit fil, comme la ceinture de derrière. On pratique une boutonnière verticale au milieu de cette ceinture et deux boutonnières horizontales à ses deux extrémités pour l'attacher aux boutons du corset. La ceinture de derrière a également deux boutonnières horizontales qui s'attachent aussi aux boutons du corset.

ROBE POUR ENFANT DE UN A TROIS ANS

Ce tracé sert à la fois au dos et au devant du corsage.

LIGNES DE CONSTRUCTION

Rectangle ABCD. — Tracer un rectangle A B C D ayant pour hauteur 22 centimètres et pour largeur 14 centimètres.

Ligne L M. — Du point A, vers B, descendre de 2 centimètres, tracer la ligne L M parallèle à A B.

Ligne X Y. — Du point L, descendre de 8 centimètres, tracer la ligne X Y parallèle à A B.

CONTOURS DU TRACÉ

Encolure du dos P Z. — Du point A, vers B, compter 2 cent. et demi, placer la lettre P. Du point B, vers C, compter 5 cent. et demi, placer la lettre Z. Réunir les points P, Z par une oblique ponctuée, puis par une courbe rentrée de 12 millimètres au milieu et au-dessous de l'oblique ponctuée.

Encolure du devant P Z'. — Descendre verticalement le point Z d'un centimètre, placer la lettre Z'. Tracer une courbe suivant d'abord la courbe P Z l'espace de 4 centimètres, puis s'en écartant graduellement pour rejoindre le point Z'.

Epaulette PU. — Avancer le point L vers M d'un demi-centimètre, placer la lettre U. Réunir les points P, U par une oblique pleine.

Entournure U Y' R. — Du point A, vers D, descendre de 12 centimètres, placer la lettre R. Du point Y, vers X, compter 11 centimètres, placer la lettre Y'. Réunir les points U, Y' par une oblique ponctuée, puis par une courbe écartée de 4 millimètres au milieu et à droite de l'oblique ponctuée.

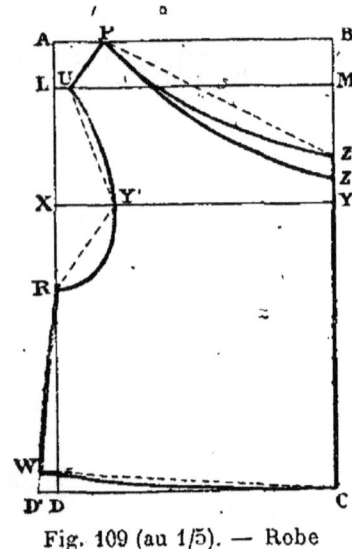

Fig. 109 (au 1/5). — Robe d'enfant.

Joindre Y', R par une oblique ponctuée, puis par une courbe écartée d'un cent. et demi au milieu et à droite de l'oblique ponctuée.

Dessous de bras R W. — Du point D, sur la gauche, avancer horizontalement d'un centimètre, placer la lettre D'. Réunir les points R, D' par une oblique ponctuée. Du point D' remonter d'un centimètre sur cette oblique, placer la lettre W. Joindre les points R, W par une courbe rentrée de 3 millimètres au milieu et à droite de l'oblique ponctuée.

Bord inférieur du corsage W C. — Réunir W, C par une oblique ponctuée, puis par une courbe écartée de 3 millimètres au milieu et au-dessous de l'oblique ponctuée.

Renforcer la ligne Z C.

ASSEMBLAGE

La robe que nous donnons ici peut se faire en différentes étoffes : piqué, basin, brillanté, nansouk. Nous allons la décrire en nansouk, garnie d'entre-deux et de bandes brodées.

Le patron que nous donnons sert à la fois au devant et au dos de la robe ; la seule différence est que l'encolure du dos est un peu plus montante ; et en outre, qu'on laisse pour attacher la robe par derrière, un demi-centimètre d'étoffe pour la croisure et 2 centimètres pour l'ourlet.

Cette robe se compose, pour le devant du corsage, de trois entre-deux brodés de 2 centimètres de large, placés verticalement et séparés par des plis.

Le dos n'a pas d'entre-deux brodés. Chaque demi-dos est formé de huit petits plis d'un demi-centimètre séparés par 3 millimètres d'intervalle, et tournés du côté de l'ourlet du milieu, qui a 2 centimètres de large.

C'est une fois les entre-deux cousus ensemble et les plis faits, qu'on taille le corsage, en plaçant la ligne ZC sur le droit fil de l'étoffe, et en laissant un centimètre pour les dessous de bras, un demi-centimètre pour les épaulettes, 1 cent. et demi pour le bord inférieur et 2 cent. et demi pour la croisure et l'ourlet du dos. Les dessous de bras, ainsi que les épaulettes, sont assemblés en coutures anglaises.

La garniture de l'encolure se compose d'une bande brodée de 7 à 8 centimètres de hauteur et de 95 centimètres de longueur ; cette bande forme col et berthe. Elle est froncée à l'encolure et fixée à l'aide d'un petit biais d'un demi-centimètre sur lequel on fait un petit point d'épine ; au-dessus de ce biais, on place une toute petite dentelle légèrement froncée. Le biais sert de coulisse et enferme un lacet très étroit.

Les manches se composent de la même bande brodée, de 30 centimètres de longueur ; on coupe cette bande en biais, de façon qu'elle n'ait plus à ses extrémités, que 3 cent. et demi, alors qu'elle a 7 à 8 centimètres au milieu. On l'assemble au moyen d'un petit surjet.

On la fronce dans toute sa longueur et on la monte à l'entournure, en plaçant la couture au point R et le milieu de la manche au point U du corsage.

Les rentrés de la manche et du corsage sont enfermés dans un biais double, posé à cheval.

La jupe doit avoir 1 mèt. 40 de largeur et 34 centimètres de hauteur une fois garnie. Si on la fait tout unie, on coupe une bande de 34 centimètres sur 1 mèt. 40 ; mais généralement on la garnit tout autour de deux entre-deux, les mêmes que ceux du corsage, séparés par un pli et on la termine par la même bande surmontée d'un second pli brodé. Pour froncer cette bande, il faut qu'elle ait 1 mèt. 90 de longueur ; on la fronce en rouleauté, et on la place au moyen d'un surjet au bord du deuxième entre-deux.

La jupe est froncée tout autour de l'ourlet qui termine le corsage à son bord inférieur. Une fente de 12 centimètres de longueur est pratiquée derrière ; cette fente est ourlée de chaque côté ; les ourlets, croisant l'un sur l'autre, sont assujettis au moyen d'un point d'arrêt.

Sur le corsage, à la ceinture, on place une boutonnière et un bouton ; les boutonnières sont faites horizontalement. Sur la berthe, on ne fait pas de boutonnières, mais deux brides ; une à l'encolure, l'autre à 6 centimètres plus bas pour attacher les boutons du corsage.

Ces boutons, dits boutons de lingerie, sont en percale.

ROBE POUR ENFANT

DE TROIS ANS ET AU-DESSUS

Ce tracé sert à la fois au dos et au devant du corsage.

LIGNES DE CONSTRUCTION

Rectangle A B C D. — Tracer un rectangle A B C D, ayant pour hauteur 27 centimètres, et pour largeur 16 centimètres.

Ligne L M. — Du point A, vers D, compter un cent. et demi ; tracer la ligne L M, parallèle à AB.

Ligne X Y. — Du point A, vers D, compter 8 centimètres ; tracer la ligne X Y, parallèle à AB.

CONTOURS DE LA ROBE

Encolure P Z. — Du point A, vers B, compter 3 cent. et demi, placer la lettre P. Du point B, vers C, compter 6 centimètres, placer la lettre Z.

Réunir les points P, Z par une oblique ponctuée, puis par une courbe s'écartant d'un cent. et demi au milieu et au-dessous de l'oblique ponctuée.

ROBE POUR ENFANT DE TROIS ANS ET AU-DESSUS

Épaulette P U. — Du point L, vers M, compter un cent. et demi, placer la lettre U. Réunir P, U par une oblique pleine.

Entournure U Y' R. — Du point A, vers D, compter 12 cent. et demi, placer la lettre R.

Du point Y, vers X, compter 12 centimètres, placer la lettre Y'.

Réunir les points U, Y' par une oblique ponctuée, puis par une courbe s'écartant de 3 millimètres au milieu et à droite de l'oblique ponctuée. Réunir les points Y', R par une oblique ponctuée, puis par une courbe s'écartant d'un centimètre au milieu et à droite de l'oblique ponctuée.

Dessous de bras R W. — Du point D, avancer horizontalement sur la gauche de 2 centimètres, placer un point. Réunir ce point au point R par une oblique ponctuée. Remonter de 2 centimètres sur cette oblique ponctuée et placer la lettre W. Réunir R, W par une courbe s'écartant de 3 millimètres au milieu et à droite de l'oblique ponctuée.

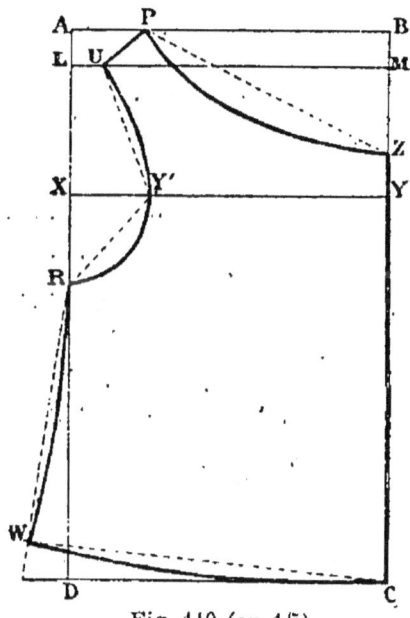

Fig. 110 (au 1/5).
Robe pour enfant de 3 ans.

Bord inférieur W C. — Réunir les points W, C par une oblique ponctuée, puis par une courbe s'écartant d'un demi-centimètre au milieu et au-dessous de la ligne ponctuée.

ASSEMBLAGE

Pour l'assemblage de cette robe se reporter à l'assemblage de la robe précédente. On peut la faire en toute étoffe avec ou sans garnitures, voir page 266.

ROBE MONTANTE POUR ENFANT

DE QUATRE A SIX ANS

On est souvent obligé de faire une robe d'enfant sans mesures ; nous supposerons comme mesures les suivantes, qui s'appliquent à une enfant de quatre à cinq ans de moyenne taille :

1° Longueur du dos.............................. 28
2° Largeur du dos................................ 22
3° Longueur du devant.......................... 28
4° Tour de poitrine............................... 58
5° Long. du bras $\begin{cases} 1^{re} \dots\dots\dots\dots\dots\dots\dots\dots 18 \\ 2^{e} \dots\dots\dots\dots\dots\dots\dots\dots 35 \end{cases}$

En ce moment, les robes d'enfant sont assez courtes de taille ; celle que nous donnons ici est de moyenne longueur. On peut la faire en robe de dessous, de dessus ; elle peut, ainsi que les deux précédentes d'ailleurs, servir également de patron pour une robe au crochet ou au tricot.
Prendre les divisions suivantes du tour de poitrine :

1/2 ; 1/5 ; 1/16.

TRACÉ DU DOS DE LA ROBE

LIGNES DE CONSTRUCTION

Rectangle du dos A B C D. — Tracer un rectangle A B C D, dont la longueur soit égale à la longueur du dos et la largeur à la demi-largeur de dos plus le seizième du tour de poitrine.

Ligne E R. — Du point A, vers D, porter la demi-longueur du dos moins 2 cent. et demi, placer la lettre E; de ce point, tracer la ligne ER, parallèle à AB.

Ligne L M. — Du point A, vers D, porter le seizième du

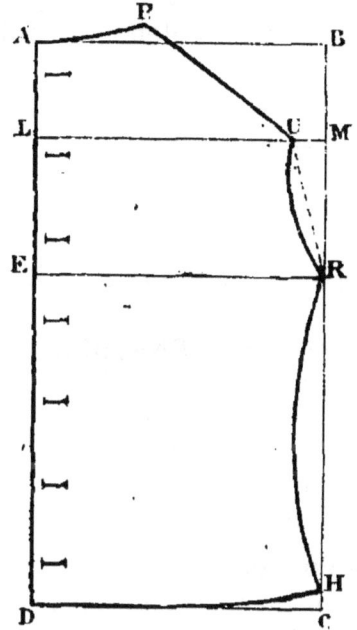

Fig. 111 (au 1/5). — Dos de la robe.

tour de poitrine plus un centimètre, placer la lettre L. De ce point tracer la ligne L M, parallèle à A B.

CONTOURS DU TRACÉ DU DOS

Milieu du dos A D. — Renforcer la ligne AD.

Encolure du dos A P. — Du point A, vers B, porter le seizième du tour de poitrine plus 2 centimètres, placer un point. Élever ce point d'un centimètre, placer la lettre P. Réunir A, P par une courbe légèrement concave, qui doit rester en dehors du rectangle.

Epaulette du dos P U. — Du point L, vers M, porter la demi-largeur du dos plus 2 centimètres, placer la lettre U. Réunir P, U par une oblique pleine.

Entournure U R. — Réunir les points U, R par une

oblique ponctuée, puis par une courbe s'écartant d'un centimètre au tiers et à gauche de l'oblique ponctuée.

Dessous de bras R H. — Remonter le point C d'un centimètre, placer la lettre H. Réunir les points R, H par une courbe écartée d'un cent. et demi au milieu et à gauche de la ligne R H.

Bord inférieur D H. — Réunir D,H par une courbe légère qui suit d'abord le rectangle, l'espace de 8 à 9 centimètres.

TRACÉ DU DEVANT DE LA ROBE

LIGNES DE CONSTRUCTION

Rectangle A B C D. — Tracer un rectangle A B C D, dont la longueur soit égale à la longueur du devant et la largeur au demi-tour de poitrine diminué de la demi-largeur du dos.

Ligne R E. — Du point A, vers D, porter la demi-longueur du devant plus un centimètre, placer la lettre R. De ce point, tracer la ligne R E, parallèle à A B.

Ligne R'E'. — Du point R, remonter de 3 centimètres, tracer la ligne R'E', parallèle à AB.

Ligne L M. — Du point A, vers D, porter le seizième du tour de poitrine, placer la lettre L. De ce point tracer la ligne L M, parallèle à A B.

CONTOURS DU TRACÉ DU DEVANT

Encolure P Z. — Du point B, vers A, porter le seizième du tour de poitrine plus 2 centimètres, placer la lettre P. Du point B, vers C, porter le seizième du tour de poitrine plus un centimètre, placer la lettre Z. Réunir P,Z par une oblique ponctuée, puis par une courbe s'écartant d'un centimètre au milieu et au-dessous de l'oblique ponctuée.

Epaulette PU. — Du point P, jusqu'à la rencontre de la ligne L M, porter vers la gauche la longueur de l'épaulette du dos, placer la lettre U. Réunir les points P,U par une oblique pleine.

Entournure U Y V R. — Du point E', vers R', porter le cinquième du tour de poitrine moins un centimètre, placer la lettre Y. Réunir les points U,Y par une oblique ponctuée, puis par une courbe s'écartant d'un demi-centimètre au

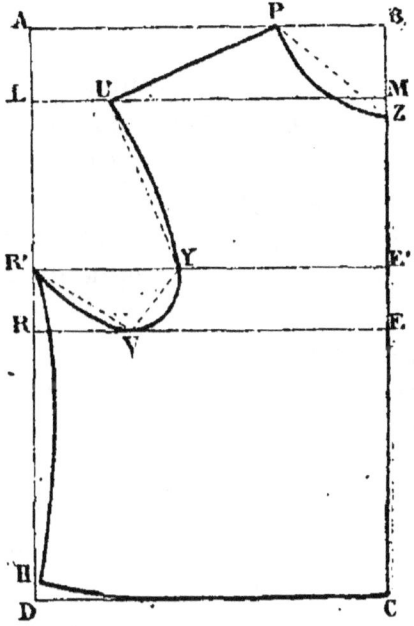

Fig. 112 (au 1/5). — Devant de la robe.

milieu et à droite de l'oblique ponctuée. Du point R, vers E, compter 5 centimètres, placer la lettre V. Réunir les points Y, V par une oblique ponctuée, puis par une courbe s'écartant d'un centimètre au milieu et au-dessous de l'oblique ponctuée.

Réunir les points R',V par une oblique ponctuée, puis par une courbe s'écartant d'un demi-centimètre au milieu et au-dessous de l'oblique.

Dessous de bras R H. — Remonter le point D d'un centimètre vers R, placer la lettre H. Réunir R, H par une courbe s'écartant d'un centimètre au milieu et à droite de la ligne R H.

Bord inférieur du devant H C. — Réunir les points H, C par une courbe légère qui suit la ligne du rectangle à 5 centimètres de distance du point H.

Milieu du devant Z C. — Renforcer la ligne Z C.

MANCHE A UNE SEULE COUTURE

Remarque. — On peut faire pour cette robe la manche ordinaire (page 23). En outre nous donnons ici une manche à une seule couture, assez bouffante du haut, serrée au poignet, qui se taille tout d'une pièce. *Cette manche peut servir également pour les robes de femmes.*

Il faudra avoir soin de tracer le rectangle qui contient cette manche sur la droite de la feuille de papier, en conservant à gauche du point A au moins autant de papier qu'il y a de centimètres dans la largeur du rectangle.

On verra plus tard, à l'assemblage, la raison de cette recommandation.

LIGNES DE CONSTRUCTION

Rectangle A B C D. — Tracer un rectangle A B C D, ayant pour longueur la deuxième longueur du bras plus 7 centimètres et pour largeur le tiers du tour de poitrine plus 1 centimètre.

Ligne L M. — A 7 centimètres au-dessous du point A, tracer la ligne LM, parallèle à AB.

Ligne E R. — Du point L, vers D, porter la première longueur du bras moins 2 centimètres. Tracer la ligne E R, parallèle à A B.

CONTOURS DE LA MANCHE

Entournure L O Z. — Descendre le point M de 2 cent. et demi, placer la lettre M'. De M' avancer horizontalement d'un centimètre sur la gauche, placer la lettre Z.

Au milieu de la ligne AB, placer la lettre O.

Réunir L, O par une oblique ponctuée, puis par une courbe

écartée d'un cent. et demi au milieu et au-dessus de l'oblique ponctuée.

Réunir O, Z par une oblique ponctuée, puis par une courbe

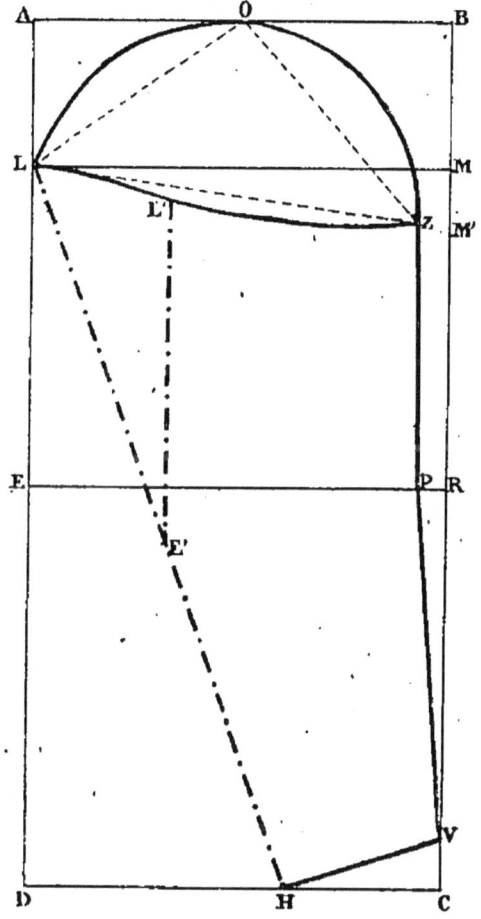

Fig. 113 (au 1/5). — Manche à une seule couture pour robe d'enfant.

écartée de 2 cent. et demi au milieu et à droite de l'oblique ponctuée.

Réunir L, Z par une oblique ponctuée, puis par une courbe suivant d'abord l'oblique ponctuée pendant 4 centimètres à partir du point L, puis s'en écartant de près d'un centimètre au milieu et au-dessous.

Couture de la manche Z P V. — Du point R, avancer

d'un cent. et demi sur la gauche, placer la lettre P. Remonter le point C de 2 cent. et demi vers D, placer la lettre V. Réunir les points Z, P par une ligne verticale et P, V par une oblique.

Bord inférieur de la manche V H. — Avancer le point D de 13 centimètres sur la droite, placer la lettre H. Réunir les points H, V par une oblique pleine.

Réunir L, H par une oblique pointillée.

Avancer le point L de 7 centimètres sur la ligne L Z, placer la lettre L'. De ce point tracer une verticale pointillée, la descendre jusqu'à la rencontre de la ligne pointillée précédente; nous donnerons l'explication de ces deux lignes dans l'assemblage.

ASSEMBLAGE

Plier la feuille de papier le long de la ligne L H; une fois le papier doublé, tailler le papier double en suivant la ligne H V Z O L, qui donne le dessus de la manche. Échancrer le dessous en suivant la ligne Z L.

On aura alors un patron en papier qui figure exactement le sens que doit avoir l'étoffe, le dessous droit fil de Z à P et le dessus en biais.

La perpendiculaire ponctuée L E' indique le véritable dessous de la manche; la partie L L' appartenant au-dessus doit être froncée ou plissée, comme le reste de l'entournure L O Z, sur l'épaule.

On boutonne le bas, à l'aide de brides et de boutons au-dessus du point V, sur un espace de 7 à 8 centimètres.

TABLIER POUR ENFANT
DE TROIS A QUATRE ANS

TRACÉ DU DOS

LIGNES DE CONSTRUCTION

Rectangle A B C D. — Tracer un rectangle ABCD (la ligne D C ponctuée pour indiquer que le rectangle doit se prolonger), ayant pour longueur 25 centimètres et pour largeur 17 centimètres.

Ligne E R. — Du point A, vers B, descendre de 11 centimètres, tracer la ligne E R, parallèle à AB.

CONTOURS DU TABLIER

Encolure P I. — Du point A, vers B, compter 9 cent. et demi, placer la lettre P. Du point A, vers D, compter 6 cent. et demi, placer le point I.

Réunir les points I, P par une oblique ponctuée, puis par une courbe s'écartant de 2 centimètres au milieu et au-dessous de l'oblique ponctuée.

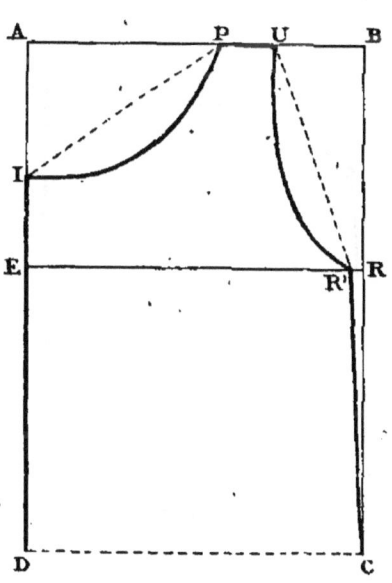

Fig. 114 (au 1/5). — Dos du tablier.

Epaulette PU. — Du point P, vers B, compter 3 centimètres, placer la lettre U. Renforcer la ligne P U.

Entournure UR. — Du point R, vers E, compter un demi-centimètre, placer la lettre R'.

Réunir U, R' par une oblique ponctuée, puis par une courbe écartée de 2 centimètres aux deux tiers et à gauche de l'oblique ponctuée; cette courbe est presque verticale jusqu'à 4 centimètres du point U.

Dessous de bras R'C. — Réunir les points R', C par une oblique pleine.

Milieu du dos I D. — Renforcer la ligne I D.

DEVANT DU TABLIER
LIGNES DE CONSTRUCTION

Rectangle A B C D. — Tracer un rectangle A B C D (la ligne D C ponctuée pour indiquer que le rectangle doit se prolonger), ayant pour longueur 27 centimètres et pour largeur 16 centimètres.

Ligne R E. — Du point A, vers D, compter 13 centimètres. Tracer la ligne R E, parallèle à A B.

Ligne L M. — Du point A, vers D, compter un centimètre, tracer la ligne L M, parallèle à A B.

Ligne X Y. — Du point R, remonter de 3 centimètres, tracer la ligne X Y, parallèle à A B.

CONTOURS DU TABLIER

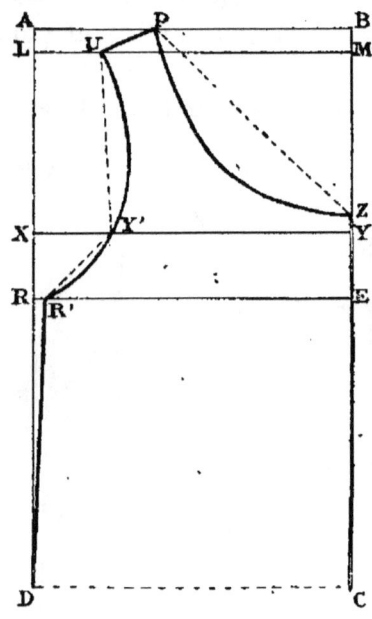

Fig. 115 (au 1/5). — Devant du tablier.

Encolure P Z. — Du point B, vers A, compter 10 centimètres, placer la lettre P; du point B, vers C, compter 9 centimètres, placer la lettre Z.

Réunir les points P, Z par une oblique ponctuée, puis par une courbe s'écartant de 2 cent. et demi aux deux tiers et au-dessous de l'oblique ponctuée.

Epaulette P U. — Du point L, vers M, compter 4 centimètres, placer la lettre U. Réunir les points P, U par une oblique pleine.

Entournure U Y′ R′. — Du point R, vers E, compter un demi-centimètre, placer la lettre R′ ; du point Y, vers X, compter 12 centimètres, placer la lettre Y′. Réunir les points U, Y′ par une oblique ponctuée, puis par une courbe s'écartant d'un centimètre au milieu et à droite de l'oblique ponctuée. Réunir les points Y′, R′ par une oblique ponctuée, puis par une courbe s'écartant de 3 millimètres au milieu et au-dessous de l'oblique.

Dessous de bras R′ D. — Réunir R′, D par une oblique pleine.

Milieu du devant Z C. — Renforcer la ligne Z C.

MANCHE DU TABLIER

LIGNES DE CONSTRUCTION

Rectangle A B C D. — Tracer un rectangle A B C D ayant pour longueur 17 centimètres et pour largeur 6 centimètres.

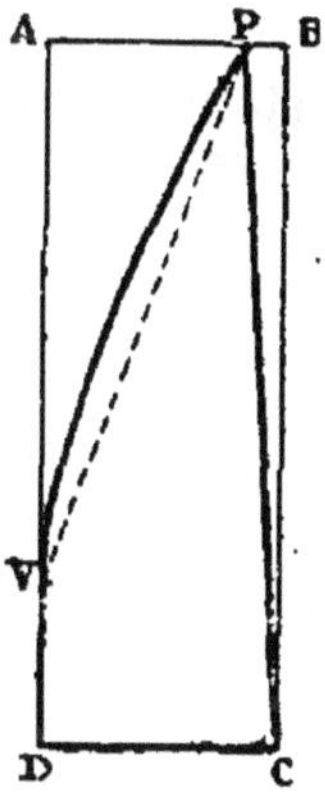

CONTOURS DE LA MANCHE

Bord de la manche P C. — Du point B, vers A, compter un centimètre, placer la lettre P. Réunir P, C par une oblique pleine.

Entournure P V D. — Du point D, vers A, compter 4 centimètres, placer la lettre V. Réunir les points V, P par une oblique ponctuée, puis par une courbe s'écartant d'un centimètre au milieu et à gauche de l'oblique ponctuée. Renforcer la ligne V D en la fondant au point V avec la courbe P V.

Renforcer la ligne D C.

Fig. 116 (au 1/5). — Manche du tablier.

ASSEMBLAGE

On peut faire ce tablier de différentes manières ; celui que nous avons sous les yeux est fait d'une seule pièce.

Pour faire ce tablier, on emploie 63 à 65 centimètres d'étoffe. On plie d'abord l'étoffe en deux, les lisières se touchant. On fait à partir du milieu quatorze petits plis couchés de devant en arrière ;

par conséquent sur le milieu du devant du tablier un pli se dirige à droite et l'autre à gauche. Ces plis ont une longueur de 16 à 17 centimètres ; ils ont 4 millimètres de large ; ils sont séparés par un millimètre d'intervalle.

On les arrête simplement dans le bas.

Au dos du tablier on fait d'abord deux ourlets de 2 centimètres de large et 18 centimètres de long. De chaque côté des ourlets, on fait onze petits plis ayant même écartement et même profondeur que ceux du devant, sur une longueur de 18 centimètres comme les ourlets. Ces plis se dirigent de derrière en avant. Une fois les plis terminés, on plie l'étoffe, les deux ourlets l'un sur l'autre ; on place le patron du dos au bord des ourlets et l'on taille l'étoffe en laissant un demi-centimètre à l'épaulette, un demi-centimètre à l'entournure ; on ne coupe pas les dessous de bras ; on place également le patron du devant en laissant les mêmes remplis aux épaulettes, à l'entournure et pour utiliser l'ampleur du dessous de bras on fait un pli creux d'un centimètre un peu plus large en haut qu'en bas.

Avant de tailler le tablier il faut s'être assuré que les plis ont employé toute l'ampleur nécessaire au dessous de bras et qu'il reste bien un centimètre en plus du patron au dessous de bras ; s'il reste davantage il faut faire un ou deux plis de plus de chaque côté, dos et devant ; s'il reste moins, il faut défaire un pli de chaque côté.

Si l'on craignait la difficulté que présente cette manière de tailler, qui a le grand avantage de ne pas couper l'étoffe, ou on prolongerait les coutures de dessous de bras en plaçant la règle sur la ligne R'D ou l'on couperait le tablier en trois morceaux, deux dos et un devant avec deux coutures sous les bras se prolongeant jusqu'au bas de la jupe du tablier.

Cette jupe, dans le modèle que nous donnons, est terminée par un ourlet de 5 centimètres, surmonté de trois petits plis de 4 millimètres, le premier pli retombant sur la couture de l'ourlet, les deux autres distants de 2 millimètres.

L'encolure se garnit comme celle de l'encolure de la robe pour enfant de un à trois ans, voir page 266 ; les manches qui sont croisées sur le dessus se montent comme celle de la chemise, voir page 260. On place un liséré enfermant une ganse entre la manche et l'entournure pour consolider cette dernière.

Ce tablier peut encore se faire en deux parties, corsage et jupe montée à plis ou à fronces au bas du corsage avec un liséré pour consolider cette couture.

Dans ce cas, on coupe le corsage à la ligne ponctuée DC, mais on peut l'allonger ou le raccourcir à volonté.

TABLE DES MATIÈRES

Avertissement.. V
Tableau du matériel nécessaire au tracé des patrons et a la coupe des vêtements.. VII

PREMIÈRE PARTIE

Robes simples pour femmes et vêtements de fillettes.

Prise des mesures... 1
Corsage rond.. 6
Corsage à basques.. 14
Déplacement des coutures....................................... 21
Manche ordinaire... 22
Col droit.. 24
Parements.. 26
Manière de couper et d'essayer le corsage...................... 28
Jupe... 31
Robe anglaise pour fillette.................................... 34
Robe attachée par derrière..................................... 42
Tablier forme princesse.. 47

DEUXIÈME PARTIE

Robes et costumes de femmes.

Corsage à deux petits-côtés et à pinces inégales............... 55
Corsage à trois petits-côtés et à pinces inégales.............. 65
Manche avec dessous plus étroit................................ 74
Assemblage de corsages de robes................................ 77
Corsage avec empiècement....................................... 79
Corsage à plis... 83
Col à revers... 84
Plastron avec revers... 85
Col et revers Directoire....................................... 88
Fond de jupe... 90
Robe-redingote... 94
Matinée... 106
Corsage de bal.. 113

TROISIÈME PARTIE

Vêtements pour jeunes garçons.

Veste	123
Manche de la veste	131
Blouse	133
Gilet	135
Pantalon	142
Pantalon à jarretière	147
Gilet de flanelle	153
Chemise	158
Col de chemise	165
Col de chemise rabattu	166
Manche de chemise	167

QUATRIÈME PARTIE

Trousseau.

Chemise à coulisse pour femme et pour fillette	175
Manche ordinaire et manche croisée	178
Chemise à poignet	180
Pantalon de femme et de fillette	182
Camisole	186
Manche de camisole et de chemise de nuit	190
Chemise de nuit	194
Gilet de flanelle pour femme	196
Cache-corset avec un petit-côté	197
Cache-corset avec deux petits-côtés	204
Ceinture de jupon	212

CINQUIÈME PARTIE

Layette et vêtements d'enfants.

Tableau des dimensions des brassières et des béguins pour les trois âges	216
Brassière sans col	217
Manche de la brassière	219
Chemise-brassière	221
Brassière avec col	222
Col de la brassière	224
Autre col	225

Manche avec revers	226
Chemise-brassière décolletée	228
Béguin	232
Bonnet rond	234
Bonnet froncé	237
Bavette ordinaire	239
Bavette à pans coupés	241
Bavette ronde	242
Bavette avec pattes	243
Couche-culotte ordinaire	246
Couche-culotte à pointe	247
Robe longue	249
Manche de la robe longue	251
Robe cache-lange	252
Corset d'enfant	255
Chemise d'enfant de 3 à 4 ans	258
Manche de la chemise	260
Chemise d'une seule pièce pour enfant de 4 à 6 ans	261
Pantalon à jarretière pour enfant	263
Robe pour enfant de 1 à 3 ans	265
Robe pour enfant de 3 ans et au-dessus	268
Robe montante pour enfant de 4 à 6 ans	270
Manche à une seule couture	274
Tablier pour enfant de 3 à 4 ans	277
Manche du tablier	279

TABLE ALPHABÉTIQUE

Assemblage du corsage ordinaire	28	Blouse pour jeunes garçons	133
Assemblage du corsage à plusieurs petits-côtés	77	Cache-corset à un petit-côté	197
		Cache-corset à deux petits-côtés	204
Bavette à pans coupés	241	Camisole de femme	182
Bavette avec pattes	243	Ceinture de jupon	212
Bavette ordinaire	239	Ceinture de pantalon	184
Bavette ronde	242	Col droit pour robe	24
Brassière avec col	222	Col à revers	84
Brassière sans col	217	Col et revers Directoire	88
Béguin	232	Col de chemise pour jeune garçon	165
Bonnet froncé	237		
Bonnet rond	234	Col rond pour chemise	168

TABLE ALPHABÉTIQUE

Col de camisole et de chemise de nuit	192
Col de brassière	224
Chemise à coulisse pour femme et fillette	175
Chemise à poignet	180
Chemise pour enfant de 3 à 4 ans	258
Chemise d'une seule pièce pour enfant de 4 à 6 ans	261
Chemise de nuit pour femme	193
Chemise de jeune garçon	158
Chemise-brassière	221
Chemise-brassière décolletée	228
Corsage rond	6
Corsage à basques à un petit-côté	14
Corsage à basques à 2 petits-côtés	55
Corsage à basques à 3 petits-côtés	65
Corsage à empiècement	79
Corsage à plis	83
Corsage de bal	113
Corsage de dessous (cache-corset)	197
Corsage de dessous à deux petits-côtés	204
Corset d'enfant	255
Couche-culotte ordinaire	246
Couche-culotte à pointe	248
Déplacement des coutures	21
Gilet pour jeune garçon	142
Gilet de flanelle pour jeune garçon	153
Gilet de flanelle pour femme	196
Jupe ordinaire	31
Jupe (fond de)	90
Manche ordinaire pour robe	22
Manche avec dessous plus étroit	74
Manche à une seule couture	274
Manche de veste	131
Manche de chemise pour femme	178
Manche croisée pour chemise de femme	178
Manche de camisole	190
Manche de chemise de nuit et de matinée	191
Manche de chemise pour jeune garçon	167
Manche de brassière	219
Manche de la chemise-brassière décolletée	230
Manche de chemise d'enfant	260
Manche de robe-maillot	251
Manche de tablier d'enfant	279
Matinée	106
Mesures (prise des)	1
Pantalon pour jeune garçon	142
Pantalon à jarretière pour jeune garçon	147
Pantalon de femme et de fillette	182
Pantalon à jarretière pour enfant	263
Parements	26
Plastron avec revers	85
Poignet de chemise de nuit	195
Poignet de chemise de jeune garçon	168
Robe anglaise	34
Robe attachée par derrière	42
Robe-redingote	94
Robe pour enfant de 1 à 3 ans	265
Robe pour enfant de 3 ans et au-dessus	268
Robe montante pour enfant de 4 à 6 ans	270
Robe longue pour le premier âge	249
Robe cache-lange	253
Tableau des dimensions des brassières	216
Tablier princesse pour fillette	47
Tablier pour enfant de 3 à 4 ans	277
Tableau du matériel nécessaire au tracé des patrons et à la coupe des vêtements	VII
Veste pour jeune garçon	123

Coulommiers. — Imp. PAUL BRODARD.

ENSEMBLE DU DEMI-CORSAGE ET MANCHE ORDINAIRE

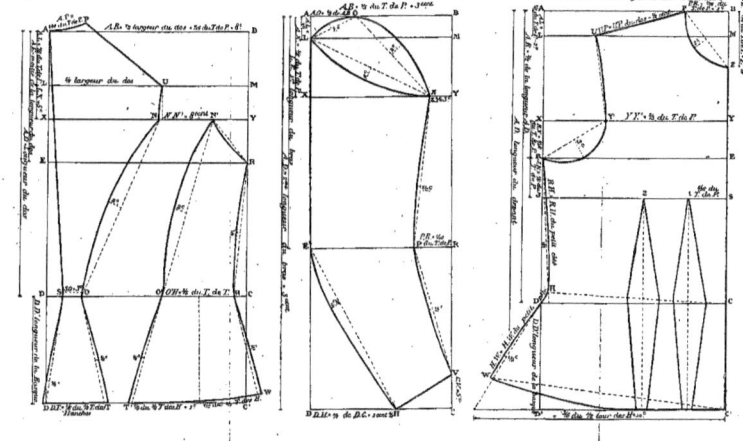

MESURES
PRISES POUR L'EXÉCUTION DES PATRONS CI-CONTRE :

Longueur du dos : 38.
Largeur du dos : 32.
Longueur du devant : 42.
Tour de poitrine : 92.
Tour de taille : 60.
Tour des hanches : 108.
Longueur du bas { 1ᵉʳ : 33.
                  2ᵐᵉ : 55.

DIVISIONS :

1° Tour de poitrine : $\frac{92}{2} = 46$; $\frac{92}{5} = 18,4$; $\frac{92}{16} = 5,7$.

2° Tour de taille : $\frac{60}{5} = 12$.

3° Tour des hanches : $\frac{108}{2} = 54$; $\frac{54}{6} = 9$.

Nous accompagnons ces dessins de légendes qui servent à les expliquer. Nous croyons qu'on apprendra plus facilement la méthode en procédant ainsi pour l'exécution des premiers patrons. Lorsqu'on saura par cœur le tracé du corsage on abandonnera ce mode de procéder.

ENSEMBLE DU DEMI-CORSAGE A DEUX PETITS-COTES ET MANCHE AVEC DESSOUS PLUS ÉTROIT

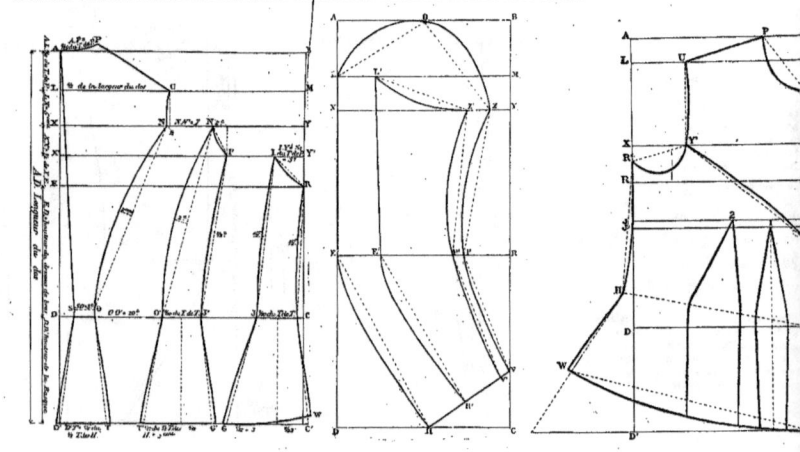

MESURES

1° Longueur du dos : 38.
2° Largeur du dos : 33.
3° Longueur du devant : 42.
4° Tour de poitrine : 92.
5° Tour de taille : 60.
6° Tour des hanches : 108.
7° Longueur du bras { A. : 30. B. : 54.
8° Longueur du dessous de bras : 49.

DIVISIONS :

Tour de poitrine : $\frac{92}{2} = 46$; $\frac{92}{6} = 15,5$; $\frac{92}{12} = 7,6$;

$\frac{92}{16} = 5,7$

Tour de taille : $\frac{60}{10} = 6$.

Tour des hanches : $\frac{108}{2} = 54$; $\frac{54}{6} = 9$; $\frac{54}{12} = 4,5$;

Nous accompagnons de légendes le tracé du dos et des deux petits-côtés. On devra faire de même pour le devant et la manche.
Cette méthode sera suivie pour l'exécution des premiers tracés et abandonnée ensuite.

www.ingramcontent.com/pod-product-compliance
Lightning Source LLC
Chambersburg PA
CBHW070757170426
43200CB00007B/818